마음이 요동칠 때
자존감보다 회복력

마음이 요동칠 때 자존감보다 회복력

1판 1쇄 인쇄 2024. 6. 7.
1판 1쇄 발행 2024. 6. 21.

지은이 스티븐 사우스윅, 데니스 샤니, 조너선 드피에로
옮긴이 장혜인

발행인 박강휘
편집 박익비 디자인 조명이 마케팅 정성준 홍보 강원모
발행처 김영사
등록 1979년 5월 17일(제406-2003-036호)
주소 경기도 파주시 문발로 197(문발동) 우편번호 10881
전화 마케팅부 031)955-3100, 편집부 031)955-3200 | 팩스 031)955-3111

값은 뒤표지에 있습니다.
ISBN 978-89-349-6508-4 03180

홈페이지 www.gimmyoung.com   블로그 blog.naver.com/gybook
인스타그램 instagram.com/gimmyoung 이메일 bestbook@gimmyoung.com

좋은 독자가 좋은 책을 만듭니다.
김영사는 독자 여러분의 의견에 항상 귀 기울이고 있습니다.

마음이 요동칠 때 자존감보다 회복력

넘어져도 다시 일어나 삶의 중심을 잡는 법

Resilience

스티븐 사우스윅 × 데니스 샤니 × 조너선 드피에로

장혜인 옮김

김영사

이 책에 보내는 찬사

이 책은 이론과 실제, 생물학, 심리학, 영성, 사회과학을 결합해 고통과 비극의 시대에 생존하는 일뿐만 아니라 번영하고 더 고귀한 목적을 찾는 법을 배울 수 있는 완벽한 과학과 지식을 전하는 특별한 지침서다. 우리 뇌를 만드는 것은 유전자지만 뇌를 다듬는 것은 경험이다. 후성유전학과 신경가소성의 과학을 모두 아우르는 이 책은 생물학적 유기체가 최적으로 통합된 신체와 마음 및 정신 그리고 기쁨을 위해 다시 설계될 수 있음을 보여준다.

_ 디팩 초프라 Deepak Chopra
의학박사, 미국 내과학회 및 영국 내과학회 회원, 〈뉴욕타임스〉 베스트셀러 저자

자동차 범퍼에 붙이는 흔한 문구 가운데 '그럴 수도 있지'라는 말이 있다. 이 책은 우리에게 그런 식으로 역경에 대처하도록 조언한다. 스티븐 사우스윅, 데니스 샤니, 조너선 드피에로 세 저자는 이런 방식으로 삶에 대처하는 방법을 보여주고 과학으로 나아갈 전문가의 지침을 전하며 인생의 문제를 헤쳐나갈 실용적인 조언을 준다. 아주 개인적인 이 책에는 저자나 그들이 만난 사람들이 겪은 특별한 고난의 사례가 풍성하고 때로 고통스러울 만큼 상세하게 담겨 있다. 이런 생생한 사례는 영감을 준다. 모두에게 도움이 될 만한 멋진 책이다.

_ 리처드 J. 데이비슨 Richard J. Davidson
심리학박사, 〈뉴욕타임스〉 베스트셀러 《너무 다른 사람들 The Emotional Life of Your Brain》의 저자

이 훌륭한 책에는 모든 것이 담겨 있다. 버거운 도전을 성공적으로 극복한 사람들의 생생한 일화가 가득하다. 회복력의 열 가지 핵심 요소도 이해하기 쉽게 설명한다. 각 요소의 바탕이 되는 최신 행동 연구 및 신경과학 연구도 담았다. 독자가 회복력 요소를 실천해 삶을 풍요롭게 만들 수 있도록 돕는 매우 실용적이고 실행 가능한 조언도 가득하다. 마음을 사로잡는 대화식 문체를 사용해 모든 독자가 방대한 정보에 쉽게 접근할 수 있도록 하는 데 성공했다는 점도 이 책의 특징이다. 저자들은 중요한 요점을 설명하기 위해 매우 개인적인 경험도 공유한다. 이 특별한 책은 고故 스티븐 사우스윅에 대한 감동적인 헌사로 마무리된다. 이 책은 그가 이룬 놀라운 경력의 정점이다.

_ 매슈 프리드먼 Matthew J. Friedman
다트머스대학교 가이젤의과대학 정신과 석좌교수,
국립 외상후스트레스장애센터 명예전무, 미국 보훈부 국립 외상후스트레스장애 브레인뱅크 명예이사

인간의 회복력과 정신적 트라우마 연구의 선구자인 세 저자가 전하는 핵심 교훈을 담고 있다. 책이 전하는 교훈은 단순하고 심오하며, 각자의 대처 양식에 쉽게 적용할 수 있다. 이 뛰어난 책은 더욱 확장되고 수정되었다. 저자 중 한 명인 스티븐 사우스윅 박사에 대한 멋진 헌사이기도 하다. 스트레스 연구 분야에서 사랑과 존경을 받는 인물이었다.

_ 존 크리스털 John Krystal
의학박사, 예일대학교 의과대학 정신과 학과장

때로 트라우마가 우리 시대를 정의하는 것처럼 보일 때도 있다. 이 책은 회복력이 트라우마와 동등하면서도 정반대의 힘이라는 사실을 상기시킨다. 개인적인 이야기, 최신 과학, 임상적 통찰을 결합해 전염병, 테러 공격, 개인적인 비극 등의 트라우마에서 벗어날 방법을 포괄적이고 견고하게 보여주는 책이다. 인간이 어떻게 엄청난 역경을 이겨낼 수 있는지 깊이 이해하고자 하는 독자라면 이 책을 꼭 읽어야 한다.

_ 토머스 인셀 Thomas Insel

의학박사, 바나헬스Vanna Health 공동설립자 및 회장, 전 미국 국립 정신건강연구소 소장,
《치유Healing: Our Path from Mental Illness to Mental Health》의 저자

역경 없이는 회복력이 있을 수 없다. 안타깝게도 우리는 위험한 세상에 살고 있다. 회복력 과학의 세계적인 권위자들이 전하는 이 책을 우리 모두 읽어야 한다. 스트레스나 트라우마를 겪는 사람을 돕는 전문가라면 이 책이 나누는 지식에서 도움을 받을 수 있고, 다른 사람들도 역경을 더 잘 관리하는 방법을 배울 수 있다. 저자들은 수십 년에 걸친 신경과학 연구와 회복력 높은 수많은 생존자의 이야기를 바탕으로 매우 읽기 쉽고 명료한 제안을 한다. 새내기부터 숙련된 의사까지 모두가 이 보석 같은 책에서 배울 점이 있을 것이다. 이 책에 담긴 교훈을 우리 아이들에게 꼭 가르쳐야 한다.

_ 바버라 올라소프 로스바움 Barbara Olasov Rothbaum

미국 전문심리학이사회 회원, 에머리대학교 재향군인 건강 프로그램 의장,
트라우마 및 불안 회복 프로그램 의장, 신경정신약리학 석좌교수, 에머리대학교 의과대학 정신과 교수

스트레스와 이에 대처하는 개인의 반응을 바라보는 심리학·생물학·신경 과학적 관점을 멋지게 요약한다. 뛰어난 임상 연구자인 저자들은 이 책에서 회복력에 대해 우리가 알고 있는 것, 우리 의사들이 엄청난 역경을 겪는 사람에게 더 나은 지식을 전하기 위해 알아야 할 것을 강조하며 한데 모은다. 트라우마 사건이 발생했을 때 어떤 길을 택할 수 있을지 이해하려 골몰하는 모든 의사, 연구자, 교사의 책장에 꼭 놓여야 하는 책이다.

_ **테런스 킨**Terence M. Keane
국립 외상후스트레스장애센터, 보스턴대학교 의과대학 행동과학과 교수

사우스윅, 샤니, 드피에로 세 저자는 회복력을 얻기 위한 실용적인 제안을 최신 연구로 뒷받침하는 감동적이고 영감을 주는 책을 썼다. 이 책은 저자 중 한 명으로 공격적인 암에 영웅적으로 대처하다 책이 출간되기 전 세상을 떠난 고 스티븐 사우스윅에게 헌정되었다. 책의 마지막 장은 그의 학문과 인간애에 대한 아름다운 헌사다. 샤니 박사 역시 학교에서 부정행위로 해고된 전 직원의 총에 맞는 사건을 겪은 다음 회복력으로 나아간 자신의 여정을 전한다. 우리 모두 언젠가는 고난에 맞서야 하지만 태도와 기술을 개발하면 고난에 더 잘 대비할 수 있다는 사실을 알려주는 책이다. 사례와 과학을 가르쳐주기도 한다. 지난 몇 년간 전 세계적인 전염병 같은 도전에 부딪히며 우리가 겪은 엄청난 변화를 볼 때 이 책은 반가운 위안이다.

_ **레이철 예후다**Rachel Yehuda
마운트시나이 정신과 및 트라우마 신경과학 교수

삶은 우리 모두에게 도전을 던진다. 우리 대부분은 어느 시점엔가 사랑하는 이의 갑작스러운 죽음, 점차 쇠약해지는 몸, 자연재해 등으로 인해 큰 트라우마를 겪는다. 하지만 이에 대응하는 방식은 사람마다 다르다. 이 중요한 책에서 트라우마와 회복력의 권위자인 세 저자는 다음과 같은 핵심 질문에 답한다. 인생에서 몹시 어려운 상황을 받아들이는 데 도움이 되는 것은 무엇인가? 회복력은 어떻게 기를 수 있는가? 우리는 회복력의 과학에 대해 무엇을 알고 있는가?

이 책은 최신 과학 연구와 코로나19 팬데믹처럼 몹시 힘든 트라우마 상황에서 살아남은 이들의 개인적인 경험을 엮어 지속적으로 적용할 수 있는 실용적인 자원을 제공한다. 전문가인 저자들은 회복력 높은 생존자들의 경험과 개인적인 성찰을 통해 두려움에 맞서고, 낙관적인 사람이 되고, 롤모델에 의지하는 등 열가지 핵심 회복력 요소를 설명한다. 각 회복력 요소는 우리가 살면서 마주치는 스트레스 사건에 적응하고 그로부터 벗어나 성장하는 데 도움이 되며, 역경을 극복할 희망과 영감을 줄 것이다.

차
례

1장 왜 아픔을 견뎌내야 하는가 · 회복력   13

우리는 어떻게 회복력에 관심을 갖게 되었나? | 열 가지 회복력 요소 | 9·11 테러 이후의 회복력 | 코로나19 시기의 회복력 | 회복력을 보여주는 국가 우크라이나 | 군인들의 특별한 경험 | 인생의 어려움에 마주한 사람들 | 회복력의 과학: 뇌, 자율신경계, 호르몬 | 유전학과 후성유전학 | 신경가소성 | 누구나 강점이 있다: 가용 자원이 풍부한 사람

2장 현실적 낙관주의자로 살기 · 긍정   43

맹목적인 낙관주의는 통하지 않는다 | 낙관주의는 어떻게 회복력을 높이나? | 낙관주의는 신체적·정신적 건강에 좋다 | 낙관주의자와 비관주의자가 바라보는 세상 | 같은 사건, 다른 해석 | 가능성과 기회를 붙잡는 네 가지 방법 | 긍정적인 면에 집중하기 | 긍정적이고 도움이 되는 생각 기르기 | 사건을 긍정적이고 더욱 현실적으로 해석하기 | 긍정적으로 행동하기 | 낙관주의의 신경과학 | 결론

1장

왜 아픔을
견뎌내야 하는가

회복력

코로나19 팬데믹 이전에도 심각한 트라우마는 흔했다. 연구에 따르면 69~90퍼센트의 사람들이 살면서 적어도 한 번은 심각한 트라우마를 남기는 트라우마 사건traumatic event을 경험한다.[1,2] 트라우마 사건으로는 강력범죄, 가정폭력, 성폭력, 아동학대, 심각한 교통사고, 가까운 사람의 갑작스러운 죽음, 몸을 쇠약하게 만드는 질병, 자연재해, 전쟁, 군사적 대립 등이 있다. 따돌림, 지속적인 모욕, 부모나 연인의 무시 등 정서적인 학대, 인종차별, 집을 잃는 등의 다른 스트레스 요인도 있다. 역학연구에서는 보통 '셈하지' 않는 이런 스트레스 요인도 웰빙에 치명적인 영향을 미칠 수 있다.

트라우마 사건이 하나만 일어나도 삶이 구렁텅이에 빠진다. 트라우마 사건 때문에 발생한 스트레스가 몇 년 동안 이어지며 만성이 되기도 한다. 이런 변화가 이어지면 관점이 영영 극적으로 달라져 굴속에 파고들거나 분노에 휩싸이게 된다. 우울증에 빠지거나 외상후스트레스장애post-traumatic stress disorder, PTSD를 겪는 사람도 있다. 하지만 이것이 결코 끝이 아니다. 우리 세 저자는 트라우마 분야에서 오랫동안 연구하고 임상 경험을 쌓으며 인간의 회복력이라는 잃어버린 퍼즐 조각을 정의하고 측정하고 함양하는 데 힘써왔다.

회복력resilience이란 무엇일까? 사우스윅을 비롯한 전문가들은 다양한 방식으로 회복력을 정의해왔다.[3] 우리가 볼 때 회복력은 역경을 헤쳐나가고 어려움에서 벗어나는 능력이다. 독자 여러분은 이 책을 읽으면서 회복력에 대해 다음과 같은 중요한 사항을 알아두기 바란다.

1. **회복력 높은 사람은 어려운 문제를 이미 헤쳐나왔다.** 어려움에서 헤쳐나오지 못했다면 회복력 있다고 할 수 없다. 이런 사람들은 스트레스나 트라우마를 남기는 사건에 **마주하고, 겪어내고, 빠져나온 뒤에도** 회복력이 높다.

2. **회복력은 점차 드러난다.** 스트레스나 트라우마를 남기는 사건에서 빠져나온 직후에 대처하는 방식만 보고 그 사람이 회복력이 높다고 말할 수는 없다. 회복력은 며칠, 몇 주, 몇 달, 몇 년에 걸쳐 드러나기 때문이다.

3. **괴롭다고 해서 회복력이 없다고 할 수는 없다.** 회복력이 높은 사람도 우울증, 되풀이되는 나쁜 기억, 트라우마 사건 다음에 찾아오는 깊은 자책감 같은 심리적 증상을 겪는다. 하지만 그러면서도 삶의 중요한 면을 계속 이어간다. 회복력은 의학적·정신적 건강 문제에서 회복하는 과정에서도 나타난다.

4. **회복력에는 흔히 성장이 따라온다.** 살면서 어려운 사건을 겪은 다음 어떤 면에서 인간으로서 성장했고 삶에서 개인적으로 큰 의미를 얻었다고 말하는 사람도 있다. 인생에서 일어나는 여러 변화와 마찬가지로, 이런 변화는 심각한 정서적 고통을 겪는 동안 혹은 그 후에 나타날 수 있다.

5. **회복력은 인생의 시기에 따라 다르다.** 어떤 사고방식이나 행동방식이 인생의 어떤 시기에는 도움이 되어도 다른 시기에는 그렇지 않을 수 있다. 살면서 기댈 사람 하나 없는 어린아이가 있다고 생각해보자. 아이가 생존하고 잘 살아가려면 혼자 힘으로 애써 싸워나가야 한다. 하지만 나이가 들어 주변에 돌봐주는 사람이 생기면 어려운 시기에 손을 뻗어 도움을 요청할 수 있다. 이런 행동이 그 사람의 회복력을 나타내는 지표다. [4]

6. **회복력은 상황에 따라 다르게 드러난다.** 스트레스에 적응하는 방식은 사람에 따라 다를 뿐만 아니라 가족, 친구, 특정 문화나 종교, 공동체, 사회, 정부 등 주변 자원에 따라 달라진다. 이런 자원 대부분은 개인이 직접 통제할 수 없다. 이 장의 마지막 부분에서 이 점을 다시 살펴볼 것이다.

이 책에서는 우리 저자들이 회복력에 대해 다른 방식으로 생각해보도록 영향을 준 사건들에 대해서도 다룰 것이다. 아이컨 의과대학교Icahn School of Medicine 학장인 데니스 샤니는 코로나19 팬데믹 당시 마운트시나이 병원의 대응을 지휘하는 데 핵심적인 역할을 했다. 팬데믹이 발생하기 훨씬 전인 2016년, 그는 전前 직원의 총에 맞아 집중 재활치료를 받아야 했다. 스티븐 사우스윅은 5년 동안 진행성 암과 싸우는 등 건강 문제에 대처하면서 가족을 도왔다. 이번 책에 합류한 세 번째 저자 조너선 드피에로는 어린 시절 심각한 따돌림을 받고 우울증에 시달렸다. 그는 직계가족 중 처음으로 대학을 마치고 결국 임상심리학 박사학위를 취득했다. 이 책은 주로 우리가 인터뷰한 회복력 높은 사람들의 이야기를 다루지만, 다음 여러 장에 걸쳐 우리 각자의 인생 이야기도 조금 더 나누려 한다.

우리는 어떻게 회복력에 관심을 갖게 되었나?

지난 몇 년 동안 우리는 엄청난 트라우마를 겪고 살면서 받는 부정적인 영향을 조사했다. 먼저 PTSD라는 정신질환을 연구하는 일부터 시작했다. 연구를 통해 PTSD를 안고 사는 사람에게서 어떻게 신체적 스트레스 반응이 과도하게 활성화되고, 이를 통해 다양한 증상이 유발되어 장애를 일으키는지에 대해 많이 알게 되었다. 우리는 전쟁 이후 수십 년 동안 정서적 고통을 겪은 베트남전 참전용사도 치료했다.

하지만 스트레스의 부정적인 영향에 어느 정도 잘 대처하는 것처럼 보이는 생존자를 만날 때에도 궁금한 점이 많았다. 이런 사람들은 스트레스 관련 증상을 보이지 않거나, 증상이 있어도 어떻게든 계속 살아나가며 회복에 도움이 되는 자원을 활용했다. '회복력'이라는 말은 이런 사람들에게 어울린다.

우리가 회복력에 주목하기 시작할 때만 해도 회복력에 대해 알려진 것이 거의 없었다. 우리는 여러 의문을 품었고 이에 답하려 애썼다. 우리가 궁금했던 것은 다음과 같은 것들이었다. 트라우마 사건을 겪고 나서 증상이 계속 나타나지 않도록 우리를 보호하는 데 도움이 되는 요소는 무엇일까? 회복력 높은 사람의 신경계나 유전자에는 무언가 특이한 점이 있을까? 이들은 자라면서 독특한 방식으로 교육받았을까? 성격 때문일까? 스트레스에 맞설 때 특별한 대처 메커니즘을 이용할까? 이런 사람들이 스트레스나 트라우마에 대처하는 방법을 알면 그 교훈을 이용해 다른 사람에게도 도움을 줄 수 있을까? 다른 사람도 회복력을 높이는 방법을 배울 수 있을까?

우리는 여러 연구를 신중하게 설계하고 진행했다. 수천 명을 대상으로 한 연구도 있었다. 이와 함께 회복력 높은 사람의 개인적인 이야기에도 관심을 가졌다. 눈에 띄게 회복력이 높은 사람을 인터뷰하기도 했다. 이 책에서는 베트남전 전쟁포로와 미국 특수작전부대 교관, 9·11 테러 생존자처럼 심각한 스트레스나 트라우마에서 살아남은 것은 물론 어떻게든 이런 상황을 견뎌내고 더 잘 살아간 사람들의 이야기를 다뤘다.

코로나19 팬데믹은 인간의 회복력을 명확하게 드러내는 사례를 던져주었다. 미국 내 인종 불평등과 지정학적 불안에 대한 관심이 고조되면서 불확실성, 스트레스, 트라우마가 겹겹이 쌓였다. 세계적으로 최근에 일어난 여러 사건은 더 많은 의문을 불러일으켰다. 지금까지 우리가 회복력에 대해 알았던 사실이 여전히 '유효'할까? 저자이자 의사, 인간으로서 우리는 이처럼 불편한 경험에서 어떻게 배울 수 있을까?

독자 여러분은 회복력에 대해 나름의 의문이 들어서, 혹은 인생에서 힘든 시기를 겪고 있어서 이 책을 집어들었을 것이다. 이 책이 지금 여러분 앞에 놓인 문제는 물론 앞으로 분명 겪게 될 문제에 맞서는 데 도움이 되었으면 한다. 이 책에서 다룰 내용을 간략히 살펴보자.

열 가지 회복력 요소

우리 대부분은 전쟁포로가 되거나 심장이식 수술을 받거나 지뢰를 밟을 일이 없겠지만, 필연적으로 개인적인 비극을 마주하게 된다. 다행히 꼭 우월한 유전자가 있어야 이런 경험을 견디고 극복하고, 이를 통해 성장할 수 있는 것은 아니다. 인생을 '냉혹한' 마음가짐으로 살아가거나 정예 군부대에서 훈련받을 필요도 없다. 하지만 스스로 준비는 해야 한다. 인생은 전혀 예상치 못한 순간에 역경을 던져 우리를 깜짝 놀라게 하는 재주가 있기 때문이다.

회복력을 높이는 것으로 증명된 방법 가운데 이미 '높은 회복력을 지닌' 사람들의 이야기를 듣고 그들의 조언을 따르는 것보다 나은 것은 없다. 회복력 높은 사람들을 인터뷰하며 반복해서

들은 이야기가 있다. 그들은 다음과 같은 특징이 있었다.

1. 두려움에 정면으로 맞선다.
2. 낙관적이지만 현실적인 관점도 유지한다.
3. 사회적 지원을 찾고 받아들이고 나눈다.
4. 확고한 롤모델을 본받는다.
5. 마음속 도덕적 나침반을 따른다.
6. 종교적 · 영적 수행에 의지한다.
7. 건강과 웰빙에 신경 쓴다.
8. 계속 호기심을 갖고 끊임없이 새로운 것을 배운다.
9. 문제에 유연하게 대처하고 때로 문제를 받아들인다.
10. 트라우마를 겪는 동안이나 트라우마에서 빠져나온 뒤에 의미와 성장을 발견한다.

다음 열 장에 걸쳐 이 회복력 요소들을 하나하나 자세히 설명하겠다. 각 장에는 개인적인 이야기, 최신 과학적 연구, 살면서 회복력을 구축하는 데 도움이 될 만한 실용적인 제안이 담겨 있다. 우리가 제시하는 목록은 결코 단정적이거나 완벽하지 않고, 회복력에 영향을 미치는 다른 요소도 분명히 있음을 우리는 잘 안다. 우리에게 열 가지 회복력 요소에 대해 생각해보도록 영감을 준 몇 가지 이야기를 함께 살펴보자.

9·11 테러 이후의 회복력

2001년 9월 11일 발생한 테러 공격은 수억 명의 사람들을 공포와 혼란에 빠뜨렸다. 살아남은 사람 대부분이 테러 소식을 들었던 순간을 기억한다. 하지만 사건을 가까이에서 목격했거나, 가까운 사람을 잃었거나, 로어맨해튼Lower Manhattan의 그라운드 제로Ground Zero 같은 피해 지역에서 직접 도움을 준 사람도 있다. 지미 던Jimmy Dunne의 사례는 9·11 이후 개인의 회복력을 보여주는 설득력 있는 이야기다.

9월 11일, 맑고 화창한 아침, 지미는 꿈에 그리던 휴가를 즐기고 있었다. 하지만 휴식은 금세 공포로 바뀌었다. 그는 비행기가 세계무역센터에 충돌했다는 소식을 듣고 경악했다. 그곳에 있을 직장 동료와 친구들이 곧바로 떠올랐다. 유나이티드 항공United Airlines 175편 보잉767기가 세계무역센터의 남쪽 건물 78층과 84층 사이에 충돌해 수백 명이 위층에 갇혔다.[5] 지미가 근무하는 금융사 샌들러오닐Sandler O'Neill은 104층에 있었다.

지미의 끔찍한 공포는 금세 현실화되었다. 샌들러오닐사 직원의 3분의 1가량이 그날 사망했다. 그중에는 지미의 절친이자 경영 파트너인 크리스 쿼켄부시Chris Quackenbush와 허먼 샌들러Herman Sandler도 있었다. 배우자를 잃은 사람만 46명, 부모를 잃은 아이는 71명이었다. 회사의 운영체계도 멈췄다. 서류나 컴퓨터가 전부 사라진 것이다. 지미는 슬펐지만, 남은 직원들에게 롤모델이 되기로 했다.

"테러리스트들이 원하는 바를 들은 순간, 나는 정확히 그 반대로 하기로 했다. 오사마 빈라덴은 우리가 두려워하기를 원했다. 나는 두려워하지 않기로 했다. 빈라덴은 우리가 비관에 빠지기를 원했다. 나는 아주 낙관적인 사람이 되기로 했다. 빈라덴은 우리가 비탄에 빠지기를 원했다. 나는 절대 그러지 않기로 했다."

지미는 여러 중대한 결정을 내렸다. 그와 직원들은 사망한 직원 앞으로 그해 12월 31일까지 급여를 지급하고, 보너스와 의료 혜택을 연장하고, 교육 기금을 마련하고, 정신건강 상담을 지원하는 등 '유가족을 위한 올바른 행동'을 하기로 했다. 오랫동안 어려움을 겪었지만 사업을 계속해나갈 방법도 찾았다. 뉴욕증권거래소가 재개장한 9월 17일, 회사는 벌써 임시 사무실을 마련한 터였다. 지미와 직원들은 회사를 다시 일으켜세우는 것이 세상을 떠난 동료들을 기리는 도덕적 의무라고 생각했다. 그의 진심 어린 감정이 회사를 다시 살린 원동력이었다. 9·11 테러가 발생한 날부터 그와 직원들은 명확한 목표의식을 바탕으로 모든 결정을 내렸다.

앞으로 이 책에서는 로어맨해튼에 거주하거나 그곳에서 일한 사람, 구조와 복구 활동에 뛰어들거나 자원봉사한 사람을 포함해 9·11 테러의 영향을 받은 이들의 회복력을 다룬 지난 20년간의 연구를 좀 더 살펴볼 것이다.

코로나19 시기의 회복력

이 장을 쓴 2022년 8월 초, 전 세계적으로 약 640만 명이 코로나19로 사망했다. 2020년 3월과 4월, 뉴욕시는 팬데믹의 세계적 진원지 가운데 하나였다. 팬데믹이 전 세계를 휩쓸기 시작하던 초기, 당신과 사랑하는 사람들의 건강을 걱정했던 기억이 날 것이다. 당시 도시 곳곳의 의료인들은 자신이 중요한 일을 해내는 동안 감염되어 가족에게 바이러스를 옮길지도 모른다고 걱정하면서도 아픈 환자들을 돌봤다. 우리는 마운트시나이 병원의 많은 직원을 포함해 동료들을 잃었다.

코로나19 팬데믹은 몹시 진 빠지고 무섭고 충격적인 일이었다. 연구에 따르면, 특히 팬데믹 초기 유행 동안 우울증, 불안, 외로움이 늘었다. 앞으로 수년에 걸쳐 우리가 해결해야 할 문제다. 팬데믹의 최전선에 있는 의료인들은 20여 년 전 9·11 테러에 대응했던 의료인과 마찬가지로 엄청난 정서적 부담을 안고 있었다. 우리 팀은 초기에 의료인을 대상으로 설문조사를 실시했다. 연구 결과 코로나19 환자를 최전선에서 돌보는 마운트시나이 병원 의료인의 39퍼센트가 심각한 불안, 우울, PTSD 증상을 보였다.[6] 코로나19 진원지 한복판에서 어려운 결정을 내리고 수 많은 고통과 죽음을 목격한 이들도 의료인이기 전에 인간이라는 사실을 분명하게 보여주는 결과다.

마운트시나이 병원에서 우리가 겪은 일

코로나19 팬데믹 유행을 여러 차례 겪는 동안 많은 사례에서 창의 성, 공동체의 지원, 집단의 힘, 결단력을 볼 수 있었다. 위로받고 관계 맺기를 바라는 인간의 욕구는 재앙 속에서도 빛났다. 예를 들어, 전국 의 의료인들은 자신의 생명이 위태로워질 것이 분명한 상황에서도 환자들이 가족에게 작별인사를 할 수 있도록 기꺼이 전화를 걸어주 었다. 팬데믹 1차 대유행 때 마운트시나이 병원에서 간호사로 일했 던 소나 린 Shauna Linn은 다음과 같은 이야기를 들려주었다.

"몹시 두려웠지만, 환자가 사랑하는 사람과 이어질 유일한 고리가 저라는 생각이 매우 의미 있고 강렬하게 느껴졌습니다. 실제로 이어 준 것은 아니지만요. 저는 그저 입원한 엄마와 딸이 이어질 일종의 매 개가 되어주어야겠다고 생각했고, 제 의견을 너무 많이 넣거나 개입 하지 않으면서 엄마에게 무언가를 전해주려고 애썼습니다. 병실에 있는 엄마의 손을 잡고 온기를 전해주며 딸 스스로는 할 수 없는 일을 해주려 애썼죠."[7]

우리는 최전선에서 일하는 의료인 대상의 설문조사를 바탕으로 사람들이 어려움에 대처하는 데 도움이 되는 여러 요소에 대해 알게 되었다. 여기에는 가족, 친구, 지도자의 사회적 지원을 포함해, 고통 속에서도 소소하지만 긍정적인 일을 찾고 목적의식을 갖는 일 등이 포함되었다.[8, 9] 이 책의 뒷부분에서 비슷한 연구 결과가 점점 늘어난다는 사실을 여러 차례 언급할 것이다.

2020년 4월, 우리 중 한 명인 데니스는 마운트시나이 병원에서 확인한 회복력 요소를 다음과 같이 요약했다.

"하나는 긍정적인 낙관주의다. 이 시기에는 쉽지 않은 일이었지만 우리 의사와 간호사들은 (…) 우리가 임무를 맡고 있으며 결국 우리가 이기리라고 낙관했다. 언젠가는 이런 상황이 끝나고 일상으로 돌아갈 수 있으리라 믿었다. 나는 우리가 윈스턴 처칠의 말처럼 지금 이 순간을 '최고의 순간'으로 기억하리라 생각했다. 우리는 어려움에 부딪혀 정면으로 맞서 멋진 일을 해냈다. (…) 나는 지원 역시 매우 중요하다고 말하고 싶다. 이제 우리는 한 팀이 되어 움직여야 한다. 우리가 맡은 환자를 돌보려면 서로 100퍼센트 의지할 수 있어야 한다. (…) 나는 직원들에게 이런 말을 많이 들었다. "우리가 훈련한 이유는 바로 이런 일을 하려던 것 아니겠어?" (…) 우리 대부분은 "우리 아니면 누가 이 일을 해내겠어?" 같은 태도도 지니고 있었다."[10]

의료인의 경험을 본 우리는 크게 자극받고 행동해야 한다고 생각했다. 회복력에 대해 알게 된 사실을 즉시 다른 사람들에게 도움을 주는 데 사용해야 한다는 사실을 깨달았다. 2020년 4월, 우리는 마운트시나이 스트레스·회복력·개인성장센터Center for Stress, Resilience, and Personal Growth, CSRPG를 열었다. 이 독특한 센터의 주요 임무는 마운트시나이 병원의 직원, 학생, 수련의의 회복력이 향상되도록 돕는 것이다. 센터 직원들은 이 책에서 언급한 열 가지 회복력 요소를 바탕으로 뉴욕시 의료인과 지역사회 전반을 지원하는 회복력 훈련을 시행했다.[11,12] 우리는 뉴욕시의 여러 목회자와 협력해 신자들을 위한 회복력 구축 프로그램을 개발했다. 이 책 뒷부분에서 이들 목회자 가운데 한 명인 토머스 존슨Thomas Johnson 목사가 팬데믹이 맹위를 떨치던 시기 뉴욕 가나안침례교회를 어떻게 이끌었는지, 그 경험을 함께 살펴보겠다.

회복력을 보여주는 국가 우크라이나

몇 년에 걸쳐 전 세계적으로 불확실성이 증가하고 있다. 베네수엘라와 시리아 등 여러 나라에서 전쟁과 탄압이 잇따르며 난민 위기를 부추겼다. 2022년 2월에는 전 세계가 연루된 분쟁이라는 놀라운 사례도 나타났다. 도발하지도 않은 우크라이나를 러시아가 침공했다. 세계 초강대국이 군사력 규모가 비교적 작은 나라로 쳐들어간 것이다. 2만 명이 넘는 러시아군이 수천 대의 탱크, 미사일, 장갑차를 앞세우고 우크라이나로 밀고 들어갔다. 하지만 우크라이나는 물러서지 않았다. 우크라이나는 자국민과 영토를 지켜야 한다는 명백한 사명으로 두려움에 맞섰다. 남은 사람들은 무기를 들고 도시 곳곳을 방어했고, 100만 명 이상의 국민이 피난을 떠났다.

전 세계가 지켜보며 직접 개입하지는 않는 상황에서 초반에 승리를 자신했던 푸틴의 예상은 빗나갔다. 우크라이나 국민의 용맹함 덕분이었다. 2024년 봄 현재에도 우크라이나 국민은 여전히 싸우고 있다. 이런 정신은 우크라이나 대통령 볼로디미르 젤렌스키Volodymyr Zelenskyy의 언행에서 잘 드러난다. 그는 침공 초기에 안전을 위해 대피하라는 제안을 거절하며 "나는 탈것이 아니라 탄약이 필요하다"라고 말했다. 2022년 3월 8일 그가 영국 의회에서 영상으로 전한 연설은 영국 총리였던 윈스턴 처칠의 고무적인 말을 떠올리게 했다. "우리는 바다에서도 공중에서도 끝까지 싸울 것입니다. 어떤 대가를 치르더라도 우리 땅을 위해 계속 싸울 것입니다."

이 책의 뒷부분에서는 우크라이나 국경 근처 폴란드에서 구호 활동의 일환으로 의료 지원을 펼친 마운트시나이 병원 심장 전문의 프리티 펄라말라Preethi Pirlamarla 박사의 이야기를 함께 살펴보겠다.

군인들의 특별한 경험

수년 전 우리는 전쟁포로였던 미국인들을 심층 인터뷰했다. 인터뷰한 포로 대부분은 북베트남 상공에서 비행기가 격추되어 생포된 조종사들이었다. 불길에 휩싸여 시속 600킬로미터가 넘는 속도로 날아가는 전투기에서 탈출한 조종사들은 낙하산에 의지해 정글로 떨어졌다. 생포된 포로들은 분노에 찬 베트남 주민들 사이로 행진하며 심문받고 구타와 고문을 당했다. 기름에 전 닭 머리, 곰팡이 뒤덮인 빵 조각, 소 발굽, 돼지기름 조각, 쥐똥이나 바구미 또는 작은 돌멩이가 가득한 쌀 한 줌 등 거의 먹을 수 없는 음식밖에 받지 못했다.

우리가 만난 포로들은 모두 수감, 고립, 고문을 거치며 정서적으로 지대한 영향을 받았다. 대부분이 트라우마 관련 정신질환을 안고 있었고, 고향에 돌아가서도 민간인 생활에 적응하는 데 애를 먹었다. 하지만 그들은 감옥에서 겪은 일을 통해 어떻게 삶에 더욱 감사하게 되었고, 가족과 긴밀한 유대감을 느꼈으며, 새로운 삶의 의미와 목적의식을 얻게 되었는지에 대해서도 말해주었다. 이들의 생존 이야기를 보면 사회적 지원, 도덕적 나침반, 신체적 건강이 다른 전략들만큼이나 중요하다는 사실을 알 수 있다.

우리는 전쟁포로 외에도 퇴역 제독 스콧 무어Scott P. Moore를 비롯한 미국 특수작전부대원들과도 대화할 기회가 있었다. 무어와 이야기를 나누면서 실패가 두려워할 일이 아니라는 사실을 알게 되었다. 실패는 우리를 더 강하게 만들기 때문이다.

인생의 어려움에 마주한 사람들

이런 사례와 더불어 다양한 어려움에 직면했거나 지금도 맞서고 있는 각계각층의 사람들도 인터뷰했다. 몇 가지 사례를 살펴보자.

선천적 질병

척추이분증을 안고 태어난 데버라 그룬Deborah Gruen은 2004년과 2008년 패럴림픽에서 수영 동메달을 획득했다. 예일대학교 여자수영 대표팀으로 출전했던 그는 대학을 수석으로 졸업하고 조지타운대학교 로스쿨을 마친 뒤 명문 법률회사에서 경력을 쌓았다.

삶을 뒤바꾼 부상

어릴 때부터 운동선수로 활약한 제이크 러빈Jake Levine 박사는 운동하다 열 번이나 뇌진탕을 겪고 후유증으로 몸이 쇠약해졌다. 매일 혹독한 재활치료를 받은 다음 일본에서 PTSD와 회복력을 연구하던 중 치명적인 심장 감염병에 걸렸다. 하지만 그는 의대를 마치고 현재 마운트시나이 병원에서 신체재활 전문의가 되기 위해 레지던트 과정을 밟고 있다.

세계적 분쟁

데니스 충Dennis Chung과 가족은 베트남에서 탄압을 피해 수백 명과 함께 배를 타고 피난길에 올랐다. 그는 미국에서 무일푼으로 새로운 삶을 시작했지만, 돈을 저축하고 빌려 결국 로어맨해튼에 식당을 열었다. 데니스는 두 자녀를 각각 대학과 대학원까지 공부시켰다. 아들 토니Tony는 아이컨 의과대학교에서 생명과학을 전공하는 대학원생이다.

회복력의 과학: 뇌, 자율신경계, 호르몬

지금까지 회복력을 정의했으니 이제 그 이면에 있는 생물학에 대해 우리가 알게 된 사실을 전하려 한다. 연구에 따르면 트라우마 사건 전, 도중, 그 이후의 생리적 반응 모두 회복력에 중요한 역할을 한다. 뇌, 자율신경계, 호르몬이라는 세 구성 요소에 초점을 맞춰 그 역할을 살펴보겠다.

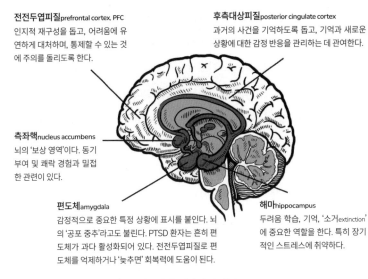

전전두엽피질prefrontal cortex. PFC
인지적 재구성을 돕고, 어려움에 유
연하게 대처하며, 통제할 수 있는 것
에 주의를 돌리도록 한다.

후측대상피질posterior cingulate cortex
과거의 사건을 기억하도록 돕고, 기억과 새로운
상황에 대한 감정 반응을 관리하는 데 관여한다.

측좌핵nucleus accumbens
뇌의 '보상 영역'이다. 동기
부여 및 쾌락 경험과 밀접
한 관련이 있다.

편도체amygdala
감정적으로 중요한 특정 상황에 표시를 붙인다. 뇌
의 '공포 중추'라고도 불린다. PTSD 환자는 흔히 편
도체가 과다 활성화되어 있다. 전전두엽피질로 편
도체를 억제하거나 '늦추면' 회복력에 도움이 된다.

해마hippocampus
두려움 학습, 기억, '소거extinction'
에 중요한 역할을 한다. 특히 장기
적인 스트레스에 취약하다.

[그림1] 인간의 뇌 영역

먼저 뇌부터 시작하자. 회복력에는 여러 뇌 영역이 관여한다
(그림1). 여기서 중요한 점은 우리가 인간이 겪는 대부분의 경험
과 마찬가지로 뇌에서 일어나는 매우 복잡한 일에 대해 완벽하
게 이해하지는 못한다는 사실이다. 흔히 우리는 보통 현실에서
겪는 경험과는 전혀 다르게 실험 도중 특정 시점에서 활성화되
는 뇌를 스냅숏으로 찍을 뿐이다. 알아두어야 할 주요 뇌 영역을
살펴보자.

- **편도체**는 공포 반응과 관련이 있으며, 어떤 상황이 안전하고 어떤 상황은

위험한지 학습하는 데에도 관여한다. 공포 반응 학습 및 망각과 여기에 편도체가 하는 역할에 대해서는 3장에서 좀 더 살펴보겠다. PTSD 또는 다양한 불안장애를 지닌 사람의 편도체는 과잉 활성화되어 있다. 눈앞에 위협적인 상황이 없는데도 뇌가 계속해서 경보를 울리는 것이다.

- **전전두엽피질**은 뇌의 '실행 중추'라고도 불리며, 계획과 이성적인 의사결정을 촉진한다. 전전두엽피질은 감정을 조절하고 편도체를 억제한다. 불안한 기분이 들어 친구에게 문자를 보내거나 달리기하러 나가기로 한다면 전전두엽피질이 기분을 나아지게 만들기 위해 계획을 실행하는 것이다. PTSD 같은 질환을 안고 사는 사람은 전전두엽피질의 기능이 저하되어 있어 공포, 슬픔, 분노, 죄책감 등을 걷잡을 수 없이 날것 그대로 겪는다고 알려져 있다.

- **해마**는 학습, 새로운 기억 형성, 스트레스 반응 조절에 중요한 역할을 한다. 경험을 통해 배우고 과거에 성공했던 유용한 기억을 떠올리는 일은 회복력에 중요하다. 실험실 연구에서는 통제되지 않는 만성 스트레스가 해마를 망가뜨려 회복을 더디게 한다는 사실도 알려져 있다.

- **측좌핵**은 '쾌락 중추'라고도 불린다. 복측피개영역ventral tegmental area이라는 뇌 영역과 연결되어 보상 경험과 처벌 회피를 중개한다. 음식, 섹스, 약물 남용이 주는 쾌락적 효과와 관련 있는 영역이다.

이들 및 다른 몇 가지 뇌 영역을 나중에 다시 언급할 것이다. 책을 읽는 동안 [그림1]을 되짚어보며 해당 영역이 뇌 어디쯤 있고 어떤 역할을 하는지 떠올려보자.

다음은 자율신경계autonomic nervous system, ANS다. 자율신경계는

간단히 말하면 우리 장기와 근육에 신호를 보내는 신경계로, 함께 작동하는 두 신경계인 교감신경계sympathetic nervous system, SNS와 부교감신경계parasympathetic nervous system, PNS로 이루어져 있다. 교감신경계는 숲에서 곰을 피해 달리거나 경주 트랙을 돌 때 에너지를 써서 빨리 움직이라는 신호를 보낸다. 교감신경계가 작동하면 혈압과 심박수가 오르고 소화가 멈추며 땀이 난다. 하지만 계속 이런 상태로 있을 수는 없다. 부교감신경계는 스트레스에서 벗어나고 다음에 반응해야 할 때를 대비해 에너지를 만들고 저장하게 한다. 몸이 건강하게 기능하려면 교감신경계가 스트레스에 순간적으로 강력하게 반응한 다음 재빨리 되돌아와야 한다.

이 책 전반에서는 스트레스 반응과 회복력에 관여하는 다양한 호르몬과 신경전달물질도 살펴볼 것이다.

- **코르티솔**cortisol은 '스트레스 호르몬'으로 불린다. 당의 일종인 포도당 생성과 분비를 촉진해 몸에서 필요한 에너지를 생성하도록 돕는다.
- **에피네프린**epinephrine은 아드레날린adrenaline으로도 알려져 있으며, 스트레스를 받으면 부신에서 분비된다. 싸움-도피 반응fight-or-flight response의 일환으로 심박수를 늘리고 기도를 확장해 산소를 더 많이 사용하게 한다.
- **노르에피네프린**norepinephrine은 노르아드레날린noradrenaline으로도 알려져 있으며, 교감신경계의 일부다. 뇌에서 경고 및 경보 반응을 촉진하며, 위험에 맞서 반응하고 감정적인 사건을 기억하는 데 중요한 역할을 한다.

코르티솔은 여러 복잡한 작용을 통해 스트레스에 반응하는 시상하부-뇌하수체-부신hypothalamic-pituitary-adrenal, HPA 축에서 특히 중요한 역할을 한다. 이 축에는 뇌 중앙 깊숙이 들어앉은 시상하부hypothalamus와 뇌하수체pituitary gland, 신장 위쪽에 얹힌 부신adrenal gland이 관여한다. 코르티솔은 스트레스 상황이 되면 짧은 시간 분비돼 신체가 스트레스 상황에 대응하는 데 필요한 에너지를 모으는 데 도움을 주기 때문에 '스트레스 호르몬'으로도 알려져 있다. 이 책의 뒷부분에서는 모성 행동, 사회적 의사소통, 신뢰, 사회적 지원, 불안 감소와 관련 있는 호르몬 옥시토신oxytocin에 대해서도 언급할 것이다.

이런 체계는 자동차 변속 기어의 작동과 비슷한 방식으로 회복력을 돕는다. 가파른 언덕을 오르려면 가속 페달을 세게 밟아 넘어가야 한다. 하지만 일단 언덕을 넘으면 가속 페달에서 발을 떼고 브레이크를 밟아야 한다. 그러지 않으면 자동차가 통제 불능에 빠질 위험이 있다. 회복력 높은 사람은 필요할 때 에너지를 끌어올릴 수 있다. 어려운 상황에 대응할 확실한 생물학적 반응을 하는 셈이다. 그리고 상황이 종료되면 마음을 가다듬고 그 상태에서 벗어난다. PTSD를 안고 사는 사람은 이런 생물학적 유연성에 일부 문제가 있다. 계속 자동차에 비유하자면, 언덕을 내려온 지 몇 킬로미터나 지났는데도 계속 가속 페달을 밟고 있는 셈이다.

유전학과 후성유전학

우리는 부모, 조부모, 먼 친척에게 일어난 일과 생물학적으로 '얽혀' 있는가? 기사나 책, 텔레비전 프로그램에서 **세대 간 트라우마 전달**intergenerational transmission of trauma에 대한 언급이 점점 흔해지고 있다. 다행히도 레이철 예후다Rachel Yehuda나 에릭 네슬러Eric Nestler 박사 등 이 분야를 과학적으로 면밀하게 연구하는 동료들이 있다. 트라우마 및 회복력의 세대 간 전달에 대해 우리가 무엇을 알고 무엇은 모르는지 이해하기 위해 먼저 유전학을 간단히 살펴보자.

유전자는 모든 사람을 같은 인간으로 만드는 한편 각자 조금씩 다르게 만든다. 인간이 공유하는 유전자는 부모로부터 물려받았다. 하지만 배 속에서도, 태어난 뒤에도 우리는 무언가를 경험하며 그 경험이 우리를 형성한다. 이런 경험을 '환경'이라 한다. 부모나 양육자는 우리를 기른다. 그동안 우리는 성공과 고난, 생명을 위협하는 사건을 경험한다. 이런 경험 중에는 전적으로 혼자 겪는 것도 있고 가족과 함께 겪는 것도 있다.

과학자들은 당연한 질문을 던졌다. 인생의 어려움에 직면했을 때 정서적 웰빙을 이끄는 것은 유전자일까, 아니면 환경일까? 정답은 둘 다. 연구자들은 일란성·이란성 쌍둥이 성인 3,000쌍 이상을 조사한 종단 연구를 통해 PTSD 발병에는 유전적 요인과 환경적 요인이 비슷하게 영향을 미친다는 사실을 발견했다. 하지만 회복력에는 유전적 요인보다 살면서 겪는 긍정적·부정적 사건 같은 환경적 요인이 조금 더 영향을 미친다.[13] 이런 사실로 볼 때 회복력은 PTSD의 정반대가 아니다. 우리가 전혀 통제할 수 없는 일을 포함해, 살면서 겪는 일은 물론 우리가 선택한 일 역시 회복력에 기여한다.

한 가지 더 알아야 할 용어가 있다. 바로 후성유전학epigenetics으로, 환경이 유전자의 기능에 어떤 영향을 미치는지 연구하는 학문이다. 천장에 달린 전등을 유전자라고 생각해보자. 간단히 말하면, 후성유전적 변화는 스위치를 눌러 전등 하나를 끄거나 켜는 일이다. 전등 자체를 바꾸는 것이 아니라 전등 일부의 작동만 잠깐 바꾸는 셈이다. 트라우마 사건, 식단, 운동, 명상 같은 여러 요소는 특정 뇌 영역에 비교적 작은 후성유전적 변화를 일으켜 어떤 유전자는 켜고 어떤 유전자는 끈다. 이런 변화가 일어나면 행동하고 느끼는 방식이 달라진다.

쥐 어미와 새끼를 연구한 결과에서도 후성유전학에 대한 지식을 조금 얻을 수 있다. 쥐도 사람처럼 어미가 새끼를 키우는 방식이 각자 다르다. 어떤 어미 쥐는 다른 어미 쥐보다 새끼를 더 많이 핥고 손질해준다. 이런 행동은 나중에 상당히 유용한 것으로 밝혀졌다. 어미가 더 많이 핥고 손질해준 새끼 쥐는 실험할 때 두려움을 덜 느끼고 더 빨리 안정을 되찾았다. 회복력이 더 높다는 말이다. 과학자들은 새끼 쥐의 행동에 양육이 어떤 영향을 미치는지 알기 위한 실험을 진행했다. 그 결과 어미가 더 많이 손질해준 새끼 쥐의 뇌에서는 후성유전적 메커니즘을 통해 앞서 언급한 HPA 축과 관련된 유전자 활성에 이로운 변화가 일어났다는 사실이 발견되었다. 어미 쥐의 행동이 새끼 쥐의 유전자 자체를 바꾸지는 않았지만 행동을 바꾼 것이다.[14] 이런 변화는 새끼가 태어난 다음 일어났다는 사실을 독자 여러분도 이미 눈치챘을 것이다.

살면서 겪은 경험이 유전자의 작동 방식에 영향을 줄 수 있다면, 자녀가 태어나기도 전에 생물학적으로 특정한 보호막을 주거나 반대로 위험 요인을 물려줄 수도 있지 않을까? 다시 말하면, 세대 간 트라우마 전달을 보여주는 과학적 증거가 있지 않을까? 우리 동료 예후다 박사는 홀로코스트 생존자의 자녀나 9·11 테러 생존자에게 일어난 후성유전적 변화를 살피는 기초 연구를 시행했다.[15] 이런 '전달'은 연구하기가 무척 어렵다. 딱 한 세대에서 일어난 변화를 추론하기 위해 수정 전 난자나 정자에서 스트레스가 유도한 후성유전적 변화를 살펴야 하는 경우도 있기 때문이다. 네슬러 박사는 쥐를 연구해 아버지가 살면서 겪은 역경이 아버지의 정자에서 일어난 변화를 통해 새끼 쥐의 스트레스 회복력에 미치는 영향은 아주 미미하다는 사실을 밝혔다.[16]

여기서 몇 가지 주의할 점이 있다. 세대 간 전달에 관한 과학적 증거는 지난 몇 년간 폭발한 격렬한 흥분이나 실망과 하나도 들어맞지 않는다. 신체적·정신적 웰빙에 가장 큰 영향을 미치는 것은 스트레스로 유도된 뒤 부모에서 자녀로 전달되는 후성유전적 변화가 아니라 신체 유전자, 즉 DNA 서열과 직접 겪은 경험이다.

앞서 언급한 연구는 스트레스에 반응하는 방식에 영향을 미칠 수 있는 유전자 활성에 초점을 맞췄을 뿐, 진단된 PTSD가 유전적·후성유전적 메커니즘을 통해 '전달'된다는 사실을 보여주지는 않는다는 점도 알아두어야 한다. 마지막으로, 스트레스가 유발한 후성유전적 변화가 유전자의 구조를 바꾸지는 않는다. 따라서 이 책에서 앞으로 언급할 사건을 포함해 우리가 통제할 수 있는 긍정적인 사건이나 행동으로 이런 변화를 분명 되돌릴 수 있다. 생물학은 운명이 아니다.

신경가소성

앞으로 여러 장에 걸쳐 신경가소성neuroplasticity을 언급할 것이다. 신경가소성은 뇌와 기타 신경계가 새로운 경험에 반응해 구조, 기능, 연결을 재구성하는 능력을 말한다. 뇌는 성인기 동안 변하지 않는 기관이라고 생각하는 사람이 많지만, 신경과학자들은 뇌 구조가 매순간, 매시간, 매일 바뀐다는 사실을 발견했다. 뇌세포를 활발하게 사용하면 세포는 더욱 효율적으로 메시지를 전달하고 서로 더 많이 연결된다. 반대로 뇌세포에 자극을 주지 않으면 세포는 죽고 '가지치기'당한다.

1990년대 중반 연구로 거슬러 올라가보자. 신경과학자들은 전문가들이 기량을 닦을 때 뇌에서 변화가 일어난다는 강력한 증거를 발견했다. 예를 들어, 관악기 연주자의 경우 입술 움직임을 담당하는 뇌 영역이 확장되어 있었다. 게다가 음악 훈련을 오래 받았을수록 뇌 변화가 더 뚜렷했다.[17]

또 다른 연구에서는 마음챙김 명상mindfulness meditation의 효과에 주목했다. 신체 감각을 포함해 지금 이 순간을 인식하고 수용하는 능력을 기르는 마음챙김 명상은 스트레스에 대처하는 능력을 기르는 것으로 알려져 있다. 마음챙김 수련에 따른 뇌 변화를 살핀 최근 연구에서는,[18] 명상 수련을 하면 신체 인식에 관여하는 뇌 영역으로 알려진 우측섬엽right insula의 부피가 확연히 증가한다는 사실이 발견되었다. 따라서 연습하는 대상과 그에 따라 더욱 요구되며 확장되는 뇌 영역이 일치한다는 사실을 알 수 있다.

어떤 면에서 우리는 각자 뇌 구조와 기능을 바꿀 역량을 지니고 있다. 핵심은 활성이다. 특정 뇌 영역을 반복해서 활성화하면 그 영역이 강화된다. 다시 말하면, 이 책에서 소개하는 사람들이

주는 조언을 체계적으로 따르면 사실 누구나 스트레스에 대항할 회복력을 조금이라도 높일 수 있다.

누구나 강점이 있다: 가용 자원이 풍부한 사람

30여 년 전 회복력을 연구하기 시작했을 때만 해도 우리는 회복력 높은 사람은 유전적으로 타고난 특별한 사람이라고 생각했다. 회복력이란 선택받은 특별한 사람에게만 주어지는 드문 재능이라고 여겼다. 하지만 틀렸다. 회복력은 누구에게나 있다. 회복력 높은 사람은 우리 주변 어디에나 있고, 우리 대부분은 학습과 훈련을 통해 회복력을 향상할 수 있다. 전 세계 수백만 명이 갖가지 어려움과 상황에 대처해 회복력을 발휘한다. 우리 대부분은 스트레스가 나쁘다고 배웠다. 스트레스는 우리의 적이며, 피하거나 줄여야 하는 것이라고 말이다. 하지만 사실 스트레스도 잘 관리하기만 하면 오히려 좋은 동기를 준다. 심지어 스트레스는 개인의 성장에 꼭 필요하다.

하지만 다른 사람보다 쉽게 회복력을 기르고 다시 일어서는 사람이 있다는 사실도 인정해야 한다. 심각한 의학적·정신적 문제를 겪고 있다면 이 책에서 전하는 조언을 따르기 어려울 수도 있다. 예를 들어, 중대한 우울증 사건을 겪고 있는 사람은 깊은 슬픔이나 절망, 의욕 저하, 삶에 대한 흥미 상실에 짓눌려 있을 수 있다. 외상성 뇌 손상을 입은 사람은 스스로 계획을 실천하기 어렵고, 극심한 기분 변화로 문제를 겪을 수도 있다. 이런 질환을 겪고 있지만 회복력과 관련된 기술을 연습하고 싶다면, 꼭 숙련된 전문가의 조언을 받아야 한다.

이와 함께 특정 인종이나 사회적 정체성에 속한 사람이 특권을 가지고 있다는 현실도 인정해야 한다. 경제적으로 안정되고, 건강 및 휴가 면에서 혜택이 많은 안정적인 직업을 갖고, 풍부한 사회적 지원망 등을 갖춘 사람은 예상치 못한 상황이 닥쳐도 손에 쥔 자원을 활용할 수 있다. 하지만 자원이 부족한 사람은, 심리학자 스테반 홉폴Stevan Hobfoll이 말한 것처럼,[19] 한 가지 문제가 다른 문제를 끌어들이는 '상실의 소용돌이loss spiral'에 빠질 수 있다. 예를 들어, 이미 경제적 압박에 시달리던 가정에서 주 부양자였던 가족을 잃으면 남은 가족은 식비와 주거비를 마련하기 위해 백방으로 뛰어야 한다. 하지만 경제적으로 안정된 가정이라면 다양한 자원을 바탕으로 유료 상담을 받거나, 사랑하는 사람을 기릴 장례식을 치르거나, 직장이나 학교를 잠시 쉬고 삶의 우선순위를 재평가하는 등 여러 방법으로 슬픔과 상실감을 해결할 수 있다.

자원이 부족하면 그저 주저앉아야 한다는 의미는 아니다. 하지만 이런 사람 앞에 놓인 길은 더 험난할 수 있다는 사실을 기억해두어야 한다. 한계를 인정하면 트라우마에서 벗어나려 애쓰는 자신과 타인에게 더욱 마음을 열고 이해심을 발휘할 수 있다.

이 책에 소개한, 관대한 사람들이 보여준 말과 행동이 우리에게 그랬듯 당신에게도 영감을 주고, 앞으로 다가올 인생의 어려움에 직면할 때 롤모델이 되어주기를 바란다. 우리는 각자 인생의 어려움에 마주했을 때 이들과 나눈 대화를 떠올렸다. PTSD 증상을 겪는 환자를 치료하면서 그들이 극심한 고통 속에서도 어떻게 자신의 강점을 끌어내는지 살필 좋은 기회를 얻었다. 우리는 회복력 높은 사람들의 특별한 태도와 사고방식, 감정, 행동을 배워 그들이 전하는 조언을 따르고자 노력한다.

2장

현실적
낙관주의자로 살기

긍정

낙관주의는 회복력에 불을 댕기고 어려움에 정면으로 맞설 힘을 준다. 어려운 상황에 적극적이고 창의적으로 대처하도록 만들기도 한다. 낙관주의를 어떻게 정의할까? 낙관주의는 상황이 나아지리라 믿는 미래 지향적인 태도다. 낙관주의자는 스스로 삶에 긍정적인 영향을 미칠 수 있고, 자신이 매일 하는 일이 중요하다고 믿는다. 반면 비관주의자는 미래를 어둡게 본다. 이런 사람은 자기에게 끔찍한 일이 닥칠지도 모른다고 걱정하고, 자신이 목표를 달성할 수 없으리라고 생각한다. 부정적인 생각에 사로잡히기도 한다. 당연히 몹시 진이 빠지는 일이다. 다시 말하면, 낙관주의자와 비관주의자는 세상을 아주 다르게 예상한다. 세상을 다르게 보고 전혀 다르게 행동하기 때문이다.

과학자들은 낙관적인 성향을 측정할 방법을 개발했다. 흔히 낙관성을 측정하는 데 사용되는 설문지는 '삶의 지향성 검사 개정판Life Orientation Test Revised, LOT-R'이다. 여기에는 "불확실한 상황에서 나는 보통 아주 잘될 것이라고 기대한다"라거나 "내 뜻대로 일이 풀릴 것이라고 거의 기대하지 않는다" 같은 문항이 포함된다.[1] LOT-R 척도는 과학자들이 말하는 성향적 낙관성dispositional optimism 또는 낙관적 성격trait optimism을 측정한다. 사람의 핵심 성격과 마찬가지로, 이런 특성은 보통 상황이 달라져도 변하지 않는다. 이 책을 준비하면서 인터뷰한 회복력 높은 사람 중에는 성향적 낙관성이 높은 사람도 있지만 상황에 따라 낙관성이 달라진 경우도 있다. 그러나 이들도 할 수 있는 한 작은 단서라도 찾아내 낙관적으로 생각하며 상황을 극복했다.

우리가 인터뷰한 많은 사람 가운데 성향적 낙관성의 정신과 힘을 가장 잘 보여준 사람은 데버라 그룬일 것이다.

데버라 그룬 이야기

데버라 그룬의 고난은 태어날 때부터 분명했다. 척추이분증으로 알려진 질환도 그 가운데 하나였다. 그의 아버지 제프Jeff는 이렇게 말했다.

"척추 기저부에 거의 자몽 반만 한 큰 종양이 있었어요. (…) 다리를 조금 움직일 수는 있었지만 많이 움직이지는 못했죠. 엉덩이와 발가락, 발을 움직였지만 정상적이진 않았어요. (…) 믿을 수 없었습니다."

얼마 지나지 않아 의사들은 데버라의 척추가 비뚤게 형성되어 척수를 누르고 있다는 사실을 발견했다. 데버라는 즉시 수술실로 옮겨졌다. 부딪치는 척추뼈를 제거해 척추관을 넓히자 상태는 빠르게 나아졌다. 하지만 걸을 수 있을지는 여전히 알 수 없었다. 해가 갈수록 상태가 나빠져 방광이나 대장 기능 장애 같은 만성 질환이 생길 위험도 있었다.

데버라는 신생아 집중치료실에서 2주를 보낸 뒤 집으로 돌아왔다. 척추가 너무 불안정해 조개껍데기 모양의 성형 플라스틱 보조기를 벨크로로 고정해 목에서 허벅지 위까지 단단히 감싸고 있어야 했다. 회당에서 아기 데버라에게 축성하고 정식으로 이름을 준 랍비는 기도 끝에 "그리고 데버라의 결혼식에서 우리 모두 덩실덩실 춤추게 하소서"라고 덧붙였다. 데버라의 어머니 수전 Susan은 남편에게 "정말 그랬으면 좋겠네요"라고 속삭였다.

다행히도 데버라는 먹고 삼키고 미소 짓고 가끔 다리를 움직이는 등 여러 면에서 정상적으로 발달하기 시작했다. 부모는 안도했다. 몇 달 뒤 데버라는 척수 고정대를 풀기 위해 기나긴 수술을 또 받았다. 수술은 성공적이었다. 하지만 3주 뒤 응급실에 실려가 다시 수술을 받아야 했다. 결국 데버라는 태어난 지 몇 해 되기도 전에 다섯 번의 수술을 겪었다.

시간이 지나면서 상태가 안정되었다. 하지만 신체 성장과 운동 기능은 제대로 발달하지 못했다. 고통스럽고 마음 아픈 시나리오가 무수히 많았지만, 그런데도, 어쩌면 그 덕분에 부모는 결국 미래를 걱정하며 조바심 내기보다 데버라가 지금 이 순간을 극복하도록 도와야 한다는 사실을 배웠다. 부모는 데버라를 다른 아이들처럼 대하려 최선을 다했다. 하지만 데버라가 다른 아이들과 다르다는 사실도 알았다.

데버라가 학교에 들어가기 전, 친한 가족이 수영하러 가자고 데버라를 초대했다. 수전은 마지못해 응했다. 다른 아이들이 데버라를 환영할까? 데버라가 아이들을 따라갈 수 있을까? 수전은 이렇게 회상했다.

"딸이 수영장에 들어갈 때 엄마인 저는 거의 죽을 지경이었죠. 맙소사, 모두 딸을 빤히 보고 있었으니까요. 그런데 무슨 일이 일어났게요? 아무 일도 일어나지 않았어요. 딸은 수영했고, 그것도 아주 잘했죠. 끝나고는 다른 애들처럼 수영장에서 나왔어요. 아마 아이들 중 한 명이 딸을 잡고 안아주었던 것 같고… 그 뒤로도 계속 그랬죠."

절대 걷지 못하리라던 예상과 달리 데버라는 점차 지팡이를 짚고 걷는 법을 배웠다. 수영도 계속했다. 처음에는 재미로, 다음에는 경쟁심으로 했다. 2004년 열여섯 살의 그는 아테네 하계 패럴림픽에 출전해 100미터 평영에서 동메달을 획득했다. 데버라는 고등학교 졸업반 대표가 되었고, 이어 예일대학교에 진학했다. 그는 대학에서 여자수영 및 다이빙 대표팀으로 겨뤘다. 데버라는 2010년까지 대략 12개의 국제 수영대회에서 메달을 거머쥐며 신기록 행진을 이어갔다.

그처럼 고된 시작에서 출발해 평생 어려움을 겪으며 살아온 데버라 그룬은 어떻게 인생의 여러 부분에서 성공할 수 있었을까? 일부는 낙관적인 부모님 덕분이다. 데버라의 부모는 희망을 버리지 않고 조건 없는 사랑과 지원을 쏟았으며, 데버라를 장애 없는 아이들과 똑같이 대하면서 다른 사람들도 그렇게 해주리라 기대했다. 데버라의 언니 미셸Michelle은 필요할 때 동생을 보호하면서도 동생이 두려움에 맞서고 목표를 달성하도록 밀어주는 롤모델 역할을 했다. 친구들은 놀 때 기다려야 해도 데버라를 따돌리지 않았다. 무엇보다 데버라는 낙관주의자였고, 지금도 그렇다.

맹목적인 낙관주의는 통하지 않는다

흔한 믿음과 달리 낙관주의는 인생에 쌓인 문제에 맹목적으로 눈감거나 세상을 '장밋빛 색안경'을 쓰고 보는 것을 의미하지 않는다. 우리가 이 장에서 다루는 낙관주의는 캐런 레이비치Karen Reivich와 앤드루 샤테Andrew Shatté가 언급한 '현실적 낙관주의realistic optimism'다.[2] 현실적 낙관주의자도 비관주의자처럼 자신이 마주한 문제와 관련된 부정적인 정보에 세심한 주의를 기울인다. 하지만 비관주의자와 달리 부정적인 면에 계속 집중하지 않는다. 현실적 낙관주의자는 스스로 바꿀 수 없는 일에는 얽매이지 않는다.

　다른 연구자들도 비현실적인 낙관주의의 사례를 기록했다. 탤리 샤롯Tali Sharot과 동료들은 '낙관주의 편향optimism bias'을 설명했다.[3] 낙관주의 편향은 자신이 교통사고를 당하거나 심각한 질병에 걸리는 등 인생에서 부정적인 사건을 겪을 위험이 다른 사람보다 낮고, 좋은 일이 일어날 확률은 높다는 믿음이다. 자신이 특별하다고 느끼는 것은 자연스러운 충동이다. 이런 생각은 잠깐은 위안이 되어준다. 하지만 무턱대고 이렇게 생각하면 위험하다.

맹목적인 낙관주의에 대한 몇 가지 주의사항

　장교이자 전쟁포로였던 제임스 스톡데일James Stockdale은 '장밋빛 안경'을 쓰고 세상을 보거나 맹목적인 낙관주의에 빠질 때의 위험성을 잘 알고 있었다. 그는 1983년 웨스트포인트 미국 육군사관학교 졸업식에서 생도들에게 연설하면서 이런 우려를 나타냈다.

　"우리는 서로의 인생관을 잘 알았고, 대부분 모두가 낙관주의자가 된다면 정말 좋을 거라고 생각했습니다. 저는 천성적으로 그러지 못했습니다. 격추되었을 당시 아시아 정치에 대해 너무 잘 알았죠. 저는 낙관주의자들이 초래한 손실이 크다고 생각합니다. 다른 전쟁에 참여했던 저자들의 의견도 비슷합니다. 과하게 낙관적인 사람을 믿는 일부는 그들의 예측이 빗나가면 이성을 잃고 거품을 문다는 점이 문제입니다. (…) 떠버리 낙관주의자는 스트레스 상황에 놓인 사람에게 아주 해로운 존재예요."[4]

우리는 한 특수작전부대 교관을 인터뷰하며 정예 작전요원 사이에서 낙관주의가 어떻게 작용하는지 질문했다. 그는 이렇게 답했다.

"비관주의는 전염성이 강하고 모두를 무너뜨립니다. 따라서 우리 팀에 아주 부정적인 비관주의자가 있다면 그대로 둘 수 없습니다. (…) 우리가 할 수 있는 일에도 흥분하며 부정적인 생각을 품는 사람이 한 명만 있어도 다른 사람들이 상황이나 리더를 의심하게 될 수 있죠. (…) 팀원 중 누군가가 너무 비관적이라면, 우리는 그와 함께 협력하기 위해 최선을 다하겠지만, 그가 제대로 하지 못한다면 팀에서 뺄 수밖에 없습니다. (…) 팀에 남고 싶은데 낙관주의자가 아니라면 낙관주의자가 될 방법을 알아내는 편이 좋겠죠."

특수작전부대원은 문제 해결사다. 이들은 제대로 훈련받고 적절한 도구가 있다면 해낼 수 있다는 사실을 잘 안다. 하지만 그들은 맹목적인 **낙관주의자**나 스톡데일이 말한 떠버리 **낙관주의자**가 아니다. 그들은 계산된 위험을 감수하고, 목표로 향하는 길을 가로막는 장애물을 명확히 인식한다.

인도주의자인 헬렌 켈러Hellen Keller도 이와 비슷하게 맹목적인 낙관주의를 경고했다. 그는 자신이 오랫동안 박탈감을 느끼고 고난을 겪어왔기 때문에 그만의 낙관주의를 갖게 되었다고 생각했다. 1880년 앨라배마의 작은 마을에서 태어난 헬렌 켈러는 생후 19개월에 몹시 위험한 감염병에 걸려 사경을 헤맸다. 아기가 회복하기 시작하자 가족들은 기뻐했다. 병 때문에 영원히 듣지도 보지도 못하게 되었다는 사실은 그때까지만 해도 몰랐다.

그 뒤 5년 동안 아이는 폭력적이었고 통제 불능의 행동을 하며 불같이 화를 내곤 했다. 1887년 참다못한 부모가 딸을 시설에 보내야 할지 심각하게 고민할 즈음, 앤 설리번Anne Sullivan이 켈러의 삶에 들어왔다. 설리번은 "켈러의 마음과 다른 사람의 마음 사이에 놓인 황무지가 장미꽃으로 만발하도록" 켈러에게 의사소통하는 법을 가르치는 고된 일을 계속했다.[5]

앤 설리번이 낙관주의자가 아니었다면 켈러는 평생 극심한 고립 속에서 살아야 했을지도 모른다. 결국 켈러는 단어와 사물, 감정, 개념을 연결하는 방법을 배웠다. 켈러는 설리번의 창의적인 도움으로 손에 그린 글자와 단어를 이해하고 이어 점자 읽는 법을 익혔다. 켈러는 매우 빠르게 발전을 거듭해 불과 몇 년 만에 하나의 '현상'이 되어 대중적으로 널리 알려졌다.

켈러는 케임브리지여학교에서 4년간 공부한 다음 래드클리프대학에 지원했다. 이 과정에서 켈러의 회복력은 예상치 못한 시험대에 올랐다. 켈러는 입학시험 하루이틀 전에야 수학 영역이 자신에게 익숙하지 않은 점자로 출제될 것이라는 통보를 받고 하룻밤 만에 완전히 새로운 기호 체계를 익혀야 했다.

래드클리프대학은 결국 켈러를 받아들였다. 그는 이곳에서 자기 삶과 철학을 다룬 글을 쓰기 시작했다. 켈러는 에세이 〈낙관주의Optimism〉에서 사람들이 흔히 추구하는 행복의 유형인 '거짓 낙관주의'에 대해 설명했다.

> 대부분의 사람들은 육체적 쾌락과 물질적 소유라는 측면에서 행복을 측정합니다. 눈에 훤히 보이며 손에 곧 잡힐 듯한 목표를 달성할 수 있다면 얼마나 행복할까요! 하지만 그런 재능이나 환경이 부족하다면 비참해지겠죠. 행복을 그런 식으로 측정해야 한다면 듣지도 보지도 못하는 저는 두 손 꼭 모아쥐고 구석에 앉아 울 수밖에 없을 겁니다.[6]

켈러는 자신을 행복하고 낙관적인 사람으로 여겼다. "내가 부족함에도 행복하다면, 내 행복이 아주 깊어서 신앙이 되고, 아주 사려 깊어서 삶의 철학이 된다면, 한마디로 내가 낙관주의자라면, 낙관주의라는 신념에 대한 내 증언은 들어볼 가치가 있습니다." 켈러는 역경을 진정한 낙관주의의 전제조건으로 보았다.

낙관주의는 어떻게 회복력을 높이나?

채플힐 노스캐롤라이나대학교의 심리학자 바버라 프레드릭슨Barbara Fredrickson은 긍정적 감정의 확장 및 구축 모델broaden-and-build model of positive emotions을 개발했다.[7] 그는 긍정적이든 부정적이든 모든 감정은 주의집중 및 행동과 밀접한 연관이 있다고 보았다. 분노, 두려움, 혐오 등은 위험에 대비하도록 만들어 생존을 돕는다. 이런 감정은 교감신경계를 활성화해 생리적 각성을 높인다. '싸움-도피 반응'은 시각 초점을 좁혀 공격이나 도피에 꼭 필요한 것으로 행동을 제한한다. 반면 긍정적인 감정은 시각 초점, 생각, 행동의 폭을 넓힌다. 긍정적인 감정을 느끼면 사고가 더 창의적이고 유연해진다. 긍정적인 감정은 주의력과 행동의 폭을 넓혀 창의성, 신체적 건강, 가족 및 친구와의 관계, 새로운 것을 배우는 능력, 심리적 회복력에 기여한다.[8]

이런 '확장 및 구축' 능력은 스트레스에 대처하는 데 도움이 된다. 긍정적인 감정을 자주 느끼는 사람은 혼란스러운 상황에서 한발 물러나 다양한 관점에서 상황을 바라본다. 이런 사람은 긍정적 재평가, 목표 지향적이고 문제 중심적인 대처, 일상적인 사건에서 개인적인 의미 찾기 등 세 가지 대처 메커니즘을 사용한다. 여기에서는 이런 대처 메커니즘에 대해 간단히 훑어보고 나중에 다시 상세히 설명하겠다.

먼저 낙관주의자는 주의를 넓혀 처음에는 부정적으로 보였던 사건을 **재평가**reappraise해 더욱 긍정적으로 바라본다. 낙관주의자는 상황을 재구성하면서 고난을 도전으로 받아들이고 어려움 속에 숨은 기회를 발견한다. 현실적 낙관주의자는 자기가 처한 어려움을 부정하지는 않지만 그 속에서 '한 가닥 희망'을 찾는다. 〈왕좌의 게임Game of Thrones〉의 등장인물 리틀핑거Littlefinger가 "혼돈은 나락이 아니야. 혼돈은 사다리지"라고 한 악명 높은 대사에서 이런 성격이 잘 드러난다. 〈왕좌의 게임〉 팬이라면 누구나 알겠지만, 이 왕실 고문은 몹시 까다로운 상황에서도 기회를 찾는 데 달인이었다.

데버라 그룬은 재평가의 달인이다. 그는 예일대학교에서 조기 합격통지서를 받고 크게 기뻐했다. 오랫동안 공부하고 수영장에서 혹독하게 훈련한 시간을 보상받은 것 같았다. 예일 같은 대학에 합격하기란 절대 쉽지 않다. 떨리는 마음으로 입학허가서를 읽고 또 읽던 데버라는 웹사이트에서 조기입학한 다른 지원자들의 프로필을 발견했다. 그는 지원자들의 성취 수준에 주눅이 들었고, 자기는 거기 미치지 못한다며 걱정했다. 하지만 곧 상황을 재평가하고 새로운 친구들이 얼마나 재미있을지, 그들과 친해지는 일이 얼마나 즐거울지 떠올렸다.

낙관주의자의 두 번째 특징은 가능한 한 문제를 해결하려고 적극적으로 노력하면서 스트레스에 대처한다는 점이다. 연구에 따르면, 낙관주의와 긍정적인 기대는 목표를 향해 나아가도록 밀어주지만, 비관주의와 부정적인 기대는 무력감을 일으키고 상황을 회피하며 미루게 한다. 다음 단락에서 낙관주의와 건강에 대해 살펴보면 낙관주의자의 행동 지향적인 본성이 더 나은 결과를 가져온다는 사실을 알게 될 것이다.

낙관주의자의 세 번째 특징은 비관주의자보다 자기 삶이 더 행복하고 의미 있다고 여길 가능성이 높다는 점이다. 최근의 한 연구에 따르면, 낙관적이고 긍정적인 감정을 더 많이 느끼는 성인은 삶에 대한 만족도가 높았다. 이 연구는 또한 인생에 감사하고 의미를 느끼는 등의 다른 낙관주의 요소도 삶의 만족도에 큰 영향을 미친다는 사실을 밝혔다.[9]

요약하면, 낙관주의는 삶의 긍정적인 면에 주목하게 하고, 의미와 목적의 원천에 집중하도록 도우며, 적극적으로 문제를 해결하도록 자극한다. 사소한 면에서도 낙관성을 키우려 노력한다면 세상을 바라보고 다가올 문제에 대처하는 방식 등 일상에 큰 영향을 미칠 수 있다.

낙관주의는 신체적·정신적 건강에 좋다

낙관주의는 신체적·정신적 건강 전반에 영향을 미친다. 낙관주의는 더 오래 행복하게 살기 위한 요소다. 최근 메타분석에 따르면, 낙관주의는 원인을 불문하고 사망할 위험인 '총사망률all-cause mortality'을 낮춘다. 낙관적인 성인은 뇌졸중이나 심장병에 걸릴 위험도 낮았다.[10] 이 메타분석은 여러 연구 결과를 조합해 20만 명 이상의 참가자를 조사한 결과를 바탕으로 특정 효과가 정말 믿을 만하고 강력한지 확인할 수 있다는 이점이 있다. 연구 결과로 볼 때 낙관주의가 건강에 영향을 미친다는 사실은 분명하다.

긍정적인 감정이 신체건강에 도움을 주는 메커니즘이 완전히 규명되지는 않았지만, 코르티솔이나 성장호르몬 같은 호르몬 및 면역체계가 관련 있을 가능성이 높다. 흔히 낙관주의자가 비관주의자보다 더 건강한 생활습관과 식습관을 받아들이고, 운동을 더 하고 술은 덜 마시며, 더 든든한 지원군이 되어주는 사회관계망을 갖추고 있으며, 약물 오남용을 적게 할 가능성이 크기 때문이기도 하다.

낙관주의는 스트레스가 미치는 부정적인 영향에서도 우리를 보호해준다. 베트남전 포로를 대상으로 한 획기적인 연구에 따르면, 본국으로 송환된 직후 측정한 낙관성은 이들의 웰빙을 가장 잘 예측하는 지표였고, 낙관성이 높은 사람은 석방 약 25년 뒤 재평가했을 때 PTSD 발병 확률도 낮았다.[11] 마운트시나이 병원의 연구 결과 성향적 낙관성이 낮은 의료인은 코로나19 팬데믹 초기 9개월 동안 계속 고통스러워할 가능성이 더 높았다.[12]

낙관주의자와 비관주의자가 바라보는 세상

우리는 매일 수많은 정보에 노출돼 듣고, 보고, 이야기하고, 생각한다. 너무 많은 정보에 곧바로 휩쓸리지 않으려면 가장 중요한 것에 선택적으로 집중해야 한다. 뇌는 부정적이고 위험한 상황이나 긍정적이고 즐거움을 주는 상황에 주의를 기울이는 선택적 집중을 한다. 음식이나 섹스처럼 즐거움을 주는 상황은 우리를 살아 있게 하지만, 뱀이나 낯선 사람을 마주치는 등 위험한 상황은 생존을 위협한다. 우리는 보통 긍정적인 것보다 부정적인 것에 더 강하게 집중한다. '이환율 및 사망률 회의morbidity and mortality conference'처럼 잘못되거나 거의 잘못될 뻔한 상황을 중심으로 토론해온 의학계의 관행에서도 이런 사실을 잘 볼 수 있다.

위험에 주목하는 인간의 타고난 주의력은 우리를 보호하지만 낙관성을 갖기 어렵게 만들기도 한다. 미디어가 의도적으로 전쟁, 지구온난화, 범죄, 전염병, 테러 등 여러 가지 두려운 사건에 집중하는 세상에서는 즐거움을 누리기 훨씬 어렵다. 미디어업계 경영진은 이런 뉴스의 신경과학을 잘 안다. 나쁜 뉴스가 이목을 끈다는 사실 말이다.

하지만 부정적인 상황에 얼마나 집중하고 긍정적인 상황은 얼마만큼 보지 못하는지는 사람마다 차이가 있다. 이를 '주의 편향attention bias'이라고 한다. 예를 들어, 만성적으로 불안하거나 비관적인 사람은 낙관주의자에 비해 부정적이거나 위협이 될 정보에 더 집중하고, 긍정적으로 볼 만한 정보에는 집중하지 않는 경향이 있다. 불안한 사람의 뇌는 위협을 인식하도록 과도하게 훈련되어 있으며, 심지어 긍정적인 정보를 뒤집어 부정적인 정보로 바꿔놓기도 한다. 예를 들어, 우울증이 있는 사람은 직장에서 승진하면 기회가 늘고 급여가 인상된다는 면보다 책임과 부담이 늘고 일이 틀어질 수 있다는 면에 집중한다.

불안을 느끼지 않거나 낙관적인 사람도 관련 있는 부정적인 정보를 식별하고 주의를 기울이지만, 이런 사람은 보통 즐겁거나 긍정적인 자극에 주목하며 일이 잘 풀리리라고 쉽게 상상한다. 반면 우울증이 있거나 불안한 사람은 좋은 일이 일어나도 충분히 집중하지 못해 오랫동안 튼튼하게 유지되는 기억을 형성하지 못하므로 좋은 일을 잘 기억하지 못한다.

같은 사건, 다른 해석

마틴 셀리그먼Martin Seligman 등의 연구자들은 비관주의자와 낙관주의자가 상당히 다른 설명 양식explanatory style을 사용한다는 사실을 발견했다.[13] 비관주의자는 힘든 일이 생기면 그 일의 부정적인 결과가 영원히 이어지고 삶의 여러 영역에 영향을 미치리라고 믿는다. 이런 사람은 사건을 설명할 때 '항상' 또는 '결코' 같은 말을 자주 사용하고, 사건을 부정적으로 일반화한다. 낙관주의자는 반대로 부정적인 사건을 만나도 그 결과가 일시적·제한적으로만 영향을 미치리라고 생각한다. 이런 사람은 사건을 설명할 때 '때로' 또는 '최근에' 같은 말을 자주 사용한다. 낙관적인 사람은 자기 내면에 통제력이 있다고 생각하고 삶에서 일어나는 사건에 자신이 영향을 미칠 수 있다고 믿는다. 하지만 비관적인 사람은 외부에 통제력이 있다고 생각하고 자신에게 일어나는 일이 그저 운이나 운명 또는 자기 손에서 벗어난 다른 힘에 의해 결정된다고 믿는다.

일상적인 사례를 몇 가지 살펴보자. 연애에 실패한 비관주의자는 앞으로 모든 연애에서 실패하고, 연애가 아닌 다른 관계도 좋지 않게 끝날 것이며, 상황을 바꾸기 위해 할 수 있는 일은 아무것도 없다고 결론 내린다. 우리 중 한 명인 조너선도 대학에서 미적분학을 수강할 때 비슷하게 반응했다. 첫 시험에서 실패한 그는 '난 이건 절대 못해', '난 그만큼 똑똑하지 않은걸'이라고 생각하고 지레 낙담해 공부를 이어가기를 꺼렸다. 전공을 바꿀지 고민하기도 했다. 흔한 패턴이다. 비관주의자는 스트레스받는 상황에 놓이면 자신을 비난하거나 비판하고 자기 능력을 과소평가하며 문제의 본질과 정도를 지나치게 일반화한다.

낙관주의자는 어떨까? 낙관주의자가 연애에 실패하면 자신과 상대방이 서로 잘 맞지 않았기 때문이고, 이번 경험에서 배웠으니 다음 연애는 나아지리라 생각한다. 앞으로 다른 관계를 성공적으로 맺는 데 필요한 자질과 기술을 갖추게 되었다고 결론 내린다. 조너선이 좀 더 낙관적이었다면, 미적분학에서 첫 성적이 나빴어도 좌절은 그저 이번 한 번뿐이라고 생각하고, 앞으로도 계속 좌절할 거라고는 예상하지 않으며 다른 도움을 찾으려 했을 것이다. 성적이 좋은 다른 시험을 떠올리면서 자신이 완전히 실패했다는 생각에 맞섰을 것이다. 낙관주의자는 인생의 어려움에 맞닥뜨릴 때 문제를 해결할 수 있다고 여기며 스스로를 긍정적으로 평가하고 강점에 집중한다.

비관주의자와 낙관주의자는 괜찮은 시기에도 정반대의 설명 양식을 사용한다. 비관주의자는 긍정적인 사건을 보고도 보통 자신의 성과는 그때뿐이고 그 일에만 한정된다고 본다. 상을 받거나 승진하는 등 개인적인 성취를 이뤄도 자기 능력과는 무관한 행운이라고 생각한다. 하지만 낙관주의자는 자신의 성취에 자부심을 느끼고 자기 능력을 미래의 성공으로 나아가는 디딤돌로 여긴다.

가능성과 기회를 붙잡는 네 가지 방법

천성적으로 낙관적이지 않다면 어떻게 해야 할까? '낙관주의

유전자'를 타고나지 않았어도 낙관적인 사람이 될 수 있을까? 다행히도 우리 대부분은 '그렇다'. 수년에 걸친 여러 인터뷰와 방대한 과학적 증거를 바탕으로 낙관성을 향상시키는 네 가지 방법을 제안한다.

1. 주변의 긍정적인 것에 집중하자.
2. 더욱 긍정적이고 도움이 되는 생각에 의식적으로 집중하고, 부정적인 생각에 너무 오래 빠져 있지 말자.
3. 부정적인 시각을 바꾸고 사건을 더욱 긍정적으로 해석하자.
4. 긍정적인 감정을 쌓는 방식으로 행동하자.

부정적인 면에 계속 집중하면서 부정적인 생각을 하고, 사건을 부정적으로 해석하면서 끊임없이 불평하고 걱정하며, 자신이 비참하다고 생각하면서 행동하면 세상을 어둡고 위협 가득한 곳으로 보게 된다. 하지만 긍정적인 면과 부정적인 면 모두에 주의를 기울이고, 관련 없는 부정적인 정보는 무시하고, 스스로 바꿀 수 없는 부정적인 생각은 내려놓고, 정보를 더욱 긍정적으로 해석하고, 해결할 수 있는 문제를 해결하기 위해 행동하면 세상을 흥미롭고 도전적이며 희망적으로 바라보게 될 것이다.

긍정적인 면에 집중하기

연구자들은 특히 정신적인 문제를 겪는 사람의 주의 편향을 돌릴 훈련법을 개발했다. 이 훈련의 목적은 흔히 긍정적인 면을 더 많이 발견하는 습관을 기르는 것이다. 인지편향수정cognitive bias modification, CBM은 이런 훈련법 중 하나다. CBM은 컴퓨터나 스마트폰 게임을 사용해 참가자가 미처 깨닫지 못하는 사이에 발생하는 주의 편향을 바꾼다. 어떤 CBM 훈련에서는 화면에 긍정적인 것(예를 들어 강아지) 또는 중립적인 것(예를 들어 커피잔)의 사진을 띄우고, 참가자에게 화면의 같은 지점에 나타나는 특정 기호에 재빨리 반응하도록 훈련한다. 참가자는 화면에 긍정적이거나 중립적인 사진이 떠 있어도 화면 위 기호가 나타나는 한 지점에 더욱 집중하는 법을 익힌다. 화면에 사진이 뜨더라도 기호가 나타나는 지점에 이미 집중하고 있으면 게임에서 이긴다. 최근 리뷰에서는 CBM이 우울증을 치료한다는 가능성은 명확하지 않지만, 불안장애가 있는 사람의 증상을 약간 개선할 수 있다는 사실이 밝혀졌다.[14]

하지만 꼭 컴퓨터 게임을 이용하지 않아도 주의를 돌릴 수 있다. 긍정적인 것에 관해 이야기 나누고, 소소해서 놓치기 쉬운 인생의 아름다운 순간처럼 술술 풀리는 일에 집중하면 긍정적인 면으로 주의를 돌릴 수 있다.

초점 전환하기: 랄라 박사의 교훈

2021년 6월 팟캐스트 인터뷰에서 마운트시나이 병원 심장 전문의 아누 랄라Anu Lala 박사는 심부전으로 이식이 필요한 환자를 돌볼 때 어떻게 긍정적인 면에 집중하는지 설명했다.

"저와 친해진 어떤 환자와 하루의 대화를 시작할 때 저는 '잘 풀리는 일' 이야기를 합니다. "자, 당신 뇌는 잘 작동하지요. 지금 우리 이렇게 대화를 나누고 있잖아요. (…) 폐도 잘 돌아가서 산소도 부족하지 않고요. 신장도 문제없지요. (…) 글도 쓰고 가족과 대화할 수 있고요. 걸을 수도 있고 장 운동도 활발하네요. 간도 정상이고요. 아, 심장은 좀 문제가 있으니 교체해야겠어요." 저는 이렇게 상황을 맥락화하는 것이 어떤 식으로든 사탕발림이 아니라, 제대로 돌아가는 일을 희망적으로 인식하는 일이라고 생각해요. 인생도 마찬가지입니다. 살면서 잘 풀리지 않는 일에만 집중하면 '아, 너무 슬퍼. 왜 나야?'라고 생각하게 되죠. 상황을 두고 신세한탄이나 하게 되고요. 하지만 잘 풀리는 일에 주의를 돌리려 애쓰면서 그런 일에 감사하면 마주한 어려움을 더 잘 받아들일 수 있으리라 생각합니다."[15]

마운트시나이 병원 대표 마거릿 파스투슈코Margaret Pastuszko는 시력 저하 등 여러 가지 건강 문제를 겪고 있는 딸을 통해 '지금 여기'의 아름다움 같은 긍정적인 면에 집중하는 법을 배웠다.

딸이 시력을 잃고 나니 사물을 보는 눈이 달라졌어요. 꽃 핀 나무를 보면 '아, 딸은 꽃을 못 보겠네'라는 생각이 들어요. 해가 뜨고 지는 모습을 봐도 그래요. 소중한 사람이 이런 것을 보지도 음미하지도 못한다는 사실을 깨닫기 전에는 어땠을까요? 꽃나무를 얼마나 많이 기억하나요? 해가 지는 모습을 몇 번이나 기억하나요? 이제 저는 석양과 꽃나무 하나하나를 모두 기억한답니다. 주의를 기울이기 때문이죠. 항상 '내일 해야지'라고 미루지 말고 눈앞에 있는 모든 것에 주의를 기울여보세요.

아름다움, 기쁨, 성공에 집중한다는 것은 이런 것을 위한 정신적인 여유를 남겨둔다는 뜻이기도 하다. 마주한 어려움을 한발 떨어져서 바라보면 그렇게 할 수 있고, 문제에서 오는 부정적인 감정을 줄일 수 있다. 마거릿은 딸에게 받은 긍정적인 영향을 이렇게 설명했다.

어려운 문제가 너무 많으면 바깥에서 바라보며 '왜 내게 이런 일이 일어나지? 왜 이런 일을 해야 하지? 너무 힘들어. 난 못해'라고 하겠죠. 하지만 딸은 불평하지 않아요. 그런데 어떻게 제가 그러겠어요? 저에게는 딸이 가진 문제 같은 건 하나도 없어요. 딸은 매사를 긍정적으로 바라보는 마음이 어떤 것인지 저에게 알려주는 빛나는 본보기입니다.

그리고 그 덕분에 딸이 사람들의 삶을 변화시키는 것도 정말 매력적이라고 생각합니다. 책을 출간하거나 노벨상을 받지 않아도 됩니다. 그래도 다른 사람의 삶을 변화시킬 수 있어요. 관계 맺고, 연민하고, 사랑만 갖고 있다면요. 저는 딸이 계속 시도하는 것을 지켜봐왔습니다. 그 모습이 정말로 저를 바꿔놓았어요. 딸이 아니었다면 저는 지금 분명 완전히 다른 사람이 되었을 거예요. 딸에게 정말 고맙게 생각합니다.

긍정적이고 도움이 되는 생각 기르기

더욱 낙관적인 사람이 되는 두 번째 기술은 매순간 긍정적이고 도움이 되는 생각에 집중하고 부정적인 생각에 매달리지 않도록 스스로 훈련하는 것이다. 긍정적인 기억을 떠올리고 그에 따라 떠오르는 감정에 머무를 때마다 뇌에 새로운 기억 흔적을 만들고 긍정적으로 사고하는 정신적 습관을 들일 수 있다. 일부라도 긍정적인 감정을 키우면 쾌락과 관련된 뇌 영역이 활성화된다.[16]

루 마이어Lew Meyer는 베트남전 포로로 잡혀 있던 4년 반 동안 긍정적인 사고를 적극 활용했다. 천성적으로 낙관적인 사람은 아니었지만, 그는 집에서 아내와 함께 보낸 추억을 떠올리며 마음을 다잡았다. 그는 이렇게 말했다. "우리 집에는 책 한 권이 있었습니다. 아내 게일Gail은 그 책을 읽고 글귀를 인용하면서 저에게 읽으라고 권했지요. 저도 읽기 시작했습니다. 그러다 가끔 훑어보면서 특정 장을 되짚어보기도 했어요. (…) 저는 혼자 기억을 더듬어 그 책을 머릿속에서 읽기 시작했습니다."

긍정적인 감정을 '계속 떠올리는' 방법은 여러 가지다.[17] 그중 몇 가지를 살펴보자.

1. **표현하기**: 미소 짓고, 웃고, 나를 행복하게 만드는 것을 큰 소리로 말하면서 긍정적인 감정을 더욱 드러내자.
2. **집중하기**: 오감을 모두 사용해 지금 이 순간에 완전히 몰입하고 모든 것을 받아들이자. 경쾌한 음악을 들으면서 긍정적인 감정을 유지하고 그 감정을 더 강하게 만들자.
3. **미래에 집중하고 과거를 회상하기**: 과거에 기뻤던 순간을 회상하거나 기분이 좋아질 것으로 예상되는 미래의 상황을 떠올려보자.
4. **재생하기**: 긍정적인 사건을 마음속으로 상세하게 계속 떠올려보자.
5. **보상하기**: 좋아하는 음식을 먹거나 소셜미디어에 게시물을 올리는 등 성취를 특별하게 기념하며 축하하자.

긍정적인 기억을 일기나 포스트잇에 적어 마음속에 남길 수도 있다. 힘든 시기에 참고할 이런 기억이 있다면 부정적인 감정은 곧 지나간다는 사실을 다시 떠올릴 수 있다. 우리 중 한 명인 조 너선은 긍정적인(예를 들어 이번 일 잘 해내서 축하한다는 등의) 이메일을 받으면 특정 폴더에 저장했다가 기분이 가라앉은 날 다시 읽어보라고 직원들에게 권한다. 이렇게 하면 힘든 일은 한순간이고 긍정적인 순간이 힘든 날보다 더 중요하다는 사실을 떠올릴 수 있다.

사건을 긍정적이고 더욱 현실적으로 해석하기

긍정적인 감정을 강화하고 낙관성을 갖는 세 번째 방법은 인생에서 겪은 일을 해석하는 방식인 설명 양식을 바꾸는 데 초점을 맞추는 것이다. 우리는 비현실적이거나 과장된 부정적인 생각에 맞서 이를 극복할 방법을 배울 수 있다.

힘들고 좌절할 때면 스스로 해로운 말(예를 들어 "나 완전 바보야!", "내가 또 다 망쳤네!" 등)을 하는 사람이 많다. 하지만 심리학자들은 낙관성 높은 사람은 이런 부정적인 말에 반박하거나 심지어 금방 무시해버린다는 사실을 발견했다. 낙관주의자는 다양한 기분 및 불안장애를 다루는 '표준' 심리치료인 인지행동치료cognitive behavioral therapy, CBT에 사용되는 전략을 자주 적용한다. CBT를 적용하는 치료사는 상황을 부정적으로 해석하면 우울이나 두려움 같은 감정이 더욱 과열된다고 가르친다. CBT가 주는 교훈은 10장에서 좀 더 자세히 살펴보겠다.

낙관적 대처 방법에는 긍정적인 생각을 늘리고 부정적인 생각에 반박하는 것뿐만 아니라 두 가지 생각이 함께 있다는 사실을 인정하는 일도 포함된다. 이런 방법은 부정적인 면을 외면하지 않으면서 긍정적인 면에 집중하는 현실적 낙관주의의 힘을 설명한 제임스 스톡데일과 헬렌 켈러의 관점을 뒷받침한다.

실용적인 면에서 더욱 긍정적인 설명 양식을 구축할 몇 가지 도움 되는 조언을 살펴보자.

나쁜 일이 생겼을 때

- 어려움이 영원히 지속되지 않는다는 사실을 기억하자. 한 번에 딱 하루씩만 생각하자. 지금은 고통뿐이라도 시간이 지나면 좋은 일이 돌아올 것이다.
- 인생에서 안정적이고 잘 돌아가는 부분을 떠올려보자. 지금 상황은 삶의 일부에만 영향을 미친다는 관점에서 상황을 바라보자.
- 문제를 해결하는 데 사용할 수 있는 자신의 강점과 자원을 되돌아보자.
- 나의 노력을 알아주는 사람의 친절한 행동 등 좋은 것에 주목하자.

좋은 일이 생겼을 때

• 좋은 일이 생기는 데 어떤 역할을 했든 자신에게 공을 돌리자.

• 다른 사람의 노력이나 관대함, 행운 등 내가 하지 않은 일에 감사하자.

• 순간을 '음미'하고 최대한 활용하자. 사진을 찍거나, 사람들과 기쁨을 나누
  거나, 마음속으로 '승리'를 계속 떠올리는 등 긍정적인 감정을 간직할 방법
  을 생각해보자.

10장에서 인지적·정서적 유연성에 대해 자세히 설명하겠지
만, 때로는 부정적인 믿음에 도전하기 위해 스스로 구체적인 질
문을 던져보는 것도 도움이 된다. 다음과 같은 질문에 대해 생각
해보자.

• 이런 부정적인 믿음의 근거는 무엇인가?

• 이런 믿음을 바라볼 덜 해로운 방법은 없는가?

• 이런 믿음의 의미는 무엇인가?

• 상황이 가져올지도 모를 부정적인 영향을 과장하거나 재앙으로 여기고 있
  지는 않은가?

• 상황이 미래에 광범위한 영향을 미치지 않는데도 그럴 것이라 가정하고 지
  나치게 일반화하지는 않는가?

• 문제에 비관적으로 접근하는 것이 얼마나 유용한가?

긍정적으로 행동하기

마지막으로, 긍정적인 감정을 한껏 드높이고 부정적인 감정을 줄이는 네 번째 방법은 주의를 돌리거나 생각을 바꾸기보다 행동을 바꾸는 것이다. 사소한 일상 루틴을 지키는 것만으로도 자신감을 얻고 더 큰 성공을 거둘 수 있다.

간단한 시작: 침대를 정돈하자

미국 특수작전사령관을 역임하고 은퇴한 해군 제독 윌리엄 맥레이븐William H. McRaven은 졸업식 연설에서 다음과 같은 말을 남겼다. 이 영상은 2022년 중반 유튜브에서 수천만 조회수를 기록하며 큰 인기를 끌었다.

"매일 아침 침대를 정돈하면 그날의 첫 번째 임무를 완수한 것입니다. 이 행동은 작은 자부심을 주고 다른 일을 계속할 수 있도록 당신을 격려할 것입니다. (⋯) 어쩌다 보니 끔찍한 하루를 보냈다고 칩시다. 그래도 집에 돌아와 아침에 스스로 정돈해둔 침대에 누우면 내일은 좀 더 나은 하루가 되리라는 용기를 얻을 수 있습니다."[18]

행동 활성화behavioral activation는 성공적으로 우울증을 치료하는 개입법이다.[19] 이 방법은 행동이 기분에 영향을 미치고, 우울증이 흔히 우울한 행동(회피와 중단, 울기, 슬픔에 대해 반복적으로 이야기하기, 침대에서 뒹굴거리기 등)으로 지나치게 강화되지만 우울하지 않은 행동(운동이나 사회적 관계 등)으로는 강화되지 않는다는 생각에 바탕을 둔다. 보통 긍정적인 행동을 늘리고 부정적인 행동은 줄이는 치료법이다. 심리학자들은 이를 각각 활성화 행동(목표를 달성하고 완수했다는 느낌을 늘리는 행동)과 회피 행동(부정적인 것에 '갇혀 있게' 하는 행동)이라고 부른다.

이런 개입은 바깥에서 안으로 작동한다. 행동이 먼저고 감정은 나중에 따라온다는 말이다. "될 때까지 그런 척해라"라는 격언이 떠오를 수도 있다. 행동 활성화는 기분이 나아질 기회를 만들어 부정적인 감정을 줄이고 긍정적인 감정을 늘린다. 운동을 다시 시작하거나, '별로 그럴 마음이 들지 않고' 다른 사람이 자신을 판단할까 봐 걱정스럽지만 억지로라도 파티에 참석하는 등의 일이다. 행동 활성화 연구를 바탕으로 혼자 또는 치료사와 함께 시도할 수 있는 다음과 같은 방법을 추천한다.

- **활동 모니터링**: 매일 활동을 기록하자. 점차 기록이 쌓이면 활성화 행동(즐거운 일 하기)을 많이 할수록 긍정적인 감정이 늘어난다는 연관성을 볼 수 있다. 불행하다고 느끼게 만드는 무기력한 행동(며칠에 한 번씩 동영상을 몰아보거나 친구의 외출 초대를 거절하는 등)이 얼마나 길어지는지도 확인할 수 있다.

- **목표와 가치 평가**: 자신의 가치와 목표를 말하거나 적어두면 활성화 행동을 지속할 동기가 부여된다. 한 달 후나 1년 후 감정적으로 어떤 상태가 되고 싶은가? 인생에서 가장 중요한 것은 무엇인가?
- **활동 일정 관리**: 1일 플래너를 이용해 자신의 가치와 목표에 맞고 긍정적인 감정을 늘릴 활동을 할 시간을 따로 남겨두자. 한 번에 몇 시간씩 잡아둘 필요는 없다. 오랫동안 미뤄두었던 책을 잠깐 읽거나 헬스 자전거 또는 트레드밀을 가장 쉬운 설정으로 연습해보는 것도 괜찮다.

앞서 언급한 방법이 누구에게나 효과가 있지는 않겠지만 그중에서 적어도 몇 가지 도움이 될 만한 방법을 발견하기를 바란다.

낙관주의의 신경과학

전반적으로 낙관주의, 유머, 기쁨 같은 긍정적인 감정을 느끼면 측좌핵을 포함한 뇌의 '보상 네트워크'가 활성화된다. 이런 활동 전후나 도중에는 도파민dopamine이라는 신경전달물질이 폭발적으로 늘어 이런 경험에 즐겁다고 표시하고, 긍정적인 기억을 저장하고, 이런 행동을 더 많이 하도록 동기를 부여한다.[20] 연구에 따르면, 우울증이 없는 사람인 경우 자신에게 일어난 긍정적인 사건을 기억하고, 미래에 일어날 좋은 일을 떠올리고, 지금

이 순간의 일(예를 들어 상금 획득)을 즐기는 등의 행동을 하면 보상 네트워크가 분명히 활성화된다. 우울한 사람은 같은 상황에서 이런 회로가 '켜지지' 않아 '스파크'가 발생하지 않는다. 먼저 소소한 활동으로 이런 회로를 켜는 것이 확장 및 구축 모델과 행동 활성화 기반 치료의 핵심이다.

자신감 구축하기

이 장의 앞부분에서 살펴보았듯, 현실적 낙관주의와 긍정적인 감정을 향상시킬 방법은 여러 가지다. 지금까지 다룬 내용을 요약해보자.

- 주변의 긍정적인 것에 집중하자.
- 긍정적인 생각은 키우고, 비현실적이거나 과장된 부정적인 생각은 부인하자.
- 긍정적인 행동은 늘리고, 부정적인 회피 행동은 줄이자.
- 낙관적이고 지원해주는 사람들과 함께하자.
- 의미 있고 이타적인 목표에 참여하자.

한 가지 주의할 점이 있다. 주요 우울증처럼 뚜렷한 기분 변화를 겪는 사람은 기분장애를 평가하고 치료할 자격 있는 전문가의 도움을 받아야 한다. 우울증 같은 실제 기분장애 치료에는 흔히 상담 및 항우울제 등의 약물 치료가 병행된다. 우울증의 진단 및 치료에 대한 구체적인 권장 사항은 이 책의 범위를 벗어나므로 여기까지만 살펴보겠다.

결론

이 장에서 현실적 낙관주의가 행동의 원동력이 된다는 사실을 알게 되었기를 바란다. 낙관주의자는 어려움을 받아들이고 불필요한 위험을 피하는 일과, 성장하기 위해 자신을 밀어붙이는 일 사이에서 균형을 찾는다. 현실적 낙관주의는 그 중간쯤에 있다. 양쪽 모두 함정이 있다고 보는 것이다. 예를 들어, 지나치게 낙관적이면 예상만큼 일이 잘 풀리지 않을 때 크게 실망할 수 있다. 마찬가지로 잘 풀리지 않는 일 같은 부정적인 면에만 집중하면 걱정과 우울에 빠져 무력해질 수 있다. 윈스턴 처칠은 이렇게 말했다. "낙관주의자는 모든 어려움에서 기회를 본다. 하지만 비관주의자는 모든 기회에서 어려움을 본다."

3장

두려움은
실체가 없다

직면

두려움은 사람의 기본 감정이다. '사람 됨'을 구성하는 핵심이라는 뜻이다. 두려움은 굳센 용기로 널리 존경받는 사람에게도 영향을 미친다. 남아프리카의 반체제 인사 넬슨 만델라Nelson Mandela는 억압에 맞서 투쟁하다 수감되었을 때 이렇게 말했다. "용기는 두려움을 느끼지 않는 것이 아니라 그것을 이겨내는 것임을 배웠다. 나는 기억할 수 없을 만큼 자주 두려움을 느꼈지만 담대함이라는 가면 뒤에 두려움을 감췄다. 용감한 사람은 두려움을 느끼지 않는 사람이 아니라 그 두려움을 극복한 사람이다."[1]

미지의 팬데믹에 맞서다

코로나19 팬데믹은 전 세계 많은 사람에게 큰 두려움을 안겼다. 특히 2020년 초 1차 대유행 당시 환자를 돌보던 의료인들은 불확실성에 마주해 자신도 병에 걸리고 가족도 감염시킬지 모른다는 두려움에 시달리면서, 이렇다 할 치료법도 없이 몹시 고통스러워하는 환자들을 돌봤다. 마운트시나이 병원 간호사들은 2020년 5월 팟캐스트 〈회복력으로 가는 길Road to Resilience〉에서 자신의 경험담을 털어놓았다.

"2020년 3월 17일, 우리는 코로나19라는 괴물의 진면목을 보았습니다. 그날 동시에 다섯 건의 심폐소생술을 해야 했던 기억이 나요. 심폐소생술 담당이었던 저는 이 병실 저 병실을 뛰어다니다 벌써 근무 교대 시간인 저녁 7시가 되었다는 사실을 깨달았죠. 먹지도 마시지도 못했고 화장실도 못 갔어요. 일이 끊임없이 이어졌죠. 그라운드 제로에서도 일했고, 미 연방재난관리청 병원에서 일하면서 푸에르토리코에 파견되어 2주 동안 하루 열네 시간씩 일한 적도 있지만, 진짜 재난이라고 절실히 느낀 건 그때가 처음이었습니다."

_매들린 에르난데스 Madeline Hernandez, 간호사

"첫날이 지나고 울었어요. 몸이 부들부들 떨렸죠. 잘 해낼지 확신이 없었습니다. 내가 제대로 옳은 일을 하고 있는 건지 모르겠더라고요. 게다가 내가 이 병을 가족에게 옮길 수도 있겠다는 생각이 들어 불안했어요."

_마누엘 코퍼스 Manuel Corpus, 간호사[2]

이 장에서 소개하는 이야기를 통해 두려움을 겪은 경험을 일반화하고, 두려움이 주도권을 잡는 정신건강 질환에 대한 경각심을 높이고, 살면서 두려움과 불확실성에 맞설 자원을 얻어 힘을 기르는 데 도움을 받았으면 한다. 우리가 전하는 핵심 메시지는, 회복력을 높이려면 결국 두려움에 맞서야 한다는 점이다.

두려움의 과학

먼저 과학 이야기로 시작해보자. 두려움의 생물학을 조금이나마 이해하면 이어서 소개할 생존자들의 이야기를 좀 더 깊이 이해할 수 있기 때문이다. 두렵게 만드는 무언가를 만나면 방어하거나 도망치고 싶어진다는 사실은 이미 알 것이다. 이런 반응은 의식적으로 인지하기 훨씬 전에 일어난다. 두려움은 우리에게 큰 도움이 된다. 우리가 위험에 대응하도록 준비하게 만들어주기 때문이다.

에피네프린이나 노르에피네프린, 도파민 등 '카테콜아민catecholamine'이라고 불리는 화학물질은 싸움-도피 반응을 일부 매개한다. 위험을 감지하면 신경계에서 이런 화학물질이 분비된다. 카테콜아민은 소화계로 가는 혈류를 차단해 위험한 상황에서 소화를 지연시키고, 대신 싸우거나 도망치는 데 필요한 심장과 근육으로 혈액을 돌린다. 반사신경을 예민하게 가다듬고 모세혈관으로 가는 혈류를 줄여 상처 부위의 출혈을 줄인다.

뇌에서는 카테콜아민의 일종인 노르에피네프린이 편도체 등 여러 뇌 영역을 자극한다. 노르에피네프린은 위험해 보이는 정보에 주의를 돌리고, 무기나 날아오는 공격자의 주먹처럼 주변에서 가장 위협적인 사물을 겨냥하도록 돕는다. 편도체에 노르에피네프린 농도가 높아지면 위험한 상황에서 형성된 기억이 특히 강해지고 잊을 수 없게 된다.

삶을 돌아보자. 많은 경험 가운데 어떤 것이 가장 기억에 남는가? 감정적으로 고양되고 노르에피네프린이 상승했던 경험, 즉 행복하거나 슬프거나 화가 났던 경험, 무엇보다 두려웠던 경험일 것이다.

두려움 조절하기

사람은 감정적으로 중립적인 사건보다 자극적인 트라우마 사건을 더 잘 기억하는 경향이 있다. 그리고 그런 사건이 발생한 맥락도 잘 기억한다. 뇌 변연계limbic system는 트라우마 사건에 따라오는 두려움을 시각, 청각, 후각, 시간, 날씨 등 무서운 사건이 일어난 순간의 일상적이고 중립적인 요소와 연결한다. 이런 것만으로도 공포 반응이 일어날 수 있다는 사실을 우리는 의식적으로 깨닫지 못한다.

러시아 생리학자 이반 파블로프Ivan Pavlov의 이야기를 아는 사람이라면 고전적인 조건화conditioning로 알려진 이 과정이 낯설지 않을 것이다. 파블로프는 개의 소화를 연구하기 위해 개에게 고깃가루를 먹이로 주면서 침의 흐름을 측정했다. 그는 개들이 먹이를 먹기도 전에 연구원의 발소리만 듣고도 침을 흘리는 것을 발견했다. 개들은 연구원의 발소리를 고깃가루 먹는 일과 연관 지어 발소리만 듣고도 침을 흘린 것이다.

이런 과정은 스트레스 상황에 노출된 인간에게도 비슷하게 작동한다. 예를 들어, 공원에서 공격받는 트라우마 사건을 겪었다면 공원의 풍경, 냄새, 소리처럼 분명히 무해한 것에도 조건화된 공포 반응conditioned fear response을 보일 수 있다. 트라우마와 그다지 관련이 없는 것도 두려움을 유발한다. 2001년 9월 11일 로어맨해튼에 출동했던 경찰들은 20여 년이 지난 지금도 다리, 터널, 심지어 맨해튼 자체를 피한다고 했다. 유발 요인을 피하려고 애쓰다 보면 인생이 제한된다.

뇌는 왜 위험과 그 위험이 발생한 조건에 대한 기억을 강화하는 메커니즘을 갖고 있을까? 생존 때문이다. 뇌는 무엇이 위협적이고 무엇은 안전한지 재빨리 학습해 위험을 예측하도록 설계되었다. 사실 이런 기억은 평생 이어질 수도 있다. PTSD가 있다면 이런 시스템이 너무 잘 작동해서 곳곳에 잠재적인 위협이 있다는 신호를 보낸다. 그러면 온전히 안전하다고 느끼지 못한다.

공포 조건화를 예방하거나 되돌릴 수 있을까?

끔찍한 경험을 한 번 겪었다고 평생 그런 일에 공포 조건화된 기억에 사로잡혀 살아야 할까? 다행히도 그렇지 않다. 앨 드앤젤리스Al DeAngelis의 스카이다이빙 이야기를 들어보자.

두려움에서 벗어나는 가장 빠른 방법

1989년 5월 미국 현충일, 스물여섯 살의 앨 드앤젤리스는 친구들과 스카이다이빙을 하러 뉴저지의 작은 공항으로 차를 몰았다. 다들 스카이다이빙이 처음이라, 파트너 없이 혼자 뛰어내리는 생명줄 강하를 하려면 우선 비행기에서 뛰어내리고 낙하산을 펼친 다음 착륙하는 방법을 4~6시간 익혀야 했다.

공항에 도착했을 때 그들은 비행기 상태를 보고 깜짝 놀랐다. 외장은 전부 뜯겨나갔고 좌석은 하나도 없었다. 몇 차례 이륙을 시도했지만 엔진이 먹통이었다. 조종사가 활주로에서 나가 다른 비행기에 연결해서 시동을 걸어달라고 요청해야 했다. 결국 엔진에 시동이 걸리고 비행기가 이륙했다. 하지만 순항 고도에 도달하기도 전에 엄청난 폭발이 일어나 비행기가 흔들렸다. 앨과 친구들은 곧바로 기름을 뒤집어썼다. 기내에는 연기가 자욱했다. 앨은 이렇게 회상했다.

"바로 옆 사람도, 앞도 보이지 않았습니다. 일이 발생하자마자 조종사는 '메이데이!'라고 외쳤어요. 그는 비행기를 통제하려고 분주했죠. (…) 다이빙교관은 완전히 당황해서 비명을 지르며 여기저기 뛰어

다녔습니다. 그가 비행기에 탄 사람 중 가장 침착해야 할 사람이라고 생각했던 터라, 그 광경이 생생하게 기억납니다."

잠시 연기가 잦아들자 앨은 다이빙교관이 옆문을 여는 것을 보았다. 앨은 이제 불타 죽거나 비행기에서 내던져지겠구나 하고 생각했다. 연기가 앞을 가린 대혼란 중에도 대형 항공사에서 수년간 제트기를 몰아온 조종사는 어쨌든 불타는 비행기를 시골 들판에 착륙시키는 데 성공했다. 모두들 비행기 잔해에서 뛰어내려 도망쳤다.

응급구조사는 앨과 친구들을 진료한 다음 구급차를 타고 가장 가까운 병원으로 가자고 제안했다. 하지만 모두 그냥 집에 가고 싶다며 거절했다.

"사고 현장에서 공항으로 돌아오는 길에 저는 몹시 긴장되기 시작했습니다. 놈이 약간 떨릴 정도였죠. 공항에 도착했을 때 저는 친구들에게 이렇게 말했어요. "나 다음 다이빙 비행기 탈래. 그것도 못 타면 스카이다이빙은 고사하고 다시는 비행기를 타지 못할 테니까." 친구들은 제가 미쳤다고 생각했겠죠."

앨이 스카이다이빙 회사에 다음 비행기를 타고 다시 하늘로 올라가고 싶다고 말하자, 그들은 깜짝 놀랐지만 이내 수락했다.

"낙하산을 매기 시작하자 만화나 영화에서처럼 무릎이 덜덜 떨려서 서 있을 수조차 없었어요. 그래서 탁자에 앉았더니 교관이 무릎을 떨고 있는 저에게 낙하산을 매주더군요. 전 떨지 않으려고 애썼어요. 점프슈트를 입고 바들바들 떠는 모습을 보여주고 싶지 않았죠. (…) 교관들은 저에게 시간을 좀 주었고, 그제야 저는 정신을 차리고 다시 일어설 수 있었습니다. 약간 수상쩍은 비행기를 향해 걸어가는데, 다른 조종사가 농담으로 이렇게 말하더군요. "추락사고 겪었다면서요. 이번에는 안 겪게 해드릴게요." 저는 비행기에 탔습니다. 비행기가 준비되고 이륙하기 시작했어요. 저는 정말 이렇게 생각했습니다. (…) '내 인생에서 이렇게 의욕 넘쳤던 적은 없어. 바로 문으로 가서 뛰어내리고 싶어.' (…) 무사히 착륙했을 때 살면서 최고로 기분 좋았던 것 같아요."

앨은 두려움에 직면할 때의 중요한 교훈 중 하나를 배웠다. 바로 최대한 빨리 두려움을 극복해야 한다는 사실이다. 앨은 어떻게 끔찍한 사건에서 벗어나 좋은 기분으로 나아갈 수 있었을까? 연구에 따르면, 새로운 기억은 사건 발생 후 잠깐만 유연하게 유지된다. 새로운 기억이 아직 '불안정한' 이 기간에 개입하면 기억이 강화consolidation되는 상황을 바꿀 수 있다.

앨이 비행기에 곧바로 다시 탑승하지 않았다면 어떻게 되었을까? 몇 달, 몇 년 후는 너무 늦을까? 그렇지는 않다. 기억을 불러

올 때마다 잠깐 기억을 바꿀 수 있다는 연구 결과가 있다. 이런 과정을 재강화reconsolidation라고 한다. 앞서 살펴보았듯 이 과정은 심리치료에서 중요한 역할을 한다.[3] 환자가 심리치료사의 도움을 받아 과거를 떠올리고 재평가하면 새로운 기억은 달라지고, 바라건대 더 현실적이고 덜 당황스러워진다.

최근 메건 스피어Megan Speer와 동료들은 일련의 명쾌한 실험을 통해 이 개념을 입증했다.[4] 연구진은 참가자에게 교통사고 등 살면서 겪은 부정적인 사건을 떠올리게 했다. 그다음 참가자들을 네 그룹으로 나눠 그사이 그 사건 때문에 일어난 긍정적인 일 한 가지를 말하거나, 그 사건의 부정적인 영향에 집중하거나, 그 사건이 일어난 날짜나 장소 같은 기본적인 사실만 말하거나, 기억과 관련 없는 게임을 하게 했다. 긍정적인 일을 말한 첫 번째 그룹은 일주일 뒤 사건을 떠올릴 때 정서적으로 더 밝았다. 연구진은 실험을 이어가 이런 효과가 최대 두 달 동안 지속되며, '긍정적'인 상태에서 '재구성한' 새로운 기억은 원래 기억이 활성화하는 영역과는 다른 뇌 영역을 활성화한다는 사실도 발견했다. 기억과 그에 따른 감정은 생각만큼 고정되어 있지 않다. 이런 지식을 활용하면 두려움을 관리할 수 있다.

쓸모없는 공포 반응 없애기

학습된 공포를 극복하는 과정을 '소거extinction'라고 한다. 소거에는 편도체, 전전두엽피질, 해마 등 앞서 설명한 여러 뇌 영역이 관여한다. 공포 조건화된 기억을 소거하려면 안전한 환경에서 공포를 유발하는 상황에 노출되어야 하고, 뇌가 새로운 기억을 형성할 수 있을 만큼 이런 과정이 오래 유지되어야 한다. 치료사의 도움을 받아 상황을 견디면 공포 조건화된 상황이 더 이상 위험하지 않다는 사실을 알 수 있다.

불안 및 트라우마 관련 장애를 다루는 여러 치료법 역시 부분적으로 소거를 촉진해 효과를 낸다. 이런 치료법은 환자가 두려움과 불안에 정면으로 맞서도록 독려한다. 이 치료법들이 PTSD나 공포증 같은 장애에 효과를 발휘하는 이유를 이해하려면, 회피가 불안장애의 특징이라는 사실을 알아야 한다. 트라우마 사건 생존자가 당시의 트라우마가 떠올라 불안해지는 상황을 피하려 하는 것은 지극히 당연하지만, 그런 상황을 피하기만 하면 과거(위협)와 현재(안전)가 다르다는 사실을 배우고 트라우마에서 벗어나는 데 방해가 된다.

트라우마를 떠올리게 하는 상황에 조심스럽게 노출되는 것이 이런 치료법 가운데 하나다. 기억을 다시 꺼내오고 트라우마 때문에 두려워 회피하게 되는 인생의 여러 상황에 맞서는 것이다.[5]

그래서 이 치료법을 지속노출치료prolonged exposure, PE라고 한다. PE의 상상 부분에서는 환자에게 눈을 감고 트라우마를 유발한 사건을 가능한 한 자세히 떠올리며, 당시 생각하고 느꼈던 것뿐만 아니라 시각, 후각, 감각까지 상세하게 설명하도록 한다.

치료사는 이 과정을 녹음하고 환자는 이렇게 녹음된 것을 반복해서 듣는다. 환자는 자신을 두렵게 만드는 여러 상황을 '위계' 짓고 한 번에 한 단계의 상황에 맞서며 트라우마를 떠올리게 하는 것과 마주한다. 이렇게 하면 지금은 안전하고 더 이상 비슷한 상황을 회피할 필요가 없다는 사실을 깨닫게 된다. 치료를 받으면서 트라우마 기억에 따라오는 두려움은 점차 진정되고, 나아가 PTSD 증상도 크게 개선될 수 있다. 하지만 당연하게도 PE를 시작하는 일부 PTSD 환자는 압도적인 두려움을 느껴 치료 과정을 끝내지 못하기도 한다.

두려움에 맞서는 인지처리치료cognitive processing therapy, CPT도 PTSD에 상당히 효과적이다.[6] 이 치료법은 교사가 질문을 던지고 학생은 이에 답하며 새로운 이해 방식을 배우는 소크라테스식 교수법이다. CPT는 불안과 공포를 자극하는 분노, 굴욕감, 수치심, 죄책감, 슬픔 같은 감정에 초점을 맞춘다.

트라우마 생존자는 사건 전체나 일부를 예방하기 위해 스스로 어떤 행동을 취하는 것이 불가능했는데도 그렇게 할 수 있었다고 믿는 경우가 흔하다. 이런 사람은 자신을 비난하고, 다른 사람도 자신을 비난한다고 상상한다. 예를 들어, 강도를 당한 사람은 그날 밤 ATM에 가지 말았어야 했다는 등 비현실적인 믿음을 품는다. 치료사는 CPT를 적용해 환자에게 질문을 던져서, 강도가 그날 밤 그 ATM을 선택하리라고 아무도 예측할 수 없었고, 비난받아야 하는 것은 환자가 아니라 강도라는, 좀 더 현실적인 결론에 이르도록 이끈다.

재닌 솔레자르 이야기

두려운 기억을 바꾸거나 소거하기 위해 꼭 치료를 받을 필요는 없다. 재닌 솔레자르Janine Solejar의 이야기를 들어보자.

"열네 살 때 크리스마스 선물로 메이시Macy라는 말을 받았어요. 어느 일요일, 동생이 메이시를 우리 집 진입로로 데려와 온 가족이 번갈아 말을 탔어요. 저는 언니라 자신감이 넘쳐서 마당만 돌지 않고 도로로 나가기로 했죠. 아마도 메이시는 이때가 탈출 기회라고 여겼던 걸까요, 아니면 나름의 공포 반응이었던 걸까요? 어쨌든 메이시는 조금씩 더 빨리 걷더니 나중에는 완전히 질주했어요. 저는 배운 대로 고삐를 당기고 '서!'라고 소리쳤지만 아무 소용 없었죠. 메이시는 계속 더 빨리 달렸어요. 차 한 대가 곁을 지나가는 바람에 말이 더 겁을 먹었어요. 그 순간 저도 완전히 겁에 질렸죠. (…) 결국 영원히 달릴 것 같던

메이시가 진흙 웅덩이에 빠졌고, 저는 말에서 떨어졌어요. 포장도로에 떨어지는 순간 오히려 큰 안도감이 들더라고요. 밭에서 일하던 한 남자가 달려와 저에게 괜찮냐고 묻더군요. 저는 녹음기처럼 제 이름과 주소를 내뱉었어요. 그날 밤 TV를 보고 있는데 서부극 드라마 〈보난자Bonanza〉가 나오더라고요. 등장인물이 말을 타고 질주하기 시작했고, 저는 비명을 지르며 손으로 눈을 가리고 일어나 방에서 뛰어나왔어요. 질주하는 말을 탄 남자를 보니 엄청난 공포가 밀려왔죠. (…) 머릿속으로는 그 남자가 배우고 모두 연출된 드라마라는 사실을 알았지만, 직감적으로는 그건 중요하지 않았어요. 그 남자는 분명 말에서 떨어질 것 같았고, 전 그 모습을 보고 싶지 않았죠. 그 뒤로 말은 다무서워졌어요."

재닌의 충격적인 경험은 잠깐이었고 영구적인 부상을 남기지도 않았다. 하지만 그는 계속 말을 겁냈고 말에 대한 기억을 떠올렸다. 그러나 앨 드앤젤리스처럼 재닌 또한 사고 몇 년 후 두려움에 맞설 방법을 찾았다.

"열일곱 살 때 친구 루스Ruth와 바버라Barbara 집에 갔어요. 친구들은 대니Danny라는 말을 키우고 있었죠. 그들은 대니가 항상 온순하고 나이도 많아서 이빨이 하나도 없다고 말해주었어요. 친구들이 다시 말을 타보라고 권하더군요. (…) 전 바들바들 떨면서 말 위에 겨우 올라갔어요. 10분 정도 루스와 바버라가 끌어주는 말을 타고 정원을 돌았죠. 그동안 전 완전히 얼어붙은 채 말 위에 앉아 있었던 것 같아요. 말에서 내릴 때도 계속 떨리긴 했지만, 그 뒤로는 말을 타도 괜찮았어요. 심지어 다시 승마를 즐길 수도 있게 되었죠. 40여 년이 지난 지금도 말에서 떨어졌던 기억을 떠올리면 두렵지만 완전히 얼어붙지는 않아요."

재닌은 두려움에 맞섰고, 극심한 두려움은 가라앉았다. 말타기를 떠올릴 때 오는 심각한 부정적인 감정은 소거되었다. 사실 수십 년 뒤 재닌이 다시 말을 탔을 때 말이 크게 뛰어오른 적이 있었다. 하지만 그는 이렇게 말했다. "훈련이 먹혀들었어요. (…) 전 자동적으로 체중을 실어 말 위에 꾹 눌러앉았죠. 말이 진정했을 때, 떨리긴 했지만 아주 겁먹지는 않아서, 계속 말을 탈 수 있었습니다."

실패할지도 모른다는 독특한 두려움

한번쯤 들어보았거나 경험했을 흔한 두려움 가운데 하나는 실패할지도 모른다는 감정이다. 때로 이런 두려움이 너무 커서 계산된 위험조차 감수하려 하지 않는 경우도 있다. 실패에 따르는 결과 때문에 당황하고 싶지 않거나 원하는 것을 얻을 가능성이 없다고 생각하기 때문이다. 자신이 아주 전문적이지는 않다는 사실이 '발각'되거나 '노출'될까 봐 사소한 실수를 저지르는 일조차 두려워한다. 이를 '가면증후군impostor syndrome'이라고 한다.

은퇴한 예비역 해군 제독 스콧 무어는 큰 압박을 느끼는 상황을 자주 겪었다. 미국 해군 정예 특수작전부대 네이비실Navy SEAL 출신이자 전문 등반가인 그는 세계 최고의 특공대 가운데 하나인 미 해군 특수전개발단 사령관을 역임했다. 그는 은퇴 후에도 고도 높은 산을 계속 등반한다.

인터뷰 당시 그는 까다로운 목표를 성취할 계획에 막 발을 들인 참이었다. 바로 '고도를 점차 높여가며 여러 정상에 오르고, 이어 고도 8,000미터가 넘는 파키스탄 산을 등정하는 것'이었다. 그는 1989년 에베레스트 등정에도 도전했다. 그의 팀은 리카르도 토레스가 에베레스트에 등정한 최초의 멕시코인이 된 후 등정에 성공했다. 당시 토레스는 파트너이자 셰르파인 푸 도르제Phu Dorje가 정상 능선에서 실종되어 사망하는 아픔을 겪었다.

2021년 6월, 무어와 스물세 살인 그의 딸, 육군 레인저를 비롯한 여러 전前 팀원과 친구들은 북아메리카 최고봉 디날리산을 등반하기 위해 출발했다. 그는 학업 어려움을 겪는 네이비실 자녀들을 돕는 비영리단체 실키즈SEALKids의 웹사이트에 등반 과정을 올렸다. 다음은 그가 남긴 마지막 게시물의 일부다.

우리는 엄청난 실패를 겪었다. (…) 우리는 정상이 고작 250미터 밖에 남지 않은 6,000미터 지점에서 (…) 되돌아가기로 했다. 더 간다면 동상에 걸리거나 더욱 심각한 상황에 부딪혀 위험해질 수 있었기 때문이다. 다행스러운 점은, 우리가 북아메리카 정상에 거의 다 왔고, 경치가 놀라울 정도로 아름다웠다는 사실이다. 그곳에 서 있는 것조차 큰 선물이었다. 우리는 그 사실을 잘 알았다. 기대에 미치지 못했지만, 우리는 할 수 있는 한 최선을 다했다.

등산은 목표를 세우고 그 목표를 달성하기 위해 애쓰는 가장 직접적인 사례다. 대부분의 진지한 등반가들도 시도한 등반의 절반 정도만 성공한다. 실패에는 여러 이유가 있다. (…) 하지만 그들은 항상 다시 돌아와 또다시 시도한다.

인생도 마찬가지다. 우리는 보통 첫 시도나 초반에는 목표를 달성하지 못한다. 스포츠팀에서 탈락하거나 낙제하거나 어떤 집단에 들어가지 못하는 등 여러 사례가 있다. 이런 일을 모두 겪고, 심지어 수십 년 전 에베레스트 정상을 눈앞에 두고도 실패한 나는 이런 경험에서 깨달은 바가 있다. 목표를 세우고 그 목표를 달성하려 나아갈 때마다 우리는 인간으로서 성장한다는 점이다. 우리는 실패할 때 가장 많이 배운다. 실패는 인생의 일부다. 그리고 한 사람으로서 진정으로 성장하고 자신이 바라는 사람이 되고 싶다면, 실패에 익숙해지는 편이 좋다. (…)

리처드 브랜슨Richard Branson은 "도전은 모든 인간 활동의 핵심이자 주요 원천"이라고 말했다. 지금까지 인간이 발명하고 성취한 모든 것의 과거에는 거듭된 실패가 있었다. 마침내 성공할 때까지 시도하고 실패하는 과정은 성취할 때 누구나 겪는다. 우리는 실패를 통해 무엇보다 자신에 대해 배운다.[7]

실제 적용 사례: 두려움 극복하는 방법 배우기

두려움을 극복하는 방법을 배우는 일은 회복력에 필수적이다. 잠시 '안전지대'를 벗어나 지내보면 스스로 도전하고 놀라운 일을 해낼 수 있다는 사실을 알게 된다. 이런 기술 중에는 생각에 초점을 맞추는 것도 있고, 행동에 주목하는 것도 있다.

두려움에 맞서기

이 장의 나머지 부분에서 중점적으로 다룰 전략은 다음과 같다.

• 두려움을 생각하는 방법을 바꾸자. 두려움을 배움과 개인적인 성장의 기회로 삼자.

- 내가 무엇을 두려워하는지 더 알아보자.
- 심호흡 등 두려움을 관리하는 데 도움이 되는 기술을 익히자.
- 친구, 동료, 리더 또는 영적 지도자의 도움을 받아 두려움에 맞서자. 이런 주변 사람들은 비유적으로든 말 그대로든 우리가 나아가도록 살짝 밀어줄 수 있다.

두려움을 기회이자 안내자로 보기

군의관이자 특수작전부대 교관 마크 히키Mark Hickey는 두려움이 적당히 긴장하게 만들고 용기, 자긍심, 능숙함을 키울 발판이 되어주기 때문에 좋다고 믿는다. 히키는 두려움을 느낄 때 흔히 '두렵지만 이 일을 통해 배울 수 있다'라거나 '나를 더 단단하게 만들어줄 시험이다'라고 생각한다. 위험한 임무를 맡거나 훈련받을 때는 '두려움과 함께 걱정과 흥분'을 느끼지만, 그는 이렇게 말한다. "두려움은 좋은 것이다. 신경을 날카롭게 유지해주기 때문이다. 두려움을 전혀 느끼지 않으면 실수가 생기고 그런 상황을 당연하게 여기게 된다. 약간의 두려움이 남아 있어야 장비를 재정비하고 모든 것이 제대로 작동하는지 살필 수 있다."

사실 어느 정도의 두려움에는 적응할 수 있다. 스트레스와 성취 사이의 관계는 잘 알려져 있다. 학교에서 시험 칠 때를 생각해보자. 스트레스가 너무 적으면 시험을 준비할 의욕이 사라지고, 실패할지도 모른다는 가벼운 걱정조차 하지 않기 때문에 성적이 좋게 나오지 않을 것이다. 반대로 스트레스가 너무 심하면 공부를 미루거나 미친 듯이 벼락치기를 하고, 시험지를 받아들면 얼어붙어 머릿속이 하얘질 수도 있다. 관리할 수 있는 적당한 수준의 스트레스는 최고의 동기를 부여하는 동시에 계속 집중할수 있도록 해준다.

신경과학적 관점에서 볼 때, 스트레스를 받지 않는 정상적인 상태에서는 노르에피네프린 같은 카테콜아민이 적당히 분비되어 전전두엽피질의 기능이 향상된다. 하지만 뇌의 카테콜아민 수치가 너무 높아지면 전전두엽피질이 '꺼져서' 편도체를 더 이상 제대로 억제하지 못한다. 그렇게 되면 싸움-도피 반응이 우세해져서, 낭황하고 날뛰며 충동적으로 행동하게 된다.

목표나 임무에 집중하기

두려움에 직면한 사람은 부정적이고 위험할지도 모르는 상황에 지나치게 집중하고, 알 수 없는 상황 때문에 초조해하면서 귀중한 시간과 자원을 낭비하는 경우가 많다. 특수작전부대 교관은 병사들이 두려움에 시달릴 때도 목표와 집단의 임무에 집중하도록 가르친다. 전직 특수작전부대 교관 팀 쿠퍼Tim Cooper는 병사들에게 스스로 이렇게 질문하도록 권한다. "내 목표는 무엇인가? 내 임무는 무엇인가? 우리 팀의 임무는 무엇인가?" 그는 이어서 이렇게 말한다. "목표를 달성하고 임무를 완수하려면 선택해야 합니다. 물러서서 실패할 것인지, 아니면 두려움에 맞서 앞으로 나아갈 것인지? 간단합니다." 그는 6,000미터 상공에서 첫 야간 낙하산 점프를 앞두고 겁에 질린 훈련생에게 자신의 목표에 집중하고 스스로 공동의 임무를 지닌 팀의 일원이라는 사실을 떠올리라고 조언한다.

자, 지금이야. 지금 뛰어내려야 해. 자네가 날 도와줘야 해. 자네가 이 일에 참여해야 해. 이봐, 걱정하지 마, 나도 무서워. 인간에겐 자연스럽지 않은 일이야. 이게 자연스러운 일이라면 우리는 직장이나 집에 날아서 가겠지. 결론은 이거야. 난 자네가 긴장했다는 사실을 이해해. (⋯) 하지만 이렇게 생각해봐. 우린 더 큰 임무가 있고 더 큰 목표가 있어. 그건 자네나 나보다 훨씬 위대해. 우리는 뛰어내려서 이 일을 완수해야 해. 그리고 자네는 이 일의 일부가 되어야 하고. 자, 이제 자네와 내가 나서서 이 일을 해결해보자고.

우리가 인터뷰한 특수작전부대 교관들은 두려움에 맞서는 데 도움이 될 몇 가지 행동을 추천했다. 두려운 것에 대해 가능한 한 많은 정보를 수집하고, 두려움에 직면하는 데 필요한 기술을 배우고 익히며, 계획과 보조계획을 세우고, 친구나 동료 또는 가능하다면 영적 지도자의 도움을 받아 두려움에 맞서고, 경험한 적 없지만 예측된 위험을 받아들이는 것이다.

팬데믹 초기 유행에 대응했던 많은 의료인도 두려웠지만 자신이 의료인이 된 이유가 바로 그런 상황에 맞서기 위해서라는 사실을 깨달았다고 말해주었다. 그들은 도전을 받아들이고 가능한 한 많은 환자를 구하기 위해 노력할 준비가 되어 있었다. 그들에게는 임무가 있었고, 서로에게 의지해 임무를 완수했다.

두려움의 대상에 대해 자세히 알아보기

정보는 일종의 불안 해독제다.[8] 전 미국 해군항공대 조종사이자 베트남전 포로였던 앨 카펜터Al Carpenter는 자신이 무엇을 두려워하는지 깨닫고 그에 대해 아는 것이 얼마나 중요한지 잘 알았다. 그는 이렇게 말했다.

진짜 두려움의 대부분은 모른다는 데서 옵니다. 나에게 무슨 일이 일어날지 모른다는 두려움이죠. 예측할 수는 없지만 분명 끔찍할 거라고 여기는 겁니다. 하지만 전투기 조종사인 우리가 직면하는 시나리오 대부분은 교관이나 동료 등 다른 사람 또는 자기 경험을 통해 이미 아는 것입니다. 그러니 우리는 준비가 되어 있는 셈이죠.

군대에서 전투기 조종사나 특수작전부대원은 비상시 절차나 문제 해결에 중점을 둔 강의를 몇 시간 이수해야 한다. 이런 강의의 목표는 군인을 가능한 한 일어날 수 있는 여러 시나리오에 노출시켜 낯선 상황이 닥쳐도 놀라지 않도록 하는 것이다. 군대는 '아는 것이 힘'이라고 믿는다. 두려움을 성공적으로 극복하려면 먼저 두려운 것에 대해 가능한 한 많이 알아야 한다.

의료인도 훈련의 중요성을 잘 안다. 이들은 중환자를 대상으로 기술을 시험하기 훨씬 전부터 정신적·신체적 점검 목록, 시뮬레이션, 면밀한 관찰을 통해 위험한 상황을 여러 번 경험한다. 결정적인 순간이 닥치면 여전히 두렵기는 하지만 대부분의 가능성에 대처할 방법을 알려주는 확립된 절차에 따르면 된다. 또한 '모든 일을 경험한' 선배들의 지혜에 의지할 수도 있다.

성공적인 리더십 훈련

마운트시나이 병원이 코로나19 팬데믹에 직면했을 때, 우리는 훈련의 중요성을 깨달았다. 물론 완벽하게 대비할 수는 없었다. 중환자실 의사 미르나 모한라즈Mirna Mohanraj 박사는, 중환자실 책임자로서 흔들림 없이 일했던 재닛 셔피로Janet Shapiro 박사가 병에 걸려 자신이 병동 '지휘'를 맡게 되었을 때, 2019년에 수료한 집중 리더십 과정이 어떤 도움이 되었는지 말해주었다.

"저는 2019년 한 해 동안 이 과정을 기본적으로 이수했습니다. (…) 교육을 받은 다음에는 배운 내용을 어떻게 적용할지 알게 되고, 이를 어떻게 실천에 옮기고 일상적인 업무의 일부로 삼을지 고민하게 되죠. 하지만 그 과정을 이수하자마자 갑자기 놀라운 리더로 변신한 것은 아니라는 점을 먼저 고백해야겠네요. 저는 가진 것을 모두 사용했습니다. 그 가운데 일부는 경험과 학습을 거치며 본능이 되었죠. 교재를 뒤적여봐야 하는 것도 있었습니다. 하지만 리더십 과정에는 어떻게 영향력을 미치는 법을 배우고 실천할지, 어떻게 빠르게 신뢰를 구축하고 변화 관리 전략을 세울지에 대한 모든 것이 담겨 있었습니다. 정말 전부 있었죠. 저는 말 그대로 이 과정의 교재를 뒤적이며 "좋아, 이제 여기서 배운 기술을 말 그대로 모두 실천했어"라고 말할 수 있었어요. (…) 말도 안 되는 상황에 갇힌 저는 과거에 전문가들이 효과를 증명한 모든 도구에 의존했습니다. 다른 방법이 전부 실패하고 몸시 불안하고 힘들어 아무것도 모르겠다고 느꼈을 때, 아주 유치하게 들리겠지만, 저는 '재닛이라면 어떻게 했을까?'라고 생각했습니다."

두려움을 관리하는 기술 연마하기

자신이 두려워하는 것에 대해 더 많이 알게 되면 두려움을 이기고 헤쳐나갈 전략을 배우고 연습할 수 있다. 기술을 더 효과적으로 다루려면, 그런 기술이 제2의 본능처럼 자동으로 흘러나올 때까지 반복해서 연습해야 한다. 웨스트포인트 미국 육군사관학교 교관 토머스 콜디츠Thomas Kolditz 대령은 호흡에 집중하라고 조언한다.

심박수, 호흡, 피부 전도도, 근육 긴장도 등이 높아지는 아드레날린 폭발에 대응하는 모든 자율신경계 반응 가운데 우리가 의식적으로 가장 잘 조절할 수 있는 것은 호흡입니다. 조절하며 깊이 호흡하면 다른 공포 반응 요소는 사라집니다. 신체적으로 이완되면 정신적으로 이완될 수 있고, 외부에 다시 집중하고 그 집중력을 유지할 수 있습니다.[9]

불타는 항공기에서 뛰어내린 적이 있는 사람은 거의 없을 테지만, 이 장의 앞부분에서 언급한 '두려움의 위계 정하기'는 두려운 상황이 거의 일상처럼 느껴질 때까지 두려움에 대처하도록 훈련하는 좋은 방법이다. 예를 들어, 여러 사람 앞에서 발표하는 일을 겁내는 사람이 많다. 이런 두려움에 '맞서려면' 원고를 작성하고, 혼자 녹음하면서 또는 거울 앞에서 반복해 연습하고, 그다음 믿을 만한 사람 한두 명 앞에서, 이어 더 많은 청중 앞에서 연습하면 된다.

이런 연습을 거듭할수록 공포 반응이 점차 늘거나 줄어든다는 사실을 알게 된다. 머릿속에서는 두려움을 유발하는 '위협'이 너무나 거대하게 느껴지지만 사실은 그렇지 않다는 사실도 알게 된다. 그러면 수업 중 발표해야 하는 일 같은 몹시 두려운 상황에도 잘 대처할 수 있다. 우리 중 한 명인 조너선은 대학원에서 처음 발표할 때를 똑똑히 기억한다. 무릎이 덜덜 떨리고 손바닥이 땀으로 축축해지고 목소리가 떨렸다. 자신감이라곤 찾아볼 수 없는 모습이었다. 하지만 그는 포기하지 않았다. 그 뒤 발표할 때마다 조금씩 더 쉬워졌고, 나중에는 전국 뉴스 인터뷰까지 하게 되었다.

친구나 동료와 함께 두려움에 맞서기

대부분의 사람들은 다른 사람, 특히 자신이 잘 아는 믿을 만한 사람과 함께 있을 때 두려움에 맞서기 쉽다고 느낀다. 다른 사람과 함께 두려움에 맞서는 것은 여러모로 도움이 된다. 누군가와 함께 있으면 무서운 상황을 현실적으로 바라보는 능력이 향상된다. 심박수나 혈압 상승, 과호흡, 두근거림 같은 생리적 스트레스 반응도 줄어든다. 모한라즈 박사의 이야기처럼, 믿을 만한 친구나 동료를 떠올리는 것도 큰 도움이 된다.

사회신경과학 분야의 한 선구적인 연구에서는 여성 참가자에게 고통스러운 자극을 주고 기능적 자기공명영상functional magnetic resonance imaging, fMRI을 찍어, 연인의 손을 잡으면 고통에 대한 뇌의 반응이 줄어든다는 사실을 밝혔다.[10] 여기에서는 관계 만족도가 중요했다. 관계 만족도가 낮으면 뇌는 통증에 더 크게 반응했다. 연구진은 여성이 낯선 사람의 손을 잡았을 때도 보호 효과가 있기는 하지만, 그 정도가 미미하다는 사실도 발견했다.

지지해주는 친구나 동료가 곁에 있으면 자신감이 생기고, 문제를 회피하기보다 건설적인 해결책을 찾아 더 잘 대처할 수 있다. 비행기에서 뛰어내리거나, 절벽에서 강하하거나, 암 조직검사를 받기 위해 병원에 가거나, 이혼소송을 겪거나, 대학생활을 시작하거나, 체포될 위험을 감수하고 정치적 불의에 반대하는 시위를 할 때도 혼자가 아니라면 훨씬 쉽다. 의료인들이 코로나 19의 영향에 어떻게 대처했는지 살펴본 자체 조사에서도 우리는 이런 사실을 확인했다. 리더가 지원해준다고 느낀 응답자는 팬데믹 1차 유행기였던 2020년 초에도 우울증, 불안, PTSD를 느낀다고 보고할 가능성이 낮았다.[11] 사회적 지원이 회복력에 중요하다는 사실은 6장에서 자세히 살펴보겠다.

영적 지원을 받아 두려움에 맞서기

종교적·영적 지원도 두려움에 맞서는 데 필요한 관점과 힘을 준다. 마음챙김을 연습하면 내 감정과 두려움에 정면으로 맞설 수 있다. 자기 생각과 감정을 판단하지 않고 그저 관찰하는 것도 마음챙김의 일부다. 승려 헤네폴라 구나라타나Henepola Gunaratana는 《쉬운 말로 배우는 마음챙김Mindfulness in Plain English》에서 마음챙김과 명상을 하려면 현실에 주의를 기울이고 두려움에 기대는 자세가 필요하다고 말한다. "두려움을 들여다보려면 두려워하고 있다는 사실을 받아들여야 한다. 우울증을 온전히 받아들이지 않으면 자신의 우울증을 온전히 살필 수 없다. 짜증이나 초조함, 좌절 같은 모든 불편한 감정 상태도 마찬가지다. 그런 감정이 있다는 사실을 살필 겨를이 없다면 어떤 것도 온전히 바라볼 수 없다."[12]

베트남전 종결을 알린 파리평화협정에서 활약한 공로로 1970년 노벨평화상 후보에 올라 유명해진 승려 틱낫한Thich Nhat Hanh은 우리 모두 두려움을 느낀다는 사실을 알았다. 하지만 그는 두려움으로부터 숨는 것이 능사가 아니라는 사실도 잘 알았다. 그는 이렇게 썼다.

> 당신의 일그러진 모습에 맞서거나 그것을 받아들이는 대신 도망치려 한다면 고통의 본질을 깊이 들여다보지도 못하고 탈출구를 찾을 기회도 얻지 못할 것이다. 그러므로 고통을 부드럽게 가까이 안고 직접 들여다보며 진정한 본질을 발견하고 탈출구를 찾아야 한다.[13]
> 부처께서는 이런 두려움을 의식의 표면으로 불러내 그것을 인식하고 미소 지으라고 가르치셨다. (…) 두려움을 불러들일 때마다, 그것을 깨닫고 미소 지을 때마다, 두려움은 어느 정도 힘을 잃는다. 두려움이 의식 깊숙이 되돌아올 때마다 더 작은 씨앗이 된다. 그러므로 특히 정신적·신체적으로 강하다고 느낄 때 우리는 매일 연습해야 한다.[14]

5장에서 회복력을 돕는 종교와 영성의 역할을 더 살펴볼 것이다. 여기서는 팬데믹 초기를 깊은 신앙과 기도로 버텨낸 마운트시나이 병원 간호사 시몬 머리Simone Murray의 이야기로 마무리하겠다.

"주여, 오늘 하루도 감사드립니다. 제가 침착함을 유지할 수 있도록 도와주소서. 친절을 베풀 수 있도록 도와주소서. 옳은 일을 할 수 있도록 도와주소서. 주님, 집에 있는 제 가족을 지킬 수 있게 저 자신을 보호하도록 도와주소서." 우리는 기도해야 합니다. 주님께 두려움을 없애달라고 기도해야 합니다. 두려움을 안고 일하러 가면 실수할지도 모르니까요. 그리고 일단 실수하면 코로나바이러스에 노출될 수 있습니다. 집중력이 떨어져 환자에게 해를 끼칠 수도 있고요.

밀어줄 사람 구하기

친구나 동료, 영감을 주는 리더의 도움을 받더라도 두려움에 맞서기는 절대 쉽지 않다. 군대처럼 두려움 극복에 탁월한 조직에서는 구성원을 '달래거나' '격려하는' 다양한 방법을 개발했다. 때로 '다이빙교관'은 말 그대로 머뭇거리는 낙하산 부대원을 비행기에서 밀어주기도 하니 말이다! 팀 쿠퍼는 특수작전부대 훈련이 두려움을 극복하기 위해 고안되었다고 말한다.

거의 모든 훈련 과정에는 어느 시점엔가 누군가를 괴롭게 만드는 요소가 있습니다. 그리고 교관들은 당신을 거기로 밀어넣으려고 하겠죠. 고함을 치고, 얼굴에 대고 소리 지르고 (…) 온갖 욕설을 퍼붓고 (…) 물러설 틈을 주지 않습니다. 이건 모두 당신이 두려움을 이겨내도록 밀어주기 위해 고안된 일입니다. 일단 두려움을 극복하면 축하하고 "잘했다!"라며 등을 두드려줄 겁니다. 그리고 스스로 한계를 넘어서서 해낸 다음 뒤돌아보면 "별거 아니었네!"라고 말하게 되겠지요.

군대는 부대원들이 현재의 안락함에서 벗어나도록 밀어붙여 강해지고 성장하도록 훈련을 설계한다. 많은 민간단체도 마찬가지다. 국제 청소년 야외활동 지원단체 아웃워드 바운드Outward Bound의 야생탐험, 경찰 및 소방학교 훈련, 고등학교 및 대학교의 운동선수팀, 도전 교육 프로그램 등도 비슷한 사례다. 의대생에게는 수석 레지던트가, 레지던트에게는 주치의가 살짝 밀어주는 도움을 준다.

결론

　두려움은 우리가 위험할지도 모를 상황을 피하도록 도우며 계속 안전하게 머물고자 하는 동기를 부여한다. 하지만 때로 우리는 어떤 생각, 상황, 새로운 기회, 사물 등 해롭지 않은 것을 두려워하기도 한다. 두려움이 우리를 방해할 때 두려움에 대처하는 가장 좋은 방법은 무엇일까? 결론은 간단하다. 두려움을 극복하는 가장 좋은 방법은 두려움을 헤쳐나가는 것이다. 회피하기를 회피하자. 회복력 있는 사람은 바로 이런 방법으로 두려움을 극복한다.

4장

내가 옳다고,
좋다고 여기는 일

도덕적 나침반

2021년 1월 6일, '스톱 더 스틸Stop the Steal' 집회에 참석한 극우 시위대가 미국 국회의사당을 습격해 사무실을 파괴하고 법집행관을 폭행하며 선출직 의원과 직원 및 가족을 위협했다. 폭도들은 2020년 선거에 부정이 있었다고 확신하고 의회가 선거 결과를 뒤집어야 한다고 강요했다. 정치인과 논평가의 부추김을 받은 이들은 자기 행동이 옳고 정당하다고 생각했고, 목표를 달성하기 위해 폭력도 불사했다.

전 국민이 지켜본 뉴스에는 끔찍한 장면도 담겨 있었지만, 명백하게 용기를 보여준 순간도 있었다. 국회의사당 경관 유진 굿맨Eugene Goodman이 홀로 복도에 용감하게 서서 권총집에 손을 얹고 폭력적으로 밀려드는 군중으로부터 건물과 건물 안 사람들을 지킬 준비를 하는 장면은 이제는 상징적인 사진이 되었다. 미국에서 이 사건의 영향은 지금도 반향을 불러일으킨다.

2022년 2월 24일, 러시아가 우크라이나를 침공했다. 나토NATO 회원국들은 걷잡을 수 없이 격앙되는 분쟁에 휘말릴 것을 우려해 직접 개입하지 않았다. 전 세계는 우크라이나 국민이 화염병을 만들고 기관총 작동법을 배워 자신들의 집을 지키는 모습을 지켜보았다. 외국에 있던 시민들은 안전한 곳에 머물지 않고 귀국해 나라를 지키는 데 참여했다. 민간인 거주 지역이 폭격당했고, 끔찍하고 무차별적인 효과로 인해 금지된 무기가 사용되기도 했다.

이런 일을 비롯해 여러 사건을 보면, 도덕성이란 그저 관점의 문제이며, 무엇이 옳은지는 전적으로 누가 당신에게 물어보느냐에 달린 것처럼 보인다. 기본 인권을 명시한 조약은 편의에 따라 버려지고, 소위 '신성한 가치'라 불리는 굳은 신념이 폭력을 부추기는 데 사용되기도 한다.[1] 하지만 그와 동시에 우리는 2021년 1월 6일 굿맨 경관 같은 사람의 행동도 볼 수 있다. 극심한 위협에 맞서 이타주의와 용기를 발휘한 경우다. 우리 일상에서 매일 일어나는 이런 순간은 우리의 도덕적 나침반이 진정한 북쪽을 가리킬 수 있다는 희망을 준다.

도덕과 윤리가 2,000년 넘게 철학자와 종교 지도자들이 논의해온 까다로운 주제라는 사실은 잘 알려져 있다. 우리는 그런 권위자들과 겨루려는 것이 절대 아니다. 하지만 우리는 회복력 높은 사람이 핵심적인 도덕 원칙을 갖고, 시험에 들었을 때 이를 지키려 애쓴다는 사실을 발견했다. 이 장에서는 자신의 핵심 가치를 적극적으로 파악하고, 그 가치에 따라 삶의 방식을 끊임없이 점검하며, 인성을 강화하고 회복력을 증가시키는 높은 기준을 갖기 위해 도전해야 한다고 주장한다.

이 장을 읽을 때 랍비 조너선 색스Jonathan Sacks가 설명한 도덕
성을 염두에 두었으면 한다. "도덕성의 핵심은 우리 사이의 유대
를 강화하고, 타인을 돕고, 호혜적 이타주의에 참여하고, 공동의
충성심이 필요하다는 점을 이해하는 것이다." [2]

하노이 힐턴의 에픽테토스

1992년 미국 부통령 선거에 무소속으로 출마한 제임스 본드
스톡데일James Bond Stockdale은 참전용사로 많은 훈장을 받았다.
해군으로 복무하던 1960년 봄, 그는 스탠퍼드대학교 국제관계
학 석사학위 프로그램에 등록하라는 명령을 받았다. 그는 그곳
에서 '선과 악의 본질'이라는 철학 과목을 들었다. 교수 역시 군
에 복무한 경험이 있는 참전용사였다. 마지막 수업 때 교수는 스
톡데일에게 그리스 철학자 에픽테토스Epictetus가 약 2,000년 전
에 쓴《엔키리디온Enchiridion》한 권을 선물로 주면서 "이 책이 도
움이 될 거요"라고 말했다.

스톡데일은 이 선물에 의아해했다. 하지만 교수의 지혜를 믿
고《엔키리디온》을 항상 머리맡에 두고 여러 방향으로 생각을
이어나갔다. 그는 이 책을 읽고 또 읽으며 절제, 자제력, 참을성
과 인내, 미덕과 도덕적 품성, 용기, 연민으로 단련된 강인함, 박

탈과 고통에 직면했을 때의 존엄성에 관해 알려주는 책의 교훈에 따라 살려고 애썼다. 하지만 스톡데일은 베트남 상공에서 자신이 탄 비행기가 격추되던 그날까지는 이 책의 가치를 충분히 깨닫지 못했다.

에픽테토스의 세계로 들어가기

스톡데일은 A-4 스카이호크 전투기가 격추되어 탈출하면서 지면에 강하게 부딪히는 바람에 척추가 부러지고 다리에 심각한 부상을 입었다. 그는 지독한 고통을 겪으면서도 에픽테토스에서 힘과 영감을 얻었다.

"비행기에서 뛰어내릴 때 (…) 나는 기술 세계를 떠나 에픽테토스의 세계로 들어갔다. 나는 혼자였고 부상당했다. 자립이 일상의 기초였다. 적들은 내가 이 세계로 가져간 가치 체계를 시험했다. 그 대가로 나는 자긍심을 얻었다. 나는 이 가치를 지키거나 나에게서 떼어내며 내 목적의식과 확고함을 시험하는 지렛대로 삼았다."[3]

처음 4년 동안 스톡데일은 독방에 갇혀 지냈다. 북베트남 적들이 그가 지휘관이라는 사실을 알고 다른 포로들에게 명령을 내리지 못하도록 막은 것이다. 하지만 스톡데일의 독방도 다른 포로들의 감옥 벽과 맞닿아 있어 그가 실제로 고립된 적은 별로 없었다. 포로들은 벽을 두드려 메시지를 전달하는 '노크 암호Tap Code'를 사용해 의사소통했다. 6장에서 노크 암호에 대해 좀 더 알아보면서 직접 배울 방법도 살펴보겠다.

선임 장교로서 스톡데일은 다른 포로들에게 리더십을 보이고 영감을 주며 명령을 내리는 것이 자신의 의무라는 사실을 알았다. 그는 먼저 미군 복무규율에 따라 포로나 수감자에게도 미군의 명령체계가 유효하며, 포로가 된 병사는 적에게 이름, 계급, 군번, 생년월일만 밝힐 수 있고 어떻게든 저항해야 하며, 탈출하기 위해 모든 노력을 기울여야 한다는 지침을 내렸다.

일부 포로들은 복무규율을 엄격히 해석해야 한다면서 기밀 정보를 털어놓느니 죽음을 택해야 한다고 주장했다. 스톡데일도 북베트남이 심문 과정에서 고문을 하기 시작했다는 현실을 깨닫기 전에는 그랬다. 그는 중대한 딜레마에 직면했고, 남은 수감 기간 내내 여기에 골몰했다. 장교인 그는 군법을 준수하고 부하들에게도 규율을 준수하도록 명령할 의무가 있었다. 하지만 부하들에게 어떤 고문이 가해졌는지 상세하게 들은 그는 아무리 강인한 포로라도 규율을 전적으로 따르는 데는 한계가 있다는 사실을 깨달았다. 동료 포로들에게 어떤 지침을 내려야 할까? 스톡데일은 에픽테토스와 스토아철학에 눈을 돌렸다.

스토아철학의 핵심 교훈

스토아철학은 개인의 통제력에 집중해 연약함을 버리고 가장 열악한 조건에서도 존엄을 지킨다는 오랜 기준에 따라 생활하도록 조언한다. 통제할 수 있는 것과 통제할 수 없는 것을 구분하는 능력이 개인 통제력의 핵심이다. 이 책의 다른 장에서도 언급한 인지행동치료는 당연히 스토아철학에 뿌리를 둔다. 스톡데일은 이렇게 썼다.

"스토아주의자는 항상 다음 두 가지를 따로 생각한다. 첫째, '자신에게 달린' 일, 둘째, '자신에게 달리지 않은' 일이다. 다른 말로 표현하자면 '자기 능력 안'에 있는 일과 '자기 능력 밖'에 있는 일이다. (…) 요컨대 스토아학파는 "통제할 수 있는 것을 하면 제 할 일을 다 한 것이다"라고 주장한다."[4]

스톡데일은 대부분의 어려운 상황에는 스스로 통제할 수 있는 부분이 거의 또는 전혀 없고 언제 그런 일이 일어날지 예측할 수 없는 경우가 많으므로, 그런 상황은 자기 능력 밖에 있는 후자의 상황에 속한다고 보았다. 한때 그는 1,000명도 훨씬 넘는 병사들의 존경을 받으며 '정상'의 지위에 있는 지휘관이었지만, 격추된 지 불과 몇 분 만에 북베트남의 눈에는 '경멸의 대상'이자 '범죄자'가 되었다. 그는 단 몇 분 만에 인생의 지위가 "품위 있고 유능한 문화인 신사에서 공황에 빠져 흐느끼며 자기혐오에 취한 난파선처럼 바뀔 수 있다"라고 회상했다.[5]

스톡데일은 독방에 갇힌 4년 동안 열다섯 차례나 잔인한 심문을 받았다. 한 번은 너무 오래 고문받아 우울증에 빠진 나머지 깨진 유리 조각으로 손목을 그어 자살을 시도하기도 했다. 그는 고문받은 자기 경험을 통해 비현실적인 기대를 하지 않는 편이 낫다는 사실을 깨달았다. 위엄 있게 저항하고 별 가치 없는 정보만 발설한 포로도 자신과 동료 포로, 조국을 배신했다고 여기며 수치심을 느끼는 일이 많았다. 스톡데일은 이렇게 썼다. "어깨가 부러지고, 척추가 박살 나고, 다리가 두 번이나 나간 것은 그에 비하면 아무것도 아니었다. (…) 수치심은 어떤 신체적 상처보다 훨씬 무거운 짐이다."[6] 스톡데일은 가장 낮은 곳에 놓인 순간 스토아철학에 기대 부하들에게 지원과 연민, 용서를 주었다.

도덕적 나침반 재구축하기

스톡데일은 에픽테토스를 지침으로 삼아 스토아주의의 여러 기본 가치를 통합하고 감옥 생활의 현실에 균형을 맞춘 여러 가지 원칙을 점차 개발했다. 이를 통해 부하들은 공동의 임무에 계속 집중할 수 있었다. 그의 원칙은 'BACK US'라는 약어로 표현되었다.

- B=Bowing(허리 굽히기): 포로는 공공장소에서 절대 자발적으로 허리를 굽혀서는 안 된다. 허리 굽혀 인사하기를 거부하면 미

국 포로들이 패배하지 않았다는 사실을 전 세계에 보여줄 수 있다. 포로들이 강제로 허리를 굽혀 인사하는 모습을 본다면 누구나 포로들이 학대당하고 있다는 사실을 알 것이다.

- A=Air(방송): 생방송 라디오 인터뷰, 녹음 방송, 고백은 거부한다.
- C=Crime(범죄): 북베트남 국민을 상대로 범죄를 저질렀다고 인정하지 말라.
- K=Kiss(작별인사): 작별인사를 하지 말라. 석방될 때 북베트남이 포로를 문명인처럼 대했다는 인상을 주지 말고, 절대 고마움을 표하지 말라.
- US=Unity over Self(자신을 넘어 단결): 함께 뭉치자.

'BACK US' 원칙은 그들에게 절실했던 체계와 지침, 위안을 주었다. 우리의 일상에 바로 적용할 수 있는 원칙은 아니지만, 이를 통해 독자 여러분도 한 가지 교훈을 얻었으면 한다. 바로 아무리 끔찍한 상황에서도 지켜야 할 규범이 있다는 것은 생명을 구할 만큼 귀중한 일이라는 사실이다.

도덕성에는 용기가 필요하다

마음속 깊이 간직한 가치를 굳건히 지키며 살아가려면 용기가 필요하다. 스톡데일은 그리스 철학자 플라톤과 아리스토텔레스의 가르침에 따라 용기를 '영혼의 인내'로 정의했다.[7] 용기는 '두려움을 극복하는 인간 능력의 척도'이자[8] '두려울 때 발휘되어야 하는 것'이었다.[9] 두려움이 없다면 용기도 없다. 스톡데일은 이런 점을 이해했다. 그는 전쟁터로 향하는 군인이나 폭풍이 몰아치는 바다 위 항공모함에 착륙하는 조종사의 용기를 존중했지만, 그가 가장 감명받은 것은 철학자들이 '도덕적 용기moral courage'라 부르는 것이었다.

세계윤리연구원Institute of Global Ethics을 이끈 러시워스 키더Rushworth M. Kidder는 도덕적 용기를 다음과 같이 정의했다. "도덕적 용기란 가치 수호, (…) 위험에 직면했을 때 옳은 것을 위해 굳건한 태도를 고수하는 의지, (…) 옳은 일을 하려는 용기, (…) 움찔하거나 물러서지 않으며 분명하고 당당하게 윤리적 도전에 맞서는 마음과 정신의 특징이다."[10] 옳은 일을 고수하는 행동은 웰빙을 촉진한다. 예를 들어, 코로나19 팬데믹 전에 이란의 간호사들을 대상으로 한 연구에서, 도덕적으로 큰 용기를 지닌 사람은 스스로 회복력이 높다고 보고했다.[11]

도덕적 용기를 어떻게 기를까? 첫째, 도덕적 가치와 원칙의 핵심을 믿고 이에 헌신해야 한다. 둘째, 이런 원칙을 옹호하면 신체적 부상, 상실, 거절, 실망 등 다양한 형태의 위험에 노출될 수 있다는 사실을 알아야 한다. 셋째, 도덕적으로 용기를 내려면 이런 결과를 기꺼이 감수해야 한다.[12]

이타주의

다른 사람을 돕는 일은 스스로에게도 도움이 된다. 연구에 따르면, 여러 형태의 이타주의가 회복력, 긍정적인 정신건강, 웰빙과 관련이 있다. 64세부터 무려 107세까지 6,944명의 노인을 대상으로 연구한 결과, 자원봉사를 많이 하는 사람은 자기 삶을 더욱 통제할 수 있고 사회적으로 더 유능하다고 느끼며 외로움을 덜 느꼈다.[13]

주변에서도 이타주의의 사례를 많이 찾아볼 수 있다. 자선단체에 시간과 돈을 기부하는 일부터 다른 사람을 구하기 위해 목숨을 거는 일까지 다양하다. 몹시 어려운 시기에도 다른 사람을 도우려는 동기를 지닌 겸손한 사람들이 있다. 이런 사람은 '내가 아니면 누가 하겠어?'라고 자문한다.

우크라이나 침공이 전 세계를 뒤흔든 2022년 3월 중순, 소셜 미디어에는 우크라이나 국민을 향한 응원의 메시지가 넘쳐났고 기부 운동도 여럿 일어났다. 하지만 마운트시나이 병원 심장 전문의 프리티 펄라말라 박사와 의대 동기 대니엘 벨라르도Danielle Belardo 박사는 이것만으로는 충분하지 않다고 보았다. 두 사람은 거의 일주일 동안 모든 것을 내려놓고 의료 자원이 부족한 폴란드에서 의료구호 활동을 벌이며 살기 위해 우크라이나에서 탈출해 밀려오는 사람들을 도왔다.

펄라말라 박사 이야기

펄라말라 박사는 폴란드와 우크라이나의 국경 근처에서 구호 활동을 도운 이야기를 들려주었다.

"저는 두려웠고, 우크라이나 사람들에게 일어난 일이 너무 안타까웠습니다. 저와 제 친구는 우리가 할 수 있거나 참여 가능한 일에 어떤 것이 있을지 이야기했습니다. 그곳에 보낼 기부금을 모으고 기부를 장려하거나, 소셜미디어에서 인식을 높이는 등 갖가지 일을 생각했죠. (…) 하지만 친구와 저는 정말 원한다면 직접 그곳에 가서 어떻게든 도울 수 있지 않을까 생각했습니다. (…) 그래서 현장에 갈 수 있는 조직을 찾기 시작했죠. (…) 우연히 대니엘의 친구 한 명이 (…) 자신이 메디코Medico라는 조직에 몸담고 있다는 게시물을 소셜미디어에 올렸어요. (…) 그가 현장에 있는 회원 한 명과 연락을 취해주었죠. 그들은 우리에게 얼마나 빨리 올 수 있는지 물었습니다. 그래서 우리는 최대한 빨리 비행기를 타고 그곳에 갔습니다."

그들은 차를 빌려 GPS가 안내하는 곳으로 이동했다. 무엇이 기다리는지, 어디로 가는지 전혀 알지 못했다. 마침내 그들이 도착한 곳은 폴란드와 우크라이나 국경에 설치된 임시 구호 캠프였다.

"캠프에 있는 물품은 순전히 기부받아 마련된 것이었습니다. 사람들도 기본적으로 유럽 여러 국경을 가로질러 차를 몰고 온 이들이었죠. 그들은 병원이나 진료소 등에서 구할 수 있는 갖가지 의약품을 기부받아 차나 트럭에 싣고 와서 내려놓았습니다."

펄라말라 박사는 그곳에서 자신이 도운 많은 사람에 대해 이야기했다. 그리고 그곳에서 만난 한 여성 노인을 떠올렸다.

"저보다 훨씬 나이 많은 여성을 만났어요. 몹시 허약하고 아프고 피곤해 보이더군요. 완전히 지쳐 보였고, 실제로 넘어지거나 넘어질 뻔한 적도 있었습니다. 저는 재빨리 그를 붙잡아 의료진 텐트로 데려가야 했죠. 보통 달리기할 때 먹는 에너지 젤리를 전부 가져와 하나 먹어보라고 권했어요. 처음 먹어보는 그에게는 아주 이상한 맛이었을 거예요. 그는 에너지 젤리를 먹고 울기 시작했고 우리는 그를 안아주었습니다. 우리는 전화로 우크라이나 통역사를 불러 "당신은 정말 강인해요. 이걸 먹으면 나아질 거예요"라고 말해주었어요. 그는 "나는 아주 강해, 진짜 강해"라고 계속 되뇌었습니다. 자리를 뜬 그는 5분쯤 후에 돌아와 제 어깨를 톡톡 두드리고는 작은 초콜릿 상자를 건네며 주고 싶다고 했어요. (…) 우리에게 고맙다고 말하는 거였죠. (…) 정말 감동적인 순간이었습니다."

펄라말라 박사는 인터뷰에서 자기가 행동에 나서게 된 것은 인생의 중요한 롤모델이 되어준 어머니 덕분이라고 말했다. 선구적인 인도계 미국인 마취과 의사였던 그의 어머니는 팬데믹 초기에 세상을 떠났다. 그는 이렇게 말했다. "제가 그곳에 가기로 결심했을 때 떠오른 생각은 '엄마라면 어떻게 하셨을까?'였습니다. 어머니는 당신도 청진기를 들고 그곳에 가겠다고 말씀하셨을 거예요."

이타적인 행동은 우리가 만난 다른 사람들의 이야기에서도 명확히 볼 수 있다. 마운트시나이 병원 대표 마거릿 파스투슈코는 팬데믹 동안 위독해진 딸에게 자신의 신장을 기증했다. 마거릿에 대해서는 나중에 좀 더 소개하겠다.

2021년 12월, 마운트시나이 병원의 주차 서비스 직원 존 크루즈John Cruz는 병원 주차장 옥상에 의식을 잃은 사람이 있다는 전화를 받았다. 존은 그 남성이 불길에 휩싸여 연기 가득한 차 안에 갇혀 있다는 사실을 즉시 알아차리고 다른 직원 두 명과 함께 목숨을 걸고 차창을 깬 다음 구조했다.

하지만 이 단락의 서두에서 말했듯, 목숨을 걸지 않고도 이타적인 행동을 할 방법은 많다. 일상적인 친절로도 이타심과 사랑을 보여줄 수 있다.

이타주의에 한 줄기 빛을 비추는 목회자

뉴욕 가나안침례교회의 토머스 존슨 목사는 어릴 적 1970년대에 목격한 일상적인 이타주의 사례를 전해주었다.

"우리 동네 사람들은 모두 기독교 공동체의 일원이어서 이웃에 도움이 필요하면 가서 도와야 한다는 명확한 의무가 있었습니다. 지금처럼 눈에 띄는 일이 아니었죠. 일단 도움이 필요한 사람이 있다는 사실을 알면 그 말이 금세 전해졌어요. 예를 들어, 우리 할머니가 아파서 요리할 수 없게 되면 저녁식사 시간에 네다섯 집에서 요리를 해다주곤 했어요. 어떤 엄마가 아이를 낳으면 (…) 남편과 아이들이 남겨지죠. 남자들은 당연하게도 요리하지 않았어요. (…) 그래서 동네 엄마들이 뜨끈한 냄비를 들고 길을 건너오는 모습을 볼 수 있었죠. 냄비에서는 빵과 닭튀김 냄새가 솔솔 풍겼어요. 이웃에선 항상 음식 냄새가 났어요. 아침이면 언제나 소시지 같은 걸 굽는 냄새가 났죠. 저녁 대여섯 시 즈음이면 어느 집 가스레인지에 올려져 있었을 법한 요리 몇 가지를 먹을 수 있었습니다. 언제나 음식 냄새가 났어요."

이런 이타심은 그에게 깊은 인상을 남겼고, 이후 봉사하는 삶에 원동력이 되었다. 존슨 목사는 인터뷰 끝에 자신의 삶을 이끄는 원칙을 알려주었다. "네 이웃을 네 몸과 같이 사랑하라."

때로 좋은 선택지가 없을 수도 있다

때로 '좋은' 또는 '옳은' 선택지가 없거나 옳은 일을 하기가 불가능하다는 사실을 깨닫기도 한다. 이런 상황이 끼치는 고통스러운 감정적 영향을 '도덕적 고통moral distress'이라고 한다. 도덕적 고통은 슬픔과 죄책감을 불러일으키고, 자신과 타인을 바라보는 방식에 부정적인 변화를 일으켜 상처를 입힌다.

코로나19 팬데믹으로 많은 의료인이 종종 '좋은' 선택지가 없는 상황에 놓이며 가치관의 갈등을 겪었다. 뉴욕 마운트시나이 병원의 일선 의료인을 다룬 우리 연구에서는 팬데믹 1차 유행 당시 도덕적 고통을 느꼈다는 보고가 압도적으로 많았다. 의료인들은 가족에게 바이러스를 옮길까 봐 두려워하면서도 환자를 돌봐야 하는 의무와 가족과 함께 있어야 하는 의무 사이에서 갈등했다.[14] 특히 팬데믹 초기 몇 주 동안에는 중증 환자에게 적용할 만한 의료 선택지가 거의 없었다. 의료인들은 '전시 환자 분류'처럼 생존 가능성이 가장 높은 환자에게 제한된 자원을 몰아주어야 하는 상황에 여러 차례 처했다.

고문을 견디며 '산산이 부서진' 베트남전 포로들처럼, 팬데믹에 대응하는 의료인들은 뾰족한 대안이 없었던 상황에서도 '다른 행동을 할 수 있지 않았을까?' 스스로 되물으며 그 기억에 사로잡혔다. 우리 연구에서, 치료의 우선순위를 정하기 위해 힘든 결정을 내렸고 환자를 위해 충분히 소임을 다하지 못했다고 답한 의료인은 PTSD 증상을 보일 가능성이 더 높았다.[15]

'도덕적 손상moral injury'은 도덕적 고통보다 더 극단적인 형태로, 자신의 도덕 규범에 반하는 사건을 막지 못하거나 이에 가담했을 때 발생하는 심리적 피해다. 도덕적 손상을 일으키는 흔한 사례로는 베트남 전쟁이나 9·11 테러 이후 일어난 이라크 및 아프가니스탄 전쟁처럼, 군인이 민간인 살상에 직접 가담하거나 이를 막지 못한 경우를 들 수 있다.

연구에 따르면, 9·11 테러 이후 일어난 전쟁에서 퇴역한 군인과 팬데믹 1차 유행 당시 설문조사에 참여한 미국 의료인이 보인 도덕적 손상 수준은 놀라울 정도로 비슷했다. 두 집단 모두에게 다른 사람의 부도덕한 행동을 보고 곤란했는지, 자신의 가치관에 어긋나는 방식으로 행동한 적이 있는지 질문했다. 다른 사람의 행동을 보고 괴로움을 느꼈다는 응답이 두 집단 모두에서 가장 흔했다. 퇴역군인 46퍼센트와 의료인 51퍼센트가 놀랍게도 그렇다고 응답했다. 두 집단 모두에서 괴로운 사건에 가담했다고 응답한 사람은 우울증과 PTSD 점수가 더 높았다. 의료인의 경우 두 항목 중 하나에 그렇다고 답한 사람은 직업적 번아웃을 더 많이 겪었다.[16]

도덕적 손상을 치료하지 않고 방치하면 생명을 위협하는 결과를 초래할 수 있다. 중국에서 코로나19 팬데믹 1차 유행 1년 뒤 의료인을 대상으로 설문조사한 결과, 도덕적 손상을 경험한 의료인은 자살을 생각하거나 시도하는 등의 행동을 할 가능성이 두 배나 높았다.[17]

이런 힘든 경험에서 벗어나려면 시간이 필요하지만 전문적인 지원도 이루어져야 한다. 심리치료를 받으면 자기 손에서 벗어난 상황에 대해 '더 큰 그림'을 그리는 법을 배우고, 실제로 자신이 관여한 부분이 있다면 자기 용서를 통해 해결할 수 있다. 영적 지도자로부터 가르침과 위안을 얻을 수도 있다. 실제로 현재 미국에서는 목회자를 훈련해 참전용사의 도덕적 고통과 PTSD 증상을 체계적으로 다루도록 돕는 연구도 진행되고 있다.[18]

도덕적 나침반의 신경과학

이 장의 앞부분에서 언급했듯이, 이타주의는 우리가 만난 사람들을 이끄는 빛이 되었다. 우리는 이타주의의 신경과학에 대해 무엇을 알고 있을까? 연구에서는 흔히 참가자가 대가를 바라지 않고 다른 사람이나 자선단체에 돈을 기부하는 게임을 이용한다. 연구에서 참가자가 '이기적'으로 행동하지 않고 '이타적'으로 행동하면 뇌의 보상 중추인 측좌핵이 더욱 꾸준히 활성화되었다.[19]

살면서 특별한 이타주의 행동을 한 사람은 어떨까? 애비게일 마시Abigail Marsh와 연구진은 낯선 사람에게 신장을 기증하는 등 '희생이 큰' 이타주의를 실천한 사람들을 연구했다. 신장 기증자의 뇌가 타인의 고통에 더 예민하다는 증거가 있는지, 즉 이런 사람이 지닌 특별한 공감 능력이 기증을 유도했는지 알아보았다. 먼저 참가자에게 낯선 사람이 고통을 겪는 모습을 보여준 다음 직접 고통을 주었다. 그 결과 비기증자보다 기증자에게서 타인의 고통을 바라볼 때와 직접 고통을 겪을 때 통증 처리에 관여하는 뇌 영역인 섬엽insula의 활성이 더 많이 겹치는 것으로 나타났다.[20]

두 상상 연구를 통해 이타주의에 대해 무엇을 알 수 있을까? 대부분의 사람이 자신의 이익보다 타인의 이익을 위해 지속적으로 행동하는 것은 보상 중추가 더욱 활성화될 때다. 기분이 좋아지기 때문이다. 신장 기증자 같은 일부 사람은 보상보다 타인의 고통 때문에 행동한다.

도덕적 나침반 훈련하기

도덕적 용기를 기르고 싶다면 무엇부터 시작해야 할까? 러시워스 키더는《도덕적 용기》에서 3단계 과정을 설명했다.[21]

- **내면을 들여다보자.** 우리 모두에게는 핵심 가치와 신념이 있다. 당신의 핵심 가치와 신념은 무엇인가? 당신에게 가장 소중한 것은 무엇인가? 그런 원칙과 가치에 따라 살고 있는가? 그렇지 않다면 어떤 점이 부족한가? 변화할 용기가 있는가?
- **핵심 가치와 신념에 관해 이야기하자.** 키더는 원칙을 철저히 지켜 존경받는 사람과 이런 질문을 두고 토론해보라고 권한다. 토론을 통해 살면서 자기 행동이 도덕적 영향을 미칠 수 있는 수많은 상황을 발견하고, 자신의 가치를 지킬 때 따르는 위험을 솔직하게 평가할 수 있다.
- **가치를 실천에 옮기자.** 자신의 가치관에 따라 행동하자. 경계를 늦추지 말자. 타협하고 지름길을 택하는 편이 더 쉽기 때문이다. 옳다고 생각하는 일을 반복해서 실천하고 자기 뜻을 고수하면서 도덕적 나침반을 튼튼하게 만들자. 아리스토텔레스는 《니코마코스 윤리학Nicomachean Ethics》에서 이렇게 썼다. "우리는 정의로운 행동을 함으로써 정의로워지고, 절제된 행동을 함으로써 절제되며, 용감한 행동을 함으로써 용감해진다." [22]

어려운 시기에 적용할 만한 조언을 하나 덧붙이겠다.

- **다른 사람의 가치관이 당신의 가치관과 매우 다르다고 여긴다면, 그 가정을 다시 생각해보자.**

'갈등을 넘어Beyond Conflict'라는 단체의 연구진은 지금도 정당 간 실제 견해 차이가 과장되어 있다고 밝혔다.[23] 미국 민주당원과 공화당원을 대상으로 자신의 신념은 무엇인지, 상대편 당원을 어떻게 보는지, 상대편 당원이 자신에 대해 어떻게 생각할지 설문조사했다. 그 결과 민주당과 공화당 지지자들은 '상대편'이 자기를 실제보다 많이 싫어하고, 사회적 주요 이슈에 대해 실제보다 큰 차이를 보인다고 생각하는 것으로 나타났다. 나와 다른 견해를 지닌 사람과 대화할 때는 이런 사실을 염두에 두어보자. 호기심을 갖고 대화하되, 곧바로 방어 태세를 취하지는 말자.

결론

도덕적 용기가 필요한 상황을 애써 찾을 필요는 없다. 기회는 언제나 주변에 있고 작은 것부터 시작할 수 있다. 엘리자베스 스보보다Elizabeth Svoboda는 《인생의 영웅The Life Heroic》에서, 일상의 작은 친절을 통해 다른 사람을 돕는 습관을 기르고 영웅적인 행동을 하도록 준비할 수 있다고 말한다.[24] 행동해야 할 상황을 상상하고, 롤모델을 통해 배우고, 어려운 삶의 경험에서 얻은 교훈을 이용해 다른 사람을 도우며 영웅주의를 실천할 수도 있다.

도덕적 나침반을 지키면 개인으로서 단단히 발 딛고 서서 어려운 시기에도 공동의 목적을 위해 하나가 될 수 있다. 랍비 조너선 색스의 말을 들어보자.

도덕적 유대감으로 강하게 맺어진 공동체가 보여주는 집단적 힘의 능력은 21세기의 특징인 일종의 불확실성에 직면할 때 필수적이고 중요한 회복력의 원천이다. 홀로 행동하는 것이 아님을 알 때 우리는 두려워하지 않고 더 쉽게 미래에 맞설 수 있다.[25]

자신이 지닌 단단한 믿음과 가치관의 목록을 자세히 따져보고, 다른 사람의 글과 사례에서 배우고, 존경하는 가치관을 지닌 사람들과 내 신념을 주제로 토론하면 도덕적 나침반에 더욱 충실할 수 있다. 가장 옳은 일을 해야 할 때 우리는 준비되어 있을 것이다.

5장

나보다 더 큰 힘에
의지하는 일

종교와 영성

힘든 상황이나 트라우마에 대처하기 위해 종교와 영성에 의지하는 사람이 많다. 어떤 사람은 힘들 때 예배와 기도에서 위안을 얻는다. 명상, 자연 속 산책, 태극권, 요가를 하는 사람도 있다.

종교와 영성은 어떤 의미일까? 정의는 다양하다. 영성은 흔히 지고의 존재나 신처럼 나보다 크고 나를 넘어선 무언가와 연결되어 있다는 느낌, 내면의 힘 또는 지혜를 느끼는 감각으로 여겨진다. 타인에 대한 조건 없는 사랑은 영성의 중요한 부분 가운데 하나다. 반면 종교는 한 집단이 공유하는 전통적인 가치, 신념, 관습으로 구성되며 하나 이상의 신과 맺는 관계를 포함하는 경우가 많다. 영성은 지극히 개인적이지만, 종교는 이런 개인적인 경험을 다른 사람과 공유하는 체계 안에서 얻는다.[1] 즉, 종교는 영성과 연결되는 한 가지 방법이다.

당신은 영성을 지닌 사람인가, 종교적인 사람인가? 혹은 둘 다이거나 어느 쪽도 아닌가? 퓨리서치센터Pew Research Center에서 2015년 실시한 설문조사에 따르면, 전 세계 인구의 84퍼센트가 종교를 갖고 있으며, 2060년에는 이 비율이 87퍼센트로 증가할 것으로 추정된다.[2] 놀랍지 않은 결과다. 하지만 종교와 영성이 항상 겹치지는 않는다. 예를 들어, 퓨리서치센터가 2017년 실시한 또 다른 설문조사에 따르면, 조사에 참여한 미국 성인의 48퍼센트는 자신이 종교적이면서 영적이라고 답했지만, 27퍼센트는 영적이지만 종교적이지는 않다고 응답했다.[3] 미국의 젊은 성인들 가운데 영적이지만 종교적이지는 않다고 응답하는 사람이 점차 늘고 있다. 독자 여러분 중에는 최근 영적인 차원과 그것이 자기 삶에 어떻게 적용되는지 생각해본 적이 없는 사람도 있고, 매일 많은 시간을 그런 생각에 골몰하는 사람도 있을 것이다.

이 장에서는 인생의 가장 어두운 시기에 자신보다 더 큰 힘에 의지한 여러 사람의 이야기를 살펴보려고 한다. 코로나19 팬데믹에 대응했던 병원 목회자, 고문과 학대를 견딘 베트남전 포로, 종교적 탄압에 직면한 사우스윅 가족의 이야기도 들어본다. 잔인한 폭행을 당한 뒤 영성과 더 폭넓게 연결된 엘리자베스 에보Elizabeth Ebaugh의 이야기도 함께 살펴보자.

아폴리너리 응기르와 박사의 이야기

코로나19 팬데믹 기간 동안 마운트시나이 병원 목회자들은 환자와 가족, 직원들을 위해 수많은 시간을 지원했다. 병원 목회자 아폴리너리 응기르와Apolinary Ngirwa 박사가 우리와 인터뷰하면서 전한 경험담을 들어보자.

당장 두려운 것은 죽음이나 감염이 아니었습니다. 저는 코로나19 팬데믹이 가져올 대격변을 떠올리고 더욱 두려워졌습니다. 제가 겪고 목격한 에이즈나 최근 에볼라 감염 사태가 다시 떠올랐죠. 안타깝게도 에이즈와 에볼라 사태에 맞닥뜨린 사람들이 처음 보인 반응은 '상대편 탓'을 하는 견고한 차별 반응이었어요. 그 결과, 이미 사회적 불평등의 희생자였던 사람들이 다시 희생되었죠.

그는 자신이나 가족에게 알 수 없는 위험이 이어지는 상황에서도 신앙에서 힘을 얻어 자기 일에 의식적으로 헌신하기로 마음먹었다.

팬데믹이 정점에 이르렀을 때 여기저기서 많은 목소리가 들려와 두려움과 혼란을 가중시켰습니다. 저는 예배당에서 조용히 기도하며 병원에 남아 환자, 가족, 직원들에게 영적 지원을 계속하겠다는 도덕적인 결심을 했습니다.

다른 병원 목회자들처럼 응기르와 박사도 개인보호장비를 착용하고 최전선에서 활동하며 때로 환자와 가족을 화상전화로 이어주면서 임종을 지키고 기도해주었다.

환자 가족을 만나달라는 응급실의 호출을 받았습니다. 환자는 병동으로 이송되는 중이었지만 가족은 함께 갈 수 없었죠. (…) 지정된 병동으로 환자가 이송되자 의료인은 심폐소생술을 시도했습니다. 의사가 수술실에서 나와 저에게 마스크를 건네며 수술실에 들어가달라고 하더군요. 환자는 사망선고를 받았습니다. 딸은 어머니가 응급실에 도착했을 때는 말도 하고 괜찮아 보였다며, 큰 충격을 받고 극심한 슬픔에 빠졌습니다. (…) 저는 침착하게 딸의 말을 들어주었고, 그의 요청에 따라 세상을 떠난 어머니를 위해 침대 옆에서 기도를 드렸습니다. (…) 그날 늦은 오후, 저에게 마스크를 건넸던 의사를 또 만났습니다. 우리는 또 다른 응급 상황으로 달려갔죠. 죽어가는 가톨릭 신자 환자를 위해 기도해달라는 요청을 받고 완화치료실로 갔습니다. 환자의 아내는 영상통화로 예배드리면서 기도를 올리고 싶어 했습니다. 이런 일은 곧 일상이 되었죠. (…)

다른 날에는 마운트시나이 병원의 한 간호사가 코로나 병동에 입원해 있는 자기 아버지를 위해 기도해달라고 부탁했습니다. 우리는 병상에 계신 그의 아버지를 찾아뵙고 목사가 영상예배를 집전할 수 있도록 준비했습니다. 환자가 세상을 떠나자 간호사는 저에게 연락해 아버지 곁에서 기도를 올려준 것이 가족에게 큰 위로가 되었다며 깊은 감사를 전했습니다.

응기르와 박사는 점점 늘어나는 죽음의 무게에 감정적으로 동요되었다. 하지만 그는 신앙, 사회적 지원과 체계, 운동으로 그 폭풍을 이겨냈다.

앞서 언급한 일이나 다른 사건들 때문에 저는 밤잠을 이루지 못했습니다. (…) 제 감정이나 제가 들은 것으로 초점을 좁히려고 의식적으로 애썼죠. 기도하고, 운동하고, 병동 직원들이 이야기하는 두려움과 좌절, 희망에 귀 기울이며 내면의 싸움에 맞서 균형을 찾으려 했습니다. 저녁식사 시간에는 가족과 함께 시간을 보내려고 무척 애썼고, 때로 요리를 하기도 했습니다.

그는 이런 노력에서 큰 의미를 발견했고, 의료인들이 엄청난 어려움 속에서도 보여준 작은 은혜의 순간에 감동했다.

이곳 마운트시나이 병원에서 20년 넘게 근무하고 코로나19 팬데믹을 겪으면서, 저는 사람들이 서로를 어떻게 보듬는지 알게 되었습니다. 의료인과 직원들의 희생은 경이로웠어요. 매일 지친 몸을 이끌고 집으로 돌아갔지만, 저는 죽어가는 환자와 사랑하는 사람을 돌보기 위해 사람들이 어떻게 힘을 모았는지 직접 보고 몹시 흐뭇했습니다. 결국 중요한 것은 환자와 가족, 서로를 돌보는 방식입니다.

응기르와 박사는 마운트시나이 병원에 합류하기 전인 1990년대에 탄자니아에서 에이즈 사역을 이끌었다. 에이즈에 대해 알려진 바가 거의 없고 엄청난 낙인이 찍히던 시절이었다. 그와 아내는 지금도 탄자니아에서 중요한 봉사를 하는 보건센터를 위한 기금 모금 활동을 계속하고 있다.

종교에 목숨을 건 사우스윅 가족

미국인은 종교의 자유라는 사치를 누리고 있다. 어떤 나라에서는 그저 꿈만 꾸는 자유다. 우리 중 한 명인 스티븐 사우스윅은 자기 가족사를 듣고 조상인 로런스 사우스윅Lawrence Southwick과 커샌드라 사우스윅Cassandra Southwick이 신앙에 목숨을 걸었다는 사실을 알게 되었다. 스티븐은 자신의 아버지가 장장 10년간 가족사를 연구하고 《네브래스카의 개척자 사우스윅 가족Southwick Pioneers in Nebraska》이라는 책을 쓴 뒤 이런 정보에 관심을 갖게 되었다.[4]

로런스 사우스윅은 1620년대 후반 수백 명의 난민과 함께 대서양을 건너 신대륙에 정착했다. 매사추세츠주 세일럼에서 1년 정도 산 그는 영국으로 돌아갔다가 3년 뒤 아내 커샌드라와 네 자녀를 데리고 세일럼으로 돌아왔다. 유리 제조업자였던 그는 세일럼 마을에서 토지를 받아 회사를 세웠다.

세일럼의 다른 주민들처럼 로런스와 그의 가족도 청교도 교회에 들어갔다. 하지만 로런스 가족은 점차 '친구들의 모임Society of Friends' 또는 퀘이커교로 알려진 신념 기반의 신흥 종교 운동을 펼치는 작은 교회에 이끌렸다. 퀘이커교도는 보통 평화를 사랑하고 온건하지만 믿음을 굳게 추구한다. 모두가 내면에 주님의 빛을 지니고 있으며, 그 내면의 빛에서 영감과 계시가 온다고 믿는다.

평등과 개인을 중시하는 퀘이커교 전통의 본질은 정치, 사회 계층, 행동 규칙, 엄격한 교리와 끈끈하게 맺어진 기존 청교도 교회를 위협했다. 매사추세츠주에서는 퀘이커교도라 밝히고 청교도 예배에 참석하지 않는 식민지 주민을 처벌하는 법을 통과시켰다. 로런스와 커샌드라는 제일청교도교회First Puritan Church 예배에 참석하지 않고 집에 퀘이커교도 두 명을 초청했다는 이유로 체포되어 벌금과 공개적인 채찍질을 받았으며, 결국 투옥되어 굶주리고 강제노동을 당하는 등 가혹한 처벌을 받았다.

부모가 학대받는 모습을 보고 화가 난 사우스윅 가족의 아이들도 청교도 교회 예배에 나가지 않았다. 아들 조슈아Joshua는 웃통이 벗겨진 채 소 수레에 묶여 여러 마을을 돌며 조롱과 잔인한 채찍질을 당했다. 하지만 그는 살이 찢기고 다치면서도 반항하며 고문관을 향해 "이것이 내 몸이다. 내가 고백하는 진실을 더 증거하고 싶다면 내 살을 가져다 갈기갈기 찢어버려라. 너의 고문은 깃털을 뽑아다 허공에 날리는 것보다 두렵지 않다"라고 외쳤다.

또 다른 아들 대니얼Daniel과 딸 프러바이디드Provided는 법원에서 바베이도스에 노예로 팔려가야 한다는 명령을 받았다. 하지만 뉴잉글랜드에서 남쪽으로 향하던 선장들은 아이들을 수송하기를 거부했다. 한 선장은 "이 아이들을 데려가느니 차라리 배를 침몰시키겠다"고 말했다.

사우스윅 가족의 어른들이 감옥에 갇혀 있는 동안 퀘이커교도를 추방하거나 사형에 처한다는 법안이 새로 제정되었다. 따라서 이들은 석방되자마자 매사추세츠주 점령지에서 추방되었다. 50대 후반이 된 그들은 땅과 소유물을 정부에 빼앗겼다. 몇 푼 안 되는 돈으로 작은 배를 사서 아이들에게 작별을 고하고 쉴 곳을 찾아 배를 타고 떠났다. 이들은 마침내 롱아일랜드 해협의 셸터섬에 도착해 혹독한 겨울을 견뎌냈지만, 결국 좋지 않은 환경에서 굶주린 채 사망했다. 1884년 셸터섬에는 이들의 기념비가 세워졌다.

로런스 사우스윅과 커샌드라 사우스윅,
착취당하고 감옥에 갇히고 굶주리고 채찍을 맞고 추방된 이들,
이곳으로 도망쳐와 여기서 죽다.

로런스와 커샌드라 부부는 퀘이커 신앙을 포기하고 청교도 교회로 돌아가기만 하면 감옥에서 풀려나 공동체에서 이전의 지위를 회복할 수 있다는 사실을 알았다. 하지만 그들은 그렇게 하지 않기로 선택했다. 주님에 대한 깊은 믿음과 심오한 도덕적 용기가 종교의 자유에 대한 확고한 믿음을 지키는 데 필요한 힘과 회복력을 주었기 때문이다.

극심한 트라우마의 여파 속에서 믿음에 의지하기

임상 사회복지사 엘리자베스 에보는 트라우마를 겪는 이들을 전문적으로 도운 경험이 풍부했다. 수년 동안 아동학대 및 위기 상담 전화에서 상담사로 자원봉사하기도 했다. 하지만 이런 전문적인 경험도 생사를 넘나드는 상황을 직접 겪는 것과는 전혀 달랐다.

1986년 1월 어느 추운 밤 9시, 퇴근 후 집으로 돌아가던 엘리자베스는 식료품을 사기 위해 슈퍼마켓에 들렀다. 장바구니를 들고 차로 돌아온 엘리자베스는 주차장 자기 차 옆 칸 픽업트럭에 한 남자가 앉아 있는 것을 발견했다. 불안한 마음에 서둘러 차를 타고 떠나려 했지만, 장바구니를 조수석에 올려놓고 차 문을 닫으려 고개를 돌렸을 때는 이미 사냥용 칼을 든 남자가 엘리자베스 옆에 웅크리고 앉아 운전대를 잡을 준비를 하고 있었다.

엘리자베스는 범인에게 ATM에 가서 현금을 뽑아줄 테니 풀어달라고 협상을 시도했다. 처음에 남자는 동의했다. 그는 엘리자베스의 차를 몰고 은행으로 갔다. 엘리자베스는 ATM에서 돈을 찾은 뒤 다시 주차장으로 향했다. 하지만 슈퍼마켓에 가까이 이르자 범인은 마음을 바꿨다. 그는 모텔로 차를 돌려 엘리자베스를 강간했다. 몇 시간 뒤 그는 엘리자베스를 다시 차에 태우고 마을로 향했다. 결국 범인은 다리 앞에 차를 세우고 엘리자베스에게 내리라고 명령했다. 그는 다리를 가리켰다. "그 남자가 저보고 뛰어내리라고 하더군요. 그때 전 기절했어요."

엘리자베스는 12미터 아래 얼음물에 부딪히고 정신이 들었다. 범인이 엘리자베스를 다리 밑으로 던지고 죽게 내버려둔 것이다. 물에 닿았을 때 아무런 고통도 없고 그저 차가운 물의 충격만 느껴졌다. 엘리자베스는 당황하지 않았다. 오히려 곧바로 희망이 솟구쳤다. 수영을 잘했던 그에게는 이제 살아 돌아갈 기회가 생긴 셈이었다. 그는 두 다리로만 몸을 차올려 거의 100미터쯤 발차기해나갔다. 수면 아래로 가라앉기 시작할 때마다 더 빠르고 세게 발을 찼다. 기적적으로 강가에 이르렀다. 그는 한 뼘 한 뼘 진흙 둑을 타고 근처 도로로 기어갔다. 차 여러 대가 그를 무시하고 지나간 끝에 가까스로 UPS 배송트럭에 신호를 보냈다. 운전사는 그를 가까운 편의점으로 데려가 경찰에 신고했다.

당연히 엘리자베스는 PTSD 증상을 보였다. 끔찍한 사건을 겪은 많은 사람이 그렇듯 그도 사건에 대한 기억에 시달렸고, 엄청난 공포를 겪으며 하루하루를 보내야 했다. 납치범이 체포되었다는 사실을 알았지만, 너무 무서워서 15분 이상 집에 혼자 있을 수 없었다. 그는 친한 친구네 집으로 이사했다. 직장으로 복귀할 준비가 되었다고 느꼈을 때에도 혼자 운전하는 것이 불안해 친구 차를 얻어타야 했다. 상사는 유연근무제를 허락해주었다. 어떤 날에는 일할 수 있었지만 어떤 날에는 아무것도 할 수 없었다.

엘리자베스는 끔찍한 시련을 겪는 자신에게 영적 수련을 했던 경험이 힘을 주고 자신을 보호하는 데 도움이 되었으며 회복에 큰 역할을 해주었다고 믿는다. 정서적 균형을 되찾아 다시 현실로 나아갈 수 있게 되자 그는 영적 지도자와 치유자를 찾아나섰다. 그는 명상하고 산스크리트 기도문을 외우고 호흡과 동작 요법을 공부했다. 치유와 내면의 평화를 찾으려 끊임없이 노력했다.

트라우마 이후 삶의 의미 찾기

엘리자베스는 오랫동안 자신을 괴롭히는 스트레스로 고생하며 살아왔지만, 납치 사건 이후 자신의 삶을 평가하고 점차 더 나은 방향으로 바꿀 수 있게 되었다고 믿는다. 그는 사건을 겪은 다음 앞으로 나아갈 수 있었던 데는 여러 회복력 요소가 있었지만 가장 중요한 것은 영성이었다고 생각한다. 치유로 나아가는 여정은 그의 세계관을 완전히 바꿔놓았다. 시련을 겪기 전에도 트라우마가 낯설지는 않았지만 자기 일은 아니라 믿었다. 이제 그는 삶이 깨지기 쉬우며 순식간에 빼앗길 수 있다는 사실과 씨름해야 했다. 그는 다음과 같은 이야기를 들려주었다.

"상황을 끝맺을 유일한 방법은 내 안에 있다고 믿었습니다. 바깥에서 일어나는 일이 아니죠. 나에게는 그런 일이 일어나지 않으리라고 생각했던 과거로는 결코 돌아갈 수 없습니다. 영성 철학을 공부하고 명상 수련을 하고 암송하며 영적인 장, 즉 깨달음의 장을 경험했고 모든 것이 상호 연결되어 있다는 생각이 들었습니다. 저는 지금의 현실에 더 충실하고 동시에 제가 더 큰 무언가의 일부라고 깊이 느낍니다. 나쁜 일이 일어났을 때 저는 어떻게 하면 그 일을 해결할 수 있을지, 그런 일이 다시는 일어나지 않도록 하려면 어떻게 해야 할지 고민하는 대신, 고통과 아픔이 삶의 일부라는 사실을 인정합니다. 하지만 고통스러운 경험에 갇혀 있지는 않아요. 고통스러운 경험은 사라졌고, 저는 그 모든 일에 맞서 온전히 살아 있다고 느낄 수 있습니다. 이렇게 느끼면 아무리 충격적인 경험을 해도 본질적인 것, 각성된 깨달음에 더 가까이 가닿을 수 있다는 믿음을 갖게 됩니다. 강간당했다는 사실에 분노하지 않을 수는 없지만, 그 순간은 본질적인 자아를 경험하러 나아가는 여정의 일부일 뿐이죠."

엘리자베스는 트라우마 생존자에게 피해의식과 세상으로의 복귀 사이를 잇는 다리가 있다고 믿는다. 그는 영성에 눈을 돌리고 현실을 더 넓게 바라보며 자신을 넘어선 더욱 위대한 힘을 느끼는 방법을 통해 자신과 세상의 연결을 깊이 느끼며 그 다리를 건넜다고 생각한다.

포로수용소에서 영적 수행에 의지하기

베트남전 포로들 역시 영성에서 힘을 얻었다고 말했다. 스튜어트 로체스터Stuart Rochester와 프레더릭 카일리Frederick Kiley는 베트남전에 참전한 미국인 포로들을 관찰해《명예를 걸고Honor Bound》라는 고전이 될 만한 기록을 남겼다. 여기서 두 사람은 이렇게 설명했다. "베트남전 포로와 관련된 거의 모든 문헌에는 영적 변화가 일어난 일화를 언급하는 개인적인 기록이 들어 있다." 다음 설명을 보자.

특히 독방에 갇힌 전쟁포로들은 이제는 약해졌거나 너무 사소한 일이 되어버린 종교적 유대감을 재발견했다. 찰리 플럼Charlie Plumb은 아침저녁 두 시간씩 명상과 기도에 전념했고, 하위 러틀리지Howie Rutledge는 어린 시절 배운《성경》구절과 찬송가를 기억하려고 애

> 썼다. (…) 그들은 노크 암호로 대화할 때 '신의 가호가 있기를'이라
> 는 말로 마무리했다. 임시변통해서 만든 십자가와 《성경》을 몰래
> 교환하고, 식사 대신 주어진 음식 찌꺼기에도 은혜를 말했다.[5]

의식과 예배는 대부분의 종교적·영적 실천에서 핵심 요소다. 공식 예배가 금지돼도 신앙심 깊은 사람들은 어떻게든 함께 예배드릴 방법을 찾는다. 4장에서 언급한 대로, 북베트남은 수많은 미군 포로를 '하노이 힐턴Hanoi Hilton'이라는 별명으로 불린 한 시설에 몰아넣고, 수감 시설을 중앙집중화했다. 1970년 북베트남은 외곽 지역에서 이곳으로 더 많은 포로를 데려왔다. 곧 수십 명의 포로가 수용소 규칙을 어기고 공식 예배를 드렸다. 수용소 곳곳에서 찬송가를 들은 수감자들이 합창하며 화답했다.

훗날 '교회 폭동'으로 불린 이 사건의 주동자들은 북베트남이 자기들을 가혹하게 처벌하리라는 사실을 알면서도 함께 신앙심을 표현하는 일이 사기를 드높이리라 믿고 예배를 강행했다. 예배가 끝나자 북베트남 경비병은 주동자들에게 38일 동안 족쇄를 채웠다.

하노이 힐턴에서 가장 존경받는 선임 장교였던 밥 슈메이커Bob Shumaker는 신을 믿지만 자신이 독실한 신자라고는 생각하지 않았다. 하지만 경험 많은 포로였던 그는 옆방에 새로운 포로

가 도착하면 이렇게 조언했다. "이봐, 여기서 가장 필요한 건 믿음이야. 나는 목사가 아니야. 당신을 개종시키려는 게 아니라고. 그냥 진실을 말할 뿐이야. 자네보다 더 위대한 힘과 그 힘의 원천을 활용하지 못하면 아마 여기서 오래 버틸 수 없을걸."

우리가 인터뷰한 전쟁포로 가운데 일부는 수감되어 있는 동안 종교를 받아들이고 자주 기도했지만, 포로로 잡히기 전에는 스스로 종교인이라고 생각하지 않았다고 말했다. 사방에 고통이 도사리고 죽음도 멀지 않은 상황에서 포로들은 그 어느 때보다 '주님'에게 집중하고 더 많이 기도하도록 동기부여를 받았다. 일부 종교인들은 소위 '참호 속 종교'의 진정성에 의문을 표하기도 하지만, 많은 포로와 트라우마 생존자에게 종교와 영성은 예전부터 갖고 있었든 새로 찾은 것이든 생존에 필수적인 역할을 했다.

연구 결과가 말해주는 것

연구에 따르면, 종교와 영성은 우울증과 자살충동을 낮추는 일과 관련이 있다. 애초에 이런 증상이 나타나지 않도록 보호하고, 증상이 나타나더라도 회복하는 데 도움이 된다. 간호사 89,000명 이상을 대상으로 한 대규모 설문조사에서, 일주일에 한 번 이상 종교 예배에 참석한 간호사는 그렇지 않은 간호사에 비해 자살률이 5배 낮았다.[6] 코로나19 팬데믹 초기에 실시한 한 연구에서는 격리 중인 성인 가운데 영성이 높은 사람(더 많은 사회적 지원 등 다른 요인도 포함)은 우울증이 적었다.[7] 심지어 우울증 치료를 위해 입원한 성인도 종교 예배에 참석하거나 영성을 지니면 자살 생각을 할 위험이 낮았다. 같은 연구에서 6개월 후 환자를 재조사하자 예배 참석과 우울증 완화가 관련 있다는 사실도 드러났다.[8]

이 장의 앞부분에서 설명했듯, 흔히 군인을 대상으로 종교와 영성을 연구한 경우가 많았다. 미국 참전용사 3,000명 이상을 대상으로 한 연구에서, 영성 및 신앙 척도 점수가 높은 군인은 평생 PTSD나 음주 문제를 겪을 위험이 낮았다. 이 척도에서 높은 점수를 받은 사람은 감사하는 성향과 삶의 목적을 지녔고, 외상 후 성장할 가능성도 높았다.[9]

하지만 종교적 대처가 항상 웰빙이나 회복력과 관련이 있는 것은 아니다. 일부 연구자는 종교를 받아들이는 긍정적인 패턴과 부정적인 패턴을 구분한다.[10,11] 신이 벌을 내리고 판단한다고 보는 사람은 자신이 문제를 '겪어도 마땅한' 사람이며, 엄격하고 전능한 존재가 자신의 운명을 통제하므로 스스로에게는 통제력이 거의 없다고 느낀다. 노년층을 포함해 소위 부정적인 패턴으로 종교를 받아들이는 사람은 말 그대로 불안, 우울, 걱정을 더 많이 느낀다.[12]

종교적 수련은 어떻게 회복력을 향상시킬까? 정기적으로 예배에 참석하면 사회적 지지, 낙관주의, 이타주의, 의미와 목적 탐색 같은 회복력 요소를 키울 수 있다. 게다가 종교 모임의 일원이 되면 관대하게 행동하면서 의미 있는 사회적 역할을 하도록 격려하는, 긍정적이고 회복력 높은 롤모델을 일상에서 만나게 된다. 신앙은 자기 규제를 중시하고 장려하므로 약물 남용도 막는다.

마운트시나이 병원 동료 데버라 마린Deborah B. Marin 박사와 조리나 코스텔로Zorina Costello 박사 등은 종교단체와 협업해 시의적절한 건강 정보를 제공하고 환자들이 의료 서비스를 쉽게 이용할 수 있도록 도왔다. 최근에는 이 프로그램을 바탕으로 뉴욕시 목회자들에게 이 책에 언급된 여러 요소를 가르치기도 했다. 이들은 프로그램에 연관 있는《성경》및 기도 구절을 포함시켜 신자들을 위한 회복력 구축 워크숍을 열었다.[13] 우리는 최근에 이 프로그램을 1년간 시범 운영하며 9개 단체와 협약을 맺고 63회의 워크숍을 개최했다. 이런 프로그램이 성공하면서 신앙과 공동체가 어떻게 회복과 성장의 원동력이 될 수 있는지 확인했다.

더 넓게 보면, 영적 수련은 웰빙에도 도움이 된다. 최근 한 연구에서는 PTSD를 안고 사는 참전용사와 민간인을 대상으로 주 1회 요가와 건강 교육 및 걷기 프로그램의 효과를 비교했다. 요가를 한 그룹은 치료가 끝났을 때 PTSD 증상이 더 많이 개선되었다. 하지만 7개월 후 참가자들을 재평가했을 때 이런 개선이 유지되지는 않았다.[14] 요가 수련을 계속하도록 격려했다면 개선 효과를 유지하는 데 도움이 되었을 수도 있다. 이와 마찬가지로 중국의 심신 수련이자 무술인 태극권도 지각된 스트레스와 불안을 줄이는 데 효과가 있다. 이런 수련법에는 체력 단련, 명상, 호흡법 등 스트레스 반응을 관리하고 수행 능력을 향상시키는 데 도움이 된다고 알려진 요소가 다양하게 포함된다.[15]

생활에 영성을 불어넣는 실천적 제안

삶에서 영적 차원을 탐구하고 수련하는 방법은 분명 여러 가지다. 기도와 명상은 가장 일반적인 수행법 가운데 하나로, 전 세계 종교 대부분에 포함되어 있다. 이런 수행은 마음을 고요하게 만들기 위해 수천 년 동안 수련에 사용되었다.

먼저 기도에 대해 몇 마디 덧붙여보겠다. 예수회 사제 제임스 마틴James Martin은 《기도 배우기Learning to Pray: A Guide for Everyone》에서 기도를 '신과 나누는 의식적인 대화'라고 했다.[16] 그는 기도가 신앙 전통에서 전해내려오는 말, 구체적인 도움 간구, 현재의 아름다움에 대한 조용한 성찰 등 다양한 형태를 취한다고 강조했다. 마틴이나 다른 여러 신학자는 기도에 '정답'은 없다고 말한다. 당연히 기도는 팬데믹 동안 많은 사람에게 큰 위로와 힘의

원천이 되어주었다.[17]

기도와 명상은 다를까? 대부분은 그렇다고 대답하지만 명상하면서 기도할 수도 있고 그 반대도 가능하다. 명상에는 다양한 형태가 있다. 마음챙김에 기반을 둔 명상도 있다. 마음챙김은 수련자가 의식을 기울여 '지금 이 순간'을 살고 지금 일어나는 일에 '온전히 마음을 쏟도록' 가르친다. 명상을 하는 사람은 수련을 통해 '참여자이자 관찰자'가 되어, 과거의 조건화된 반응으로 기울어지는 익숙한 경로를 자동으로 반복해서 따라가려는 마음을 살피는 방법을 배운다. 한 승려는 명상하면 마음이 딴 길로 새지 않도록 주의 깊게 살피고, 마치 길을 잃고 방황하는 아이를 어르듯 부드럽게 되돌려놓을 수 있다고 설명했다.

마음이 나를 이용하도록 놓아두지 않고 마음을 이용하는 법을 배우는 일은 살면서 익혀야 할 어려운 과제 가운데 하나다. 힌두교 경전 《바가바드기타Bhagavad Gita》는 "마음은 불안하고 격정적이며 강력하고 폭력적이다"라고 경고하면서, 마음을 통제하려는 시도는 "바람을 통제하려는 것이나 마찬가지"라고 말한다. 하지만 여러 명상 전통에서는 이런 노력을 통해 생각과 감정을 조절하고 행동을 바꿀 능력을 길러 개인의 자유를 향상시킬 수 있다고 가르친다.

영성과 연결되기

각자의 상황과 관계없이 자신의 영성과 이어지는 데 도움이 될 만한 몇 가지 구체적인 조언을 살펴보자.

- 기도나 명상이 일상의 일부가 되도록 시간을 떼어두자. 보통 아침에 제일 먼저 혹은 저녁에 맨 마지막으로 하거나 둘 다 할 수도 있다. 기도에 대해서는 다양한 방식으로 생각할 수 있다. 중요한 종교적 텍스트를 소리 내 읽거나 암송하는 것, 고결한 힘을 지닌 분과 대화하는 것, 세상에서 자신의 신념과 가치관에 부합하는 일을 하는 것으로 여길 수도 있다.
- 신앙이 있다면 경전이나 성서 또는 지혜와 지침을 주는 글을 정기적으로 읽는 습관을 들이자. 자신의 종교가 아닌 다른 종교의 글을 찾아보는 것도 도움이 된다.
- 걸으며 기도하기, 요가, 무술, 춤 등 신체적인 활동으로 영성을 표현하는 수련을 해보자.
- 성가를 부르거나 합창하고 연주하기, 성스러운 이상을 표현하는 그림 그리기, 영적으로 영감받은 시 쓰기 등 창의적인 방법으로 영성을 수련하자.
- 신자 모임, 교리공부 모임, 기도나 명상 모임 등 함께 예배드리고 수련하는 모임에 참석하자. 대면 또는 비대면으로 모이는 공동체도 괜찮다.

- 나보다 더 위대한 무언가와 연결되어 있다는 느낌은 영적인 삶에서 필수적이다. 다양한 방법으로 이런 느낌과 이어질 수 있다. 자연 속에서 산책하거나, 자원봉사를 하는 등 공동의 목적을 지닌 단체에 가입하거나, 오감을 동원해 지금 이 순간에 온전히 몰입하는 등 다양한 방법을 이용해보자.

여러 종교 전통에서 주된 요소인 '용서'에 대해서도 생각해보기를 권한다. 충격적인 사건을 겪고 한참 뒤에도 분노와 죄책감으로 괴로워하고, 일부러 나에게 큰 피해를 준 특정한 사람, 조직, 사회를 용서하는 일이 불가능하다고 느끼는 이가 많다. 하지만 이런 감정을 방치하면 정서적으로 고갈되고 우울증이나 PTSD가 생길 수 있다. 참전용사를 다시 떠올려보자. 이들을 위한 영적 기반 프로그램은 보통 많은 참전용사가 의식적·무의식적으로 겪는 죄책감을 덜어준다. 에버렛 워딩턴 주니어Everett Worthington Jr.와 다이앤 랭버그Diane Langberg는 군인을 대상으로 한 연구에서, "군대에 있으면 (…) 자기 비난의 기회를 만들기 쉽다"는 사실을 발견하고, 따라서 "군인은 자기 용서 기술이 필요하다"는 사실을 확인했다.[18]

우리는 왜 용서하려 애써야 할까? 연구 결과를 자세히 살펴보자. 5만 명 이상의 간호사를 대상으로 한 연구에서, 참가자들에게 '나는 영적·종교적 신념 덕분에 나에게 상처를 준 사람을 용서했다'는 진술에 얼마나 동의하는지 물었다. 더 자주 용서한 간호사는 약 8년 뒤 사회적 기능이 향상되고 심리적 고통이 줄었으며 긍정적인 감정을 더 많이 느꼈다.[19] 이런 대규모 사례를 통해 자신에게 해를 끼친 사람을 향한 분노를 버리는 것이 웰빙으로 나아가는 한 가지 길이라는 강력한 증거를 확인할 수 있다.

결론

종교와 영성은 흔히 이 책에서 설명하는 다른 어떤 회복력 요소보다 강한 감정을 불러일으키는 지극히 개인적인 문제다. 지구상 수십억 명이 종교, 영성, 마음챙김, 명상을 힘과 회복력의 원천으로 사용한다. 어떻게 회복력을 얻든, 자신보다 더 위대한 무언가와 이어져 있다는 감각을 느끼면 삶에서 마주하게 되는 어려움을 전체적인 안목으로 바라볼 수 있다.

6장

연결될 때 더
강해지는 존재들

사회적 지원

이 세상에서 잘 살아나가려면 타인이 필요하다. 내가 건강한지 걱정해주고 어려울 때 손을 내밀어주는 사람이 있다는 것을 아는 것만으로도 도움이 된다. 곧바로 도움을 건네줄 가족이나 가까운 친구로 이루어진 전방위적인 지원망이 갖춰져 있다면 더욱 좋다. 다른 사람을 위해 내가 손을 내미는 것도 중요하다. 일이 잘 풀릴 때는 관계 맺기가 그다지 중요하지 않아 보일 수 있다. 보통 우리는 친구나 가족을 당연하게 여기기 때문이다. 하지만 좋은 시기에 친밀한 관계를 쌓아두면 위험에 처했을 때 보호막이 되어준다.

코로나19 팬데믹 초기에는 사회적 지원의 중요성이 그 어느 때보다 명확하게 드러났다. 전 세계가 봉쇄되자 사람들은 안전한 집에서 친구, 친척, 동료와 영상으로 지원을 주고받았다. 뉴욕시에서는 수천 명의 주민이 하루에 두 번씩 창문을 열고 의료인들에게 박수를 보내며 감사를 표했고, 병원 바깥에 줄지어 서서 직접 감사와 응원을 전해주기도 했다. 안전 문제로 가족 면회가 중단된 병원에서는 환자를 떠나보내는 마지막 순간을 포함해 여러 경우에 의료인이 지원해주는 역할을 했다.

팬데믹 기간의 사회적 연결

마운트시나이 병원 간호사 실린 필립 Cilin Philip은 평소에는 정형외과에서 일했지만 코로나19 팬데믹 기간에는 중환자 치료를 위해 여러 차례 다른 곳에 배치되었다. 그는 팟캐스트 〈회복력으로 가는 길〉에서 자기 경험을 들려주었다.

"코로나19 팬데믹 기간 일터에서 동료나 친구들과 소통한 일보다 더 기억에 남는 순간은 환자들과 소통한 시간이었습니다. 의료인의 관점이 아니라 인간으로서요. 응급실 한쪽 구석 눈에 띄지 않는 곳에 있던 환자를 본 기억이 납니다. 여성 노인 환자였죠. 코로나에 걸려 고통받고 있었습니다. 견디기 힘들어 보였지만 그는 연명치료나 삽관은 거부했어요. 그저 시간을 늘리는 것뿐이라고요. 저는 환자 곁에 앉아 이렇게 생각했습니다. '환자 가족이 여기 있다면 무엇을 했을까? 기도했을까? 그저 환자가 편안하게 느끼도록 해주었을까?' 저는 그 환자를 살리지 못했습니다. 직접 치료에 관여하며 살리지는 못했지만, 저는 환자 곁에 앉아 "당신은 혼자가 아니에요"라고 말해줄 수 있었습니다. 모르겠네요, 제 생각에 그건 팬데믹 내내 제가 할 수 있는 가장 중요한 일이었어요."[1]

고통 속에서도 사람들이 서로 이어져 있다는 사실을 목격한 사례는 이 밖에도 많다. 중환자실 의사 미르나 모한라즈 박사는 의식이 없고 호흡관 등의 생명 유지 장치를 단 환자와 의료진의 인간적인 유대감을 높이기 위한 프로젝트를 이끌었다. 환자 가족과 면담해 환자의 인생에서 중요한 삶의 이정표, 취미, 직업, 별명, 중요한 인간관계에 대해 파악한 다음, 이 정보를 병실 바깥에 게시해 의료진이 자신이 치료하는 환자에 대해 자세히 알고, 새로운 단계로 나아가 관계를 맺을 수 있도록 했다. 병원의 각 부문에서 일하는 직원들은 태블릿을 들고 다니며 환자가 가족에게 작별인사를 하고 종교의식을 치를 수 있도록 도왔다. 이와 거의 비슷한 시기에 행동 건강, 직원 지원, 영적 치료 팀으로 구성된 집단 기반 지원 체계를 마련해 대면·비대면으로 의료인을 치유할 여지도 만들었다.

베트남전 포로의 노크 암호에서 배우는 교훈

전쟁포로였던 전 제독 밥 슈메이커는 사회관계망의 중요성을 직감적으로 알았다. 그는 북베트남 수용소에 8년 동안 갇혀 있을 때 노크 암호라는 기발한 의사소통법을 개발하는 데 기여했다. 한국전쟁 포로들이 수년 전 사용했던 전략에 바탕을 둔 이 노크 암호는 수많은 포로를 서로 잇는 생명줄 역할을 했다. 이 암호에는 알파벳 문자가 1부터 5까지의 행과 열로 나열되어 있다.

	1	2	3	4	5
1	A	B	C	D	E
2	F	G	H	I	J
3	L	M	N	O	P
4	Q	R	S	T	U
5	V	W	X	Y	Z

이 암호 체계가 어떻게 작동하는지 알아보자. 발신자는 먼저 행을, 그다음 열을 표시해 알파벳을 나타낸다. 예를 들어, 두 번째 행 세 번째 열에 있는 문자 H를 보내려면 똑똑 두 번 노크한 다음 잠깐 멈췄다가 똑똑똑 세 번 노크하면 된다. 전체 표의 균형을 맞추기 위해 K는 빠져 있다. K를 보내려면 CC를 치면 된다.

슈메이커와 감방 동료 세 명은 암호를 외웠다. 이후 각자 다른 방으로 옮겨지자 새로운 감방 동료들에게 암호를 전파했다. 그다음 누군가 하노이 힐턴에서 다른 수용소로 이감되면 그곳에서 새로 만난 수감자에게도 암호를 알려주었다.

포로들은 손으로 벽을 노크하고 벽에 물컵을 대고 귀를 기울이며 서로 메시지를 전달하기 시작했다. 몇 달 만에 노크 암호는 포로들의 통신망과 저항 활동의 중추가 되었다. 때로 벽을 노크하는 대신 다른 소리로 메시지를 전달하기도 했다. 누군가 독방에 있어 다른 수감자의 벽과 맞닿아 있지 않다면 기침이나 빗자

루로 바닥을 쓰는 소리로 숫자를 나타냈다. 포로라면 누구나 쿵 쿵거리는 소리는 1, 기침 소리는 2, 가볍게 목을 가다듬는 소리는 3, 헛기침 소리는 4, 가래침 뱉는 소리는 5라는 것을 알았다.

슈메이커는 노크 암호가 정보를 전달하고 저항운동을 조직하는 데뿐만 아니라 온전한 정신을 유지하는 데도 필수적인 도구라는 사실을 알았다. 특히 심문이나 고문을 당하고 돌아온 포로에게는 지원을 해주는 의사소통이 매우 중요했다. 포로들은 노크 암호를 이용해 지원을 받고 민감한 정보나 기밀을 발설했다는 죄책감과 수치심에서 벗어날 수 있었다. 심문받으며 발설한 내용을 전하면서 다른 포로가 말을 맞추도록 돕기도 했다.

스티브 롱 이야기

스티브 롱Steve Long은 노크 암호 덕분에 목숨을 구했다고 믿는다. 베트남전 당시 라오스는 공식적으로 전쟁에 참여하지 않았지만, 미국과 북베트남의 전투와 보급 임무가 라오스로 넘어가기도 했다. 라오스에서 포로가 잡히면 양측 모두 기밀을 유지했다. 라오스에서 포로로 잡힌 군인은 격리되어 신분이 지워졌고 언제나 '임무 중 실종자'로 기록되었다. 스티브나 라오스에서 붙잡힌 다른 포로들에게 이런 일은 생생한 악몽이었다. 어떻게 자신이 아직 살아 있음을 고향에 알려 안심시킬 수 있을까?

"언론도, 고향으로 보내는 편지도, 아무것도 없었습니다. 우리는 '일반' 포로들과 소통해야 한다는 사실을 깨달았습니다. 그들이 석방되면 바깥에 우리 이름을 알려줄 수 있을 테니까요. (…) 그래서 우리는 다른 포로들보다 더욱 발을 넓혀 소통했습니다. 우리의 안전과 생명을 위해 필요한 일이라고 생각했거든요."

스티브의 직감은 옳았다. 베트남전이 끝나자 파리평화협정에서 포로 교환이 요구되었다. 북베트남 수용소 전체에 안도와 기쁨의 물결이 퍼졌지만 스티브에게는 그 흥분이 오래가지 않았다. 한 북베트남 군인이 감방으로 찾아와 "어떻게 될 것 같나?"라고 물었다. 스티브는 우리와 인터뷰하며 이렇게 말했다. "다행이다, 집에 갈 수 있겠구나, 하고 생각했습니다. 하지만 그가 '아니! 베트남 전쟁은 끝났지. 그러니 베트남 포로들은 집에 갈 수 있어. 하지만 라오스 전쟁이 끝나야 라오스 포로들이 집에 갈 수 있지'라고 말하더군요." 스티브는 이렇게 덧붙였다. "우리에겐 불리한 상황이었죠. 우린 석방되지 못했습니다."

평화협정이 체결되고 일주일 뒤, 미국인 포로 몇몇이 1차로 석방되었다. 그들은 즉시 정보관을 만나 자신이 아는 미국인 포로의 이름을 전부 말했다. 스티브나 석방된 다른 포로들은 노크 암호 덕분에 수용소에 누가 남아 있는지 정확히 알았다. 스티브는 이렇게 말했다.

"정보관이 국무부에 이름을 전달했고, 국무부는 파리로 돌아가 이렇게 말했죠. "이봐, 우리가 알기로는 (…) 롱Long, 스티셔Stischer, 베딩거Bedinger, 브레이스Brace라는 사람이 아직 북베트남에 있다는데! 이 사람들 다 풀어주지 않으면 북베트남에 다시 B-52 폭격기를 보낼 수밖에 없어." (…) 열심히 소통한 것이 효과가 있었던 셈이죠."

강한 유대감으로 생명을 구하다

베트남전 포로들이 독방에 갇혀서도 서로 유대감을 형성할 방법을 찾았다는 사실이 놀랍지는 않다. 군대에서는 서로 인간적인 유대를 끈끈하게 형성하고 유지하는 것을 특히 강조하기 때문이다. 군인들은 분대, 소대, 중대, 대대, 사단에 소속되어 있다. 혼자 작전을 수행하는 군인은 아무도 없다. 대부분의 문제는 혼자가 아니라 집단이 해결한다. 이런 단결심은 훈련 첫날 신병들에게 피복을 지급하고 규정에 맞춰 머리를 깎을 때부터 상징적으로 전달된다. 개인의 취향은 집단의 요구에 자리를 내준다.

4장에서 우리는 전 제독 제임스 스톡데일이 개발한 회복력 원칙 BACK US를 살펴보았다. 스톡데일은 고문받은 포로가 혼자 걱정하도록 놓아둬서는 절대 안 된다고 주장했다. 포로가 돌아오면 동료 포로들은 속삭이거나 감방 벽을 두드려 응원의 메시지를 보내며 그를 맞이했다.

군대에서 배우는 이타주의와 연대의 교훈

스톡데일 제독은 인간도 다른 동물과 마찬가지로 생존을 위해 생물학적으로 '연결'되어 있다는 사실을 알았다. 인간은 스트레스 넘치고 위험한 상황에 직면하면 자연스럽게 자신의 안위에 집중한다. 자기를 보호하고 자원을 확보하기 위해 싸우는 것은 정상이다. 하지만 스톡데일은 자신이 존경하는 많은 문학가나 철학자처럼 진정한 회복력과 용기는 관대함, 연민, 이타적인 행동으로 측정할 수 있다고 믿었다. 그는 《베트남에서 겪은 일 A Vietnam Experience》에서 이렇게 썼다.

"혼자라고 느껴 두렵고, 당신이 속했던 문화의 기억을 애써 붙들고 있으려 해도 쓸려가버린다고 느낄 때, (…) 당신은 흐름에 휩쓸려 몇 달만 고통받아도 우리 모두 동물이 될 수 있다는 사실을 깨닫게 될 것이다. 그때부터 당신은 곁에 있는 유일한 구명조끼, 즉 바로 옆에 있는 사람과 그의 마음을 매우 따스하게 생각하게 된다. (…) 사람들이 "무엇이 당신을 계속 버티게 했나요? 당신의 가장 중요한 가치는 무엇인가요?"라고 물을 때 나는 이렇게 대답한다. "내 옆에 있는 사람입니다.""[2]

휴 셸턴Hugh Shelton 장군에 따르면, 군인들 사이의 강한 유대감은 애국심 같은 추상적인 개념보다 더 강력한 동기를 부여한다. 미국 특수작전사령관을 지내고 후에 합참의장이 된 그는 이렇게 말했다.

요즘 군대에서 번개같이 움직이는 부대를 본다면, 그 부대원들이 자신보다 주변 사람을 더 걱정한다는 사실을 알게 될 것입니다. 그들 모두는 팀의 임무를 완수하기 위해 존재합니다. 조직과 사회는 개인의 성과가 아니라 팀의 성과를 인정합니다. 그것이 바로 우리가 싸우는 이유죠. 흔히 사람들은 우리가 대의나 국가를 위해 싸운다고 하지만, 사실 우리는 바로 옆 사람, 바로 우리 동료를 위해 싸웁니다.

특수작전부대는 부대가 어떻게 긴밀한 유대를 형성하는지를 보여주는 견고한 사례다. 열두 명으로 구성된 특수작전부대의 팀원은 '전우'의 진정한 의미를 나눈다. 우리가 인터뷰한 특수작전부대 교관 대부분은 제대 후에도 평생 서로 의지할 수 있다고 말했다. 심지어 서로 한 번도 만난 적이 없는 대원들도 고향에 돌아가면 서로를 진심으로 환영한다.

사회적 연결은 인간다움의 핵심이다

특수작전부대 군인이나 전쟁포로가 아니어도 상호 지원과 도움을 주고받을 수 있다. 알든 모르든 우리의 행동 대부분은 다른 사람들과 연결되고 타인에게 이해받고 싶은 욕구에서 비롯된다. 사회적 지지는 돈을 받으리라고 기대할 때처럼 기분 좋게 만들어주며 더 많은 사람과 연결되도록 이끈다. 미소 띤 얼굴 같은 긍정적인 사회적 단서는 돈을 받으리라고 기대할 때와 동일하게 뇌의 보상 중추를 활성화한다.[3] 반대로 사회적으로 거부당하면 신체적 고통을 처리하는 뇌 영역과 동일한 부분이 활성화되어 고통을 더 불쾌하게 느낀다.[4]

우리는 살면서 수많은 방식으로 사회적 지원을 주고받는다. 우리 대부분에게는 가족, 친구, 직장 동료처럼 '이미 고정된' 사회적 관계가 있다. 기술이 발달하면서 온라인 소셜네트워크 등을 통해 연결될 새로운 기회도 생겼다. 오늘날에는 기술 덕분에, 장애가 있어서 집 밖으로 나가기 어려운 사람도 온라인 커뮤니티에 참여해 풍요롭고 보람찬 사회생활을 할 수 있다. 앞서 살펴본 것처럼, 우리는 손안의 기술을 이용해 팬데믹 기간 동안 중요한 사회적 관계를 유지했다.

다양한 자원봉사 조직도 다른 여러 혜택과 함께 사회적 지원을 경험할 기회를 제공한다. 예를 들어, 보이스카우트나 걸스카우트 조직은 주로 청소년을 대상으로 하지만 봉사와 타인을 돕는 일을 중요시하고 장려한다. 전 세계 많은 종교도 도움을 주고 사회적으로 지원하는 일을 사명으로 여긴다. 공동의 대의와 공동체 의식을 강화하는 집단은 이들 말고도 많다.

지원 요청하기

　항상 그런 것은 아니지만, 트라우마나 상실을 겪은 사람은 흔히 도움과 친절 세례를 받는다. 여러 종교에는 사랑하는 사람을 잃은 뒤 며칠에서 몇 주 동안 남은 이들이 모여 서로 격려하는 의식이 있다. 하지만 초기의 높은 관심이 사그라들면 진정한 사랑과 우정이 시험대에 오른다. 조문객들은 대개 일상으로 돌아가고, 때로 남은 가족조차 좋은 의도로 다가오는 사람에게 차갑거나 심지어 적대적으로 반응하기도 한다.

　엘리자베스 에보는 복지 전문가, 든든한 친구, 사랑하는 남편과 가족이 없었다면 끔찍한 시련 뒤에 찾아오는 정신적 여파에 휩쓸려 허우적대며 여전히 자신을 사로잡는 공격의 기억에서 빠져나오지 못했을 거라고 생각한다. "지원받지 않으면 우리는 아무것도 할 수 없습니다." 하지만 그는 "지원한다고 응석을 받아주지는 말아야 합니다. 지원하기와 받아주기는 다릅니다. 어느 시점이 되면 '이제 나아가야 할 때'라고 말해줄 사람이 필요해요"라고 덧붙였다.

　우리 친구 빅터 대니얼스Victor Daniels도 42년간 함께한 아내를 암으로 잃은 뒤 비슷한 사실을 깨달았다. 두 사람에게는 자녀가 없었고, 가족들은 각자 먹고사느라 바빠서 빅터와 많은 시간을 함께 있어주지 못했다. 배우자를 잃은 몇몇 친구와 이웃도 사별

후 몇 년은 슬픔에 빠져 있었다. 그는 자신에게도 같은 일이 일어나도록 내버려두고 싶지 않았다.

빅터는 주치의를 찾아가 아침에 일어나기 힘들고 무기력하다고 말했다. 의사는 그에게 매주 열리는 사별한 사람들을 위한 지원 모임에 나가보라고 권했다. 빅터는 의사의 조언을 받아들여 모임에 참석하기 시작했고, 그곳에서 사랑하는 사람을 잃은 뒤 '뉴노멀new normal'을 찾고 삶을 긍정적인 방향으로 이끌기 위해 노력하는 사람들을 만났다. 그는 잃은 것에 연연하지 않고 남은 인생을 어떻게 보내고 싶은지 다시 생각하면서 미래를 내다보기 시작했다.

빅터는 달성하고 싶은 목표를 나열해보았다. 먼저 근처 골프장에서 아르바이트를 다시 시작하기로 했고, 그 일을 했다. 그러자 일상에 체계가 생기고, 삶을 적극적으로 즐기는 사람들과 사회적으로 다시 만나게 되었다. 빅터의 활력과 관점은 점차 나아졌다. 얼마 후 사회관계망은 큰 성과를 안겨주었다. 빅터는 사랑에 빠졌고, 재혼했다. 새 아내는 지원 모임에서 만난 여성이었다.

지원을 찾으려면 적극적으로 도움을 요청해야 한다. 그저 주저앉아서 누군가가 구해주기를 바라기만 해서는 안 된다. 8장에서 제이크 러빈의 이야기를 통해 도움을 요청하는 일에 대해 더 자세히 살펴보겠다.

정서적·신체적 건강에 도움이 되는 사회적 지원

강력한 사회적 지원을 받으면 심각한 PTSD 다음에 찾아오는 정신적 증상이 가라앉고, 증상이 나타나더라도 회복이 촉진된다.[5,6] 유방암, 제2형 당뇨병, 다발성경화증 환자를 대상으로 한 연구에 따르면, 사회적 지원을 많이 받는다는 사실을 인지할수록 우울증이 예방되었다.[7,8,9]

성인 2,000명 이상을 살핀 연구에서는 코로나19 봉쇄 기간 사회적 지원을 많이 받았다고 인지한 사람일수록 외로움과 우울을 적게 느끼고 수면의 질이 좋았던 것으로 나타났다.[10] 마운트시나이 병원에서 의료인을 대상으로 한 연구에서도 비슷한 결과가 나타났다. 정서적 지원을 받고 리더에게 지지받을수록 회복력이 더 높을 것으로 예상되었다.[11]

이와 반대로, 사회적으로 고립되고 사회적 지원을 적게 받은 사람은 스트레스, 우울증, PTSD를 겪을 가능성이 높다는 사실을 뒷받침하는 연구도 많다. 4,000명 이상의 미국 참전용사를 대상으로 한 연구에서, 외로움을 자주 느낀다고 응답한 사람은 외로움을 거의 느끼지 않는다고 응답한 사람보다 현재 우울증에 빠져 있을 확률이 약 20배, 자살을 생각할 확률이 12배, 현재 PTSD를 겪고 있을 확률이 3배 더 높았다.[12]

고립은 신체건강과 수명에도 영향을 미친다. 예를 들어 약

58,000명의 고령 여성을 8년 동안 조사한 연구에 따르면, 사회적 고립감과 외로움이 클수록 심장병이 새로 발병할 확률이 높았다.[13]

참가자를 장기간 주의 깊게 추적하는 대규모 역학연구에서 외로움과 사회적 고립은 수명을 단축시키는 위험 요인으로 드러났다. 덴마크 성인 21,000명 이상을 대상으로 한 연구에서는 사회적 고립감을 느끼면 향후 7년 동안 사망할 가능성이 60~70퍼센트 높아진다는 사실이 확인되었다.[14]

이런 영향은 훨씬 오래 이어지기도 한다. 핀란드 남성 2,588명을 대상으로 한 연구에서는 사회적 고립감과 외로움으로 향후 약 23년간의 사망률을 예측할 수 있는 것으로 나타났다.[15] 미국처럼 외로움을 느끼는 사람이 많은 나라에서 이런 결과는 특히 놀랍다. 2021년 시그나Cigna사에서 미국 성인을 대상으로 설문조사한 결과에 따르면, 응답자의 무려 58퍼센트가 외로움을 느낀다고 응답했다.[16]

더 크고 강력한 사회적 지원망이 심리적·신체적 회복력에 도움이 되는 이유에 대해서는 여러 가지 설명이 있다. 가족이나 친구에게 지원받는다고 느끼면 자신감과 통제력이 향상되고, 흡연이나 음주처럼 위험한 행동은 덜 하고 더 건강에 좋은 행동을 택하려는 동기가 높아진다. 적극적인 대처 전략을 사용하려는 경향이 높아지고, 부정적이거나 스트레스 받는 일을 극복할 수 없다고 느낄 가능성은 줄어든다.

우리 동료이자 저명한 심장 전문의 발렌틴 퍼스터Valentin Fuster 박사는 전 세계에서 실시한 혁신적인 여러 프로젝트에서 지역 사회 및 학교 또는 가족 기반 지원의 힘을 활용해 어린이와 성인의 생활습관을 바꾸고 심장 건강을 향상시킬 수 있다는 사실을 밝혔다.[17,18] 퍼스터 박사는 〈세서미 스트리트Sesame Street〉에서 어린이들에게 건강한 생활습관을 갖도록 장려하는 등장인물 러스터Ruster 박사의 모델이기도 하다.

요약하면, 사회적 지원은 생명을 구할 수 있다. 시간과 노력을 들일 만한 일이다. 실제로 사회적 지원은 트라우마 사건 이후 회복력을 높이는 가장 강력한 원동력이다.

지원을 제공하는 일도 중요하다

다른 사람에게 정서적으로 지원받을 때의 건강상 이점을 다룬 연구는 이미 살펴보았다. 이제 지원을 하는 일이 정신건강에 어떻게 도움이 되는지 살펴보자. 초기지만 중요한 노년층 연구에 따르면, 배우자 등 다른 사람에게 사회적 지원을 받기만 한 것이 아니라 준 사람은 향후 5년간 사망 위험이 낮았다.[19] 더 최근에 우리 동료들이 참전용사를 대상으로 실시한 연구에서는, 참가자의 60퍼센트 이상이 타인에게 친구가 되어주든 사랑을 전하든 어떤 식으로든 지원을 했다는 사실을 확인했다.[20] 다른 사람을 지원한 참전용사는 PTSD, 우울증, 불안을 겪거나 자살을 생각하는 등 개인적인 위험이 훨씬 낮았다. 사회적 지원을 주고받은 참전용사는 정신건강이 훨씬 좋았다.

문학작품에서도 사회적 지원을 줄 때 얻는 개인적인 혜택을 볼 수 있다. 엘윈 브룩스 화이트Elwyn Brooks White의 소설《샬롯의 거미줄Charlotte's Web》에서 이야기 내내 사랑받은 거미는 자신이 목숨을 구한 돼지에게 이렇게 말한다. "너를 도우면서 나는 내 인생을 좀 더 숭고하게 만들려고 노력했나 봐. 하늘은 아시겠지, 인생은 그런 노력으로 버틸 수 있다는 걸."[21]

사람들과 친해지고 사회적 지원을 제공하는 일은 모두 상대방에게 '온전히 몰입'하는 능력에 달려 있다. 몹시 산만한 세상에서 단 몇 분이라도 누군가에게 진정으로 주의를 기울이는 일은 절대 쉽지 않다. 2019년 아수리온Asurion사에서 수행한 연구에 따르면, 미국 휴대전화 소유자는 하루 평균 96회 또는 약 10분에 한 번씩 휴대전화를 들여다보고, 5명 중 1명은 휴대전화를 보면서 대화하는 일이 많다고 응답했다.[22] 사회적 지원을 하려면 방해 요소를 차단하고 상대방에게 온전히 집중해야 한다. 그런 행동은 친구뿐만 아니라 자신에게도 도움이 된다.

사랑과 애착의 힘

친구와 가족, 공동체 구성원 간의 긴밀한 유대는 힘과 동기를 주고 서로를 받아준다. 모든 형태의 사랑은 전 세계 많은 종교의 핵심 요소이자 가장 중요한 덕목이다. 예를 들어, 기독교《성경》〈고린도전서〉 13장 13절에서는 이렇게 말한다. "믿음, 소망, 사랑, 이 세 가지는 항상 있을진대 그중 제일은 사랑이라."

대부분의 과학적 연구는 연인 간의 낭만적인 사랑에 초점을 맞추지만, 이제 '일상적'으로 경험하는 사랑에 대해 알아보자. 한 연구에서는 성인을 대상으로 한 달 동안 매일 여섯 번씩 문자를 보내 다음 질문에 답하도록 했다. "지금 얼마나 사랑받고 있다고 느낍니까?" 그 결과, 연구를 시작할 때 일상적으로 많이 사랑받고 있다고 응답한 참가자는 심리적 웰빙이 더 좋았고 더 행복하다고 느꼈다. 한 달 동안 사랑에 대한 평가도 상승했다. 이는 단순히 사랑에 대해 질문하는 것만으로도 그 감정을 더 많이 알아차리게 되었다는 뜻이다.[23]

부모의 사랑은 아동의 발달에 중요한 역할을 한다. 부모 또는 가까운 보호자와 어린 자녀의 유대감은 자녀가 자라면서 까다로운 감정을 다루고 지원을 주고받는 관계를 유지하는 방식을 형성한다. 믿을 수 있고 정서적으로 관심을 주는 양육자가 기른 아이는 '확고한 애착'을 가질 가능성이 더 높다. 이런 아이는 강한 자긍심을 갖고 효과적으로 감정을 조절하며, 양육자가 곁에 있다는 사실을 알기 때문에 새로운 일을 시도할 가능성이 더 높다.

자녀가 위험을 감수하도록 놓아두지 않는 불안한 부모, 반대로 더 극단적으로 학대나 방임을 하는 부모는 자녀에게 '불안정'하거나 '혼란스러운' 애착을 유발한다. 이런 부모 밑에서 자란 아이는 성인이 돼서도 친밀한 관계를 피하거나 너무 빨리 유대감을 형성해 정서적 웰빙을 해친다. 부정적인 감정을 더 버겁게 느끼기도 한다.

애착 '방식'은 어린 시절부터 성인기까지 대체로 일관되게 유지되지만 심리치료를 받는 등 새로운 경험을 하면 달라질 수 있다. 예상할 수 있듯, 확고한 애착이 심리적 회복력에 도움이 된다는 사실을 뒷받침하는 연구가 최근 속속 보고되고 있다.[24] 12장에서 회복력 높은 부모와 가족에 대해 우리가 알게 된 사실을 좀 더 살펴보겠다.

친밀한 관계의 신경과학

사회신경과학 분야에서는 도움이 필요할 때 여러 뇌 영역, 신경전달물질, 호르몬이 어떻게 부모와 자녀, 연인, 친구 사이에서 서로를 엮는 데 도움이 되는지 연구한다.

사회적 보상과 금전적 보상이 비슷한 뇌 영역에 어떻게 관여하며 동기를 부여하는지는 이미 앞에서 살펴보았다.[25] 사회신경과학자들은 옥시토신이 다른 사람과의 관계에서 중요한 역할을 한다는 사실도 발견했다. 옥시토신은 익숙한 얼굴을 알아보고, 어떤 표정이 긍정적이거나 부정적인지 식별하며, 타인의 정신 상태를 정확하게 추론하는 능력을 향상시킨다. 과학자들은 옥시토신의 작용이 사회적 인정, 신뢰, 사회적 접근을 촉진하며 친사회적 행동을 늘린다고 본다.[26]

연구에 따르면, 옥시토신은 스트레스 상황에서 벗어나는 데 도움이 되며 심지어 인지 능력도 예민하게 만든다. 예를 들어, 한 연구에서는 기본 옥시토신 수준이 높은 여성은 특정 감정 신호를 무시하면서 빠르고 정확하게 반응해야 하는 까다로운 과제를 더 잘 수행했다.[27]

요약하면, 옥시토신은 사회적 상황에서 분비되어 사회적 신호를 잘 해석하고 제대로 인식하도록 도우며, 친밀감을 높이고 사회적 연결을 촉진한다. 옥시토신은 편도체 활성을 줄인다. 이런 작용은 다른 사람으로부터 긍정적인 지원을 받으면 어떻게 스트레스가 줄고 인지 능력이 높아지는지 설명해준다. 스트레스를 통제할 수 있을 때 우리는 더 '냉철한' 사람이 된다.

유대감 있는 관계 맺기

우리를 포함해 의사와 연구자들이 사회적 지원의 중요성을 항상 잘 알고 있었던 것은 아니다. 과거에는 대체로 일대일 심리치료 기법을 개선하고 고통스러운 증상을 완화할 약물을 찾는 데만 주력했다. 환자들의 사회관계망에는 시간을 쏟지 않았다. 하지만 지금은 다르다. 우리는 사회관계망에 우리를 보호하고 강하게 만드는 힘이 있다고 확신한다.

그렇다면 관계망이 얼마나 강한지 어떻게 확인하고, 필요하다면 어떻게 관계망을 구축할까? 먼저 지금 상황을 찬찬히 살펴보자. 사회과학자들은 사회관계망을 평가할 방법을 개발했다. '나를 사랑하고 나를 원한다고 느끼게 하는 사람이 있는가?', '스스로 다른 사람이 속내를 털어놓거나 문제를 상담할 수 있는 사람이라고 생각하는가?' 같은 질문들에 얼마나 동의하는지 묻는 것이다.[28,29] 독자 여러분도 직접 응답해보기 바란다.

우리가 인터뷰한 회복력 높은 사람들은 사회적 지원을 주고받는 데 큰 노력을 기울였다. 팀 쿠퍼는 크든 작든 문제가 발생하면 전국에 퍼진 동료 특수작전부대원 네트워크를 통해 도움을 요청한다. 최근 몇 년 동안은 이라크와 아프가니스탄 전쟁 참전용사를 사회적으로 지원하는 여러 단체를 결성하기도 했다.

휴 셸턴 장군의 말처럼, 강력하고 지원을 주고받으며 신뢰할 수 있는 사회적 지원망의 회복력 강화 효과는 절대 군대에만 한정되지 않는다. 우리는 누구나 친구, 동료, 멘토, 가족에게 손을 내밀고 소통하며 힘을 얻을 수 있다.

순환구조 만들기

인간관계의 폭과 강도를 넓히고 강화하는 방법은 여러 가지다. 사회적 지원을 주고받는 일은 한 번으로 끝나는 것이 아니라 계속 이어지는 과정이다. 따라서 하루아침에 형성되지도 않는다. 하지만 친구가 없거나 고립되었다고 느끼더라도, 어디서든 시작하는 것이 중요하다.

- **온전히 집중하자.** 다른 사람을 지원하거나 다른 사람의 도움을 받을 때는 휴대전화를 확인하는 등의 다른 행동을 하지 말자.
- **호기심을 갖고 이어서 질문하자.** '예/아니요'로 간단히 끝나는 질문은 피하자. 효과적인 사회적 지원은 표면적인 것을 넘어선다. 앤 밀렉Anne Milek과 연구진은, 일상생활의 소리 중 5~10퍼센트를 포착하는 휴대용 녹음기를 소지하기로 동의한 486명의 성인을 대상으로 한 네 가지 연구 데이터를 분석했다.[30] 연구진은 녹음을 평가해 일상에서 사소한 대화나 '잡담'을 나눈 사람보다 진지한 대화를 나눈 사람이 더 행복하다는 사실을 발견했다.

- **일상에서 만나는 사람들의 이름을 기억하자.** 엘리베이터에서 마주친 이웃이나 옆자리 동료에게 미소 지으며 인사하는 습관을 들이자. 기본적으로는 직장에서나 모닝커피를 마시러 갈 때 매일 마주치는 사람의 이름을 익히자.
- **다른 일상적인 일과 마찬가지로 사회적 연결을 위한 시간을 떼어두자.** 작은 것부터 시작하자. 홀로 있는 가족에게 전화를 걸거나, 상실을 겪은 멀리 사는 친구에게 소셜미디어로 안부를 전하거나, 시험에서 좋지 않은 성적을 받은 친구의 이야기를 들어줄 시간을 내보자.
- **사람들이 손을 내밀 때 위험을 감수하고 지원을 받아들이자.** 누군가를 잃는 등 스트레스를 받는 사건을 겪으면 다 그만두고 싶은 충동을 느낄 수 있다. 하지만 이런 느낌이 몇 주, 몇 달 동안 계속되면 우울증과 PTSD 증상이 더욱 심해진다. 3장에서 살펴본 핵심 교훈을 기억하자. 회피하기를 회피하라.
- **원하는 것을 솔직하게 말하자.** 원하는 것이 확실하지 않다면 나에게 가장 필요한 지원이 무엇인지 분명히 밝히자. 상대방은 당신이 무엇을 원하는지 모르기 때문에, 그저 '지켜보고 이야기를 들어주는 것'으로 충분할 때도 조언을 주는 등 핵심을 비껴갈 수 있다.

결론

요약해보자. 긍정적이고 강력한 사회관계망을 구축하는 방법을 아는 사람은 많은 혜택을 누린다. 이런 관계는 건강과 관련이 있다. 우울증이나 PTSD 등의 스트레스 관련 질환을 예방하며 정신적 웰빙을 향상하고 수명을 연장한다. 우리 경험상 회복력 높은 사람은 긍정적인 사회관계망의 중요한 강화 효과를 잘 활용한다. 실제로 특수작전부대원들은 흔히 자신의 체력, 힘, 회복력이 유달리 뛰어나다고 인정하지 않는다. 그게 아니라 자신의 힘과 용기가 동료 '가족'에게서 나왔으며 '혼자서는' 결코 해낼 수 없다고 생각한다. 하지만 대부분의 사회적 지원망은 아무리 광범위하고 강력하더라도 필요할 때 저절로 손을 내밀어 우리를 보듬어주지는 않는다. 이 책에 소개한 회복력 높은 사람들의 사례에 따라 도움을 요청하는 편이 더 현명하다.

7장

✦

닮아가고 싶은
사람이 있다는 것

롤모델

회복력을 연구한 초기 심리학자 가운데 한 명인 에미 베르너Emmy Werner는 역경을 겪으며 성장한 어린이가 진정으로 지지해주고 존경할 만한 롤모델을 적어도 한 명 이상 만나면 성인이 되어 성공할 가능성이 높다는 사실을 발견했다.[1,2] 우리 연구에서도 비슷한 패턴을 확인했다. 우리와 인터뷰한 회복력 높은 사람들은 신념, 태도, 행동을 통해 영감을 주는 롤모델을 갖고 있었다. 그들은 우리에게도 영감을 돌려주었다. 이번 책을 준비하며 우리 중 한 명인 스티븐은 이렇게 말했다.

인터뷰한 사람 모두 제게 롤모델이 되어주었기 때문에 정말 좋았습니다. 어떤 일로 주저앉고 싶어지면 그 사람들이 머릿속에 떠올랐고, 스스로 또는 무언가에 자책감이 들 때면 제가 인터뷰한 멋진 사람들이 생각났습니다. 그러면 '나도 할 수 있어'라는 생각이 들었죠. 정말 기쁜 일입니다.

4장에서 만난 토머스 존슨 목사는 미국 오하이오주 스프링필드에서 자랄 때 어머니와 할머니가 자신에게 어떤 롤모델이 되어주었는지 이야기해주었다. 수십 년 뒤 결국 그 역시 많은 사람의 생명이 위태로울 때 다른 이들에게 롤모델이 되었다. 그는 팬데믹 첫해에 흑인이 대부분인 그의 교회에서 많은 신자가 1차 백신 접종을 거부하는 것을 목격했다. 이런 현상이 부분적으로는 유색인종 공동체와 의료체계 간의 신뢰가 깨졌기 때문이라는 사실을 그는 알았다. 바이러스와 백신에 대한 잘못된 정보가 퍼진 것도 한몫했다. 무언가를 해야 했다. "사람들은 백신이 어떻게든 자신을 해치려는 의도가 있다고 두려워했어요. (…) 그들은 무언가를 확인하고 희망을 얻기 위해 그 누구도 아닌 목회자를 찾아왔습니다. (…) 가나안교회 사람들은 (…) 제가 주사를 맞는 사진을 본 다음 (…) 백신을 맞기 위해 몰려들기 시작했죠."

뉴욕시의 다른 종교 지도자들도 마찬가지였다. 존슨 박사와 다른 목회자들은 종교 지도자가 믿을 만한 롤모델이 된다는 사실을 잘 알았다. 그래서 마운트시나이 병원의 우리 팀과 협력해 교인들에게 양질의 정신적·신체적 건강 정보를 나누는 데 도움이 될 여러 프로젝트를 진행했다.

토머스 존슨 목사 이야기

예상할 수 있듯 부모, 조부모, 형제가 우리의 첫 번째 롤모델이 되는 경우가 많다. 토머스 존슨 목사의 이야기를 들어보자.

"우리 동네는 몹시 가난했습니다. 어머니는 (…) 항상 자격이 되는데도 복지 혜택을 받지 않았어요. 소작농으로 자란 어머니에게는 일을 해야 한다는 것이 윤리였습니다. 그래서 정말 힘들 때만 사회복지국에 푸드 스탬프를 받으러 갔고, 일이 잘 풀리면 다시 일하러 나섰습니다. (…) 쉴 곳과 식량을 구하는 데는 엄청나게 생존 능력이 뛰어난 분이셨어요. (…) 그래서 우리는 소박하지만 충분히 쉴 만한 곳을 얻을 수 있었죠. 집에서 나오는 자원으로 (…) 4~5인 가구가 살기에는 턱없이 부족했습니다. (…) 하지만 공황에 빠졌던 기억은 없습니다. 우리는 살아나갈 수 있었고, 짐 크로 시대(1876~1965년 미국 주법으로 인종 분리를 시행한 시기 — 옮긴이)에는 다들 그랬기 때문에 어떻게 살아야 할지 잘 알았죠. 자급자족하는 법도 알았고, 양말에 구멍이 나도 던져버리지 않고 수선할 줄 알았고, (지금은 유행이 되었지만) 청바지가 찢어지면 어떻게 고쳐 입어야 할지도 알았습니다."

누가 롤모델이 될 수 있을까?

부모 외에 친척, 교사, 코치, 성직자 등도 롤모델이 될 수 있다. 나이가 많든 비슷하든 상관없다. 친구, 형제자매, 직장 동료, 전우도 롤모델이 된다. 심지어 아이도 될 수 있다. 게다가 꼭 내 아이일 필요는 없다.

도린 노턴Dorinne Naughton은 수년간 우리와 함께 일한 헌신적인 행정관일 뿐만 아니라 좋은 친구였다. 그는 자신이 암에 걸렸다는 사실을 알고 큰 충격에 휩싸였다. 암 진단을 받기 전해에 약혼자, 어머니, 아버지가 모두 암으로 세상을 떠났기 때문이었다. 도린은 국립보건원에서 일주일에 5일씩 한 달 넘게 방사선 치료를 받았다. 그곳에서 그는 뜻밖의 롤모델을 발견했다.

매일 대기실에서 한 어린 소년을 봤어요. 데이비드David라는 다섯 살 난 아이였죠. (⋯) 저는 기다리는 동안 그 아이와 체스나 오목을 두곤 했습니다. 그 어린 소년을 보며 제가 아프지 않고 50년이나 산 것이 정말 행운이라는 사실을 깨달았어요. 그 아이는 뇌종양에 걸려 수술받았지만 하나도 겁먹지 않았고, 세상에서 가장 행복한 꼬마였죠. 제게 달려와 인사하곤 했어요. 한번은 "제가 오목 가르쳐줄게요. 그러면 친구들 다 이길 수 있어요"라고 말하기도 했죠.

2장에서 척추이분증을 갖고 태어났지만 예일대학교를 졸업하고 패럴림픽 수영 선수가 된 데버라 그룬의 이야기를 소개했다. 그는 프랭클린 델러노 루스벨트Franklin Delano Roosevelt를 롤모델로 삼았다.

프랭클린 루스벨트는 비장애인 세상에서 장애인으로 사는 게 어떤 것인지 아주 잘 보여줍니다. 그가 그저 걷기 위해 얼마나 노력했는지 상상도 못하실 거예요. 일어나서 연설할 때면 몸을 똑바로 세우려 연단을 꽉 잡아야 했죠. 그는 장애가 있다는 사실을 숨겼지만 동시에 장애는 항상 그와 함께 있었어요. 저는 소아마비가 그를 완전히 바꿔놓았다고 생각해요. 저 역시 그랬고요.

여러 세대에 걸쳐 회복력 롤모델이 이어진 가족도 있다. 세계적인 불교 스승 중 한 명인 틱낫한은 우리 모두 유전적·행동적 관점에서 조상과 이어져 있다고 지적한다. 이미 그런 조상이 우리 안에 있다는 것이다. 회복력 높은 조부모와 부모는 강인한 아들딸을 낳고, 그 아들딸은 다시 회복력 높은 자녀를 기른다.

우리 중 한 명인 스티븐은 회복력 관점에서 자기 가족의 유산을 되돌아보며 바로 이런 점을 이해했다. 그는 17세기 조상인 로런스 사우스윅과 커샌드라 사우스윅이 퀘이커교를 받아들인 뒤 자녀들과 함께 어떻게 핍박받았는지 듣고 깊은 감명을 받았다. 스티븐은 역경에 직면했을 때 조상의 이야기를 떠올리며 힘을 얻었다.

하지만 가족사를 상세히 알 수 없는 사람은 어떻게 해야 할까? 나보다 먼저 살았던 모든 인류를 나에게 영감과 힘을 주는

'조상'으로 생각하자. 과거 세대가 겪은 삶의 고난을 생각해보면 200년, 심지어 100년 전에 살았던 조상 대부분이 지금의 기준으로 볼 때 회복력이 높았다. 우리는 그 인류의 연장선에 있다고 할 수 있다.

우리와 인터뷰한 전쟁포로 중 한 명인 루 마이어는 힘든 어린 시절을 통과하도록 이끌어준 어른 세 명을 기억한다. 첫 번째 어른은 학생지도관 에드 로Ed Rowe다. 루가 교실 창문을 넘어 몰래 빠져나갈 때마다 붙잡아 학교로 데려오는 것이 그의 임무였다. 루와 그의 친구 데이브는 선생님이 교실 밖으로 나가기만 하면 도망치곤 했다.

두 번째 기회

로 경관은 루와 데이브를 쫓아다니며 혼냈지만 그들을 돌봐주기도 했다. 한번은 후원자를 찾을 수 없던 동네 야구팀 소년들이 장비를 제대로 갖춘 상대 팀의 야구 장비를 훔친 일이 있었다.

"우리 야구팀 애들이 갑자기 야구용품과 배트, 공을 들고 나타났어요. (…) 로 경관님은 우리를 잡아가는 대신 그런 짓을 한 사람을 찾아내 물건을 돌려주라고 말하면 후원자를 구해주겠다고 말씀하셨죠. (…) 그래서 우리는 울타리를 넘어 관람석 밑으로 기어들어가 사물함에 물건을 돌려놨어요. 그러자 경찰이 우리를 후원해주었죠. 경찰차를 타고 경기에 나가기도 했어요. 지역 순찰대원들이 멈춰서 우리 경기를 지켜봐주기도 했고요. 그분은 그렇게 우리를 돌봐주시기 시작했던 것 같아요."

루 마이어의 두 번째 롤모델은 지역 소방대장 허먼 쇼버Herman Shawver였다. 엄격하지만 인내심 많은 사람이었다. 쇼버 대장은 루를 아끼고 보살폈다. 소방서 규칙을 깨고 루가 소방서 주변을 돌아다니는 것을 일부러 눈감아줄 정도였다. 루는 그가 어떻게 소방서를 운영하고 대원들을 격려하는지, 어떻게 주저 없이 화염 속으로 뛰어드는지 곁에서 지켜보았다. 루 마이어는 쇼버 대장의 발자취를 따라 결국 자신도 소방서장이 되었다.

루는 10대 후반 군인 팀에서 뛰던 시절에 만난 미식축구 코치 이야기도 해주었다. 루는 팀에서 가장 몸집이 작은 선수였는데도 코치는 그에게 결코 '쉬운 길'을 택하도록 하지 않았다. 거친 팀과 싸우다 얻어맞고 멍이 든 그는 벤치로 달려가 코치에게 "저들이 저기서 나를 죽이려고 해요"라고 말했다. 그때 코치가 한 대답을 그는 잊을 수 없다. "알아. 자, 이제 다시 들어가!"

동료 찾기

지금까지 살펴보았듯, 롤모델이 반드시 나이가 많고 현명할 필요는 없다. 때로 동료도 우리를 이끌어주고 영감을 주며 동기를 부여할 수 있다. 공군 조종사 스티브 롱은 스물다섯 살 때 태국에서 비행기를 타고 출격하다 라오스 상공에서 격추당했다. 그는 수감 기간 내내 동료 포로들에게서 영감을 얻었다.

"우리 롤모델은 정말 환상적이었습니다. 사람들은 우리를 영웅이라 불렀지만 우리는 누구도 자신이 영웅이라고 생각하지 않았어요. 하지만 이들은 정말 영웅이었습니다. 그 시련을 겪어내도록 해주었으니까요. 가끔 어떤 사람이 감방에서 구타를 당하고도 저항했다는 이야기를 듣곤 했습니다. 정말 안타까웠지만, 그런 사람과 같은 군대에서 복무하고 있다는 사실이 자랑스러웠고 힘이 났어요. 항상 기준이 되는 사람이 있다는 말이니까요."

스티브의 롤모델 목록에서 1순위는 1965년 라오스 상공에서 비행기가 격추되어 체포된 민간인 조종사 어니 브레이스Ernie Brace였다. 스티브는 브레이스가 그 후 3년 동안 산 중턱 정글에서 대나무 우리에 묶인 채 어떻게 지냈는지 말해주었다.

"독방 감금이라니! 상상해보세요, 대나무 우리에 3년 반이나 갇혀 있었다고요! 그는 세 번이나 탈출했고 끔찍한 구타를 당했습니다. 마지막으로 탈출했을 때는 놈들이 그를 일주일 동안 구덩이에 묻었어요. 가슴부터 몸 아래를 꼼짝도 할 수 없었죠. 놈들이 그를 구덩이에서 끌어냈을 때 그는 걸을 수조차 없었습니다. (…) 그래서 그는 팔꿈치로 몸을 끌고 돌아다녔어요. 정글에서 나왔을 때는 앉을 수 있을 정도쯤 되었던 것 같아요. 놈들은 그를 하노이로 데려와 존 매케인John McCain 옆 감방에 넣었습니다. 하지만 어니는 감방 구석으로 기어가 벽 양쪽을 잡고 겨우 일어섰어요. 그리고 결국 걸을 수 있게 되었습니다. (…) 그는 절대 불평하지 않는 사람이었죠."

10장에서 자세히 소개할 제리 화이트Jerry White는 군복무를 한 적이 없다. 그는 열여덟 살에 교환학생 신분으로 미국에서 이스라엘에 갔다가 골란고원에서 하이킹하던 중 지뢰를 밟았다. 심각한 부상을 입은 그는 텔아비브 병원으로 이송되었고, 우울과 낙담에 빠졌다. 하지만 그곳에서 한 이스라엘 부상병이 제리의 롤모델이 되어주었다.

옆 침대에 있던 남자는 두 다리를 잃고 죽고 싶어 했습니다. 그와는 거리를 두어야 했죠. 그때 한 이스라엘 군인이 병문안을 왔어요. 제 침대로 다가와 이렇게 말하더군요. "저도 지뢰를 밟았어요.

어느 쪽 다리게요?" 그의 걸음걸이는 완벽했습니다. 저는 모르겠다고 했죠. "바로 그거예요. 저 아래가 문제가 아니에요." 그는 다리를 가리키며 이렇게 말하더니 다시 심장을 가리켰습니다. "이쪽이 문제죠." 제 무릎은 아직 멀쩡하다는 사실을 안 그는 아주 나쁘지는 않다고 말하며 이렇게 덧붙였습니다. "그냥 감기 정도예요. 다 이겨낼 겁니다."

부정적인 롤모델

보통 '롤모델'이라고 하면 존경하고 본받을 만한 긍정적인 본보기를 떠올린다. 하지만 결코 받아들이고 싶지 않은 성격 때문에 눈에 띄는 롤모델도 있다. 바로 '부정적인 롤모델'이다.

예일대학교 의과대학 정신과 임상 교수이자 미국 보훈부 정신재활 분야의 국가적 리더 로리 하크니스Laurie Harkness 박사는 50대 초반에 백혈병 진단을 받았다. 그는 치료받는 동안 다른 암 환자를 많이 만났다. 어떤 환자는 절대 나을 수 없다고 체념한 채 '포기'한 듯 보였다. 로리는 그때 절대 저 사람처럼 되지 말아야지, 하고 생각했던 일을 똑똑히 기억한다. 용기를 잃을 때마다 그는 이 부정적인 롤모델을 기억하고, 그 기억을 동기 삼아 질병과 맞서며 긍정적인 관점을 지니려 노력했다. 그는 정확히 그렇게 했다. 치료받을 때마다 몇 주 동안 몸이 약해지고 속이 울렁거렸지만 로리는 절대 포기하지 않았다. 오히려 더 힘을 냈다. 진단받은 다음에도 노숙자나 집을 잃을 위기에 처한 사람과 그 가족을 위한 직업 및 주거 기회 마련을 위해 끊임없이 노력하며 상당한 연방·민간 기금을 모았다.

직장에서도 부정적인 롤모델이 영향을 미친다는 증거가 아주 많다. 예를 들어, 한 연구에서는 몸이 아픈데도 출근하는 리더, 즉 '영혼 없는 출근presenteeism(실직이나 평판 등이 두려워 신체적·정신적 상태가 좋지 않은데도 굳이 출근하는 현상을 말한다 — 옮긴이)'을 하는 리더를 둔 직원은 리더를 따라 할 가능성이 높다는 사실을 발견했다.[3] 하지만 이것이 전부는 아니다. 영혼 없이 출근하는 직원은 병가를 더 많이 사용했다. 아픈데도 출근해야 하는 신체적·정서적 부담 때문일 수 있다. 아플 때 출근하도록 만든 동기가 리더나 회사에 대한 충성심인지, 부정적인 결과에 대한 두려움인지는 이 연구에서 명확히 드러나지 않았다.

임상 연구에서 종종 어린 시절 부모 한쪽 또는 모두에게 학대받은 사람을 만나게 되는데, 이들은 대개 자신을 학대한 부모와는 다른 삶을 살겠다고 굳게 결심한다. 부정적인 행동을 모방하기보다 새롭고 더욱 긍정적인 행동을 배우려 열심히 노력한다. 하크니스 박사가 부정적인 롤모델을 사용했듯, 이들은 자신을 학대한 사람을 표본으로 삼아 그런 행동을 삼가고 그런 사람이 되지 말아야 한다고 결심한다. 이것이 관계를 발전시키고 자기 가족을 만드는 과정에서 수행해야 하는 임무가 된다.

누구나, 특히 어린이는 회복력 롤모델이 필요하다

많은 연구에 따르면, 부모나 다른 성인 멘토는 청소년에게 트라우마를 다루고 역경을 극복할 힘을 기르도록 도움을 줄 수 있다. 부모들은 흔히 자녀나 청소년에게 강력한 롤모델이 되어주려면 어떻게 해야 하는지 묻는다. 한 가지 대답은, 이 책에서 설명하는 회복력 행동을 실천하고, 자녀에게도 그런 행동을 할 기회를 되도록 많이 주는 것이다. 회복력 높고 잘 적응하는 아이들은 보통 헌신적인 멘토와 회복력 있는 롤모델로부터 지원과 격려를 받는다. 그런 존재가 한 사람만 있어도 차이는 뚜렷하다.

멘토가 말과 행동을 통해 회복력을 함양하도록 도우면 이상적이다. 어떻게 하면 잘 살아갈 수 있는지 말로 가르치고 행동으로 보여주는 것이다. 좋은 멘토는 영감을 주고 동기를 부여하고 믿을 만한 지원을 쏟아부으며 자긍심을 키워준다. 어린이와 청소년은 이런 멘토를 모방하며 잘못된 것에서 옳은 것을 배우고, 어려운 상황에 어떻게 대처할지, 언제 어떻게 충동을 조절하고 만족감을 지연시키며 자신을 가다듬을지 배운다. 도덕적·윤리적 진실성과 용기도 배우고, 자기 행동과 삶에 책임감을 느끼기 시작한다. 롤모델은 신체건강에도 도움이 된다. 예를 들어, 신체적으로 활동적인 교사가 많으면 아이들의 활동성도 높아진다.[4]

연구에 따르면, 전담 멘토가 있는 청소년은 학교생활에 더 긍정적인 태도를 보이고, 성적과 출석률도 높으며, 더 성숙하고 우울증이나 불안이 적었다. 멘토가 없는 청소년에 비해 음주를 시작하거나 약물 오남용에 빠질 가능성도 낮았다. 특히 친척, 이웃, 교사, 코치 등 주변 사회에서 멘토를 만난 청소년은 더 그랬다. 이런 멘토가 아이들 주변 사회관계망의 바깥에서 온 자원봉사자보다 더 효과적이었다. 특히 조부모나 삼촌, 이모처럼 부모 이외의 친척으로 아이의 이야기와 성격, 가족, 문화사를 알고 이해하는 사람일수록 더 효과적이었다.

아이들 주변 사회관계망의 바깥에서 온 자원봉사자 멘토는 시간과 에너지를 투자하는 데 한계가 있고, 가족 및 문화적인 문제를 피상적으로만 이해하기 때문에 효과가 떨어진다. 하지만 자원봉사자 멘토가 도움이 되지 않는다는 뜻은 아니다. 예를 들어, 멘토링 프로그램 '빅 브러더스 빅 시스터스Big Brothers Big Sisters, BBBS'는 수년 동안 큰 성공을 거뒀다. 캐나다 BBBS 프로그램을 다룬 한 연구에 따르면, 멘토가 전폭적인 지원을 쏟을수록 아이들의 자기 효능감, 학교에 대한 긍정적인 태도, 대처 능력이 점차 좋아진다고 예상할 수 있다.[5]

물론 롤모델을 설정하는 일은 성인기나 노년기에도 계속되어야 하는 중요한 학습 형태다. 다른 사람에게 배우는 데 늦은 때란 결코 없다.

롤모델의 작동 방식

모방은 인간의 행동을 형성하는 강력한 학습 형태다. 우리는 미처 인식하지 못하면서도 살면서 주변 사람의 태도, 가치관, 기술, 사고 및 행동 패턴을 모방하며 배운다. 우리는 롤모델로부터 어떻게 배울까?

롤모델로부터 배우는 일은 부분적으로 관찰학습이다. 누군가 가르쳐줘서 배우는 것이 아니라 그저 다른 사람의 행동을 보고 배우는 것이다. 불교 속담에 "아이는 엄마의 얼굴보다 등을 보고 더 많이 배운다"는 말이 있다. 어머니는 아이를 가르치려 애쓰지 않고 그저 아이가 볼 수 있는 곳에 있어주는 것만으로도 종일 관찰학습 기회를 제공하는 셈이다.

어른이 되어서도 다른 사람을 관찰하는 일은 유용하다. 예를 들어, 낯선 나라에 처음 갔다면 식당에서 자리를 찾거나 택시를 부르거나 서로 인사하는 방식에서 나타나는 미묘한 문화 차이에 익숙하지 않을 것이다. 그럴 때 현지인에게 어떻게 행동해야 하

는지 물어보는 대신 그저 "로마에 가면 로마법을 따르라"는 속담
대로 현지인을 따라 행동하면 도움이 된다. 이때 우리는 관찰을
통해 배운다. 의학에도 비슷한 말이 있다. "다른 사람을 보고, 그
대로 행하고, 가르치라."

20세기 심리학자로 큰 영향을 미친 앨버트 밴듀라Albert Bandura
는 롤모델을 통한 학습에 단순한 모방 이상이 있다고 생각했다.[6]
롤모델로부터 미래 행동을 이끌어주는 행동 규칙을 배울 수 있
다는 것이다. 예를 들어, 여행자는 각 문화권에서 사람들이 악수
하거나 키스하거나 고개를 끄덕이거나 허리를 굽히는 등의 방식
으로 인사하는 모습을 보고 그 규칙을 흡수한 다음 적용한다. 점
차 시행착오를 거치며 규칙을 받아들이고, 이런 관찰에 자기만
의 색을 더해 개성을 드러낸다.

멘토가 되면 목적의식이 생길 수 있다

우리는 삶에서 롤모델을 발견하고 롤모델로부터 혜택을 얻기도
하지만, 스스로 다른 사람에게 롤모델이 되려고 노력할 수도 있다. 리
사 새틀린Lisa Satlin 박사는 다른 사람의 롤모델이 되는 일이 일상에
의미를 더한다고 말한다.

"제가 가장 좋아하는 것은 멘토링입니다. 애초에 소아청소년과 회

장직을 수락한 이유기도 하죠. 저는 젊은이들을 격려하고 그들이 자신의 힘을 발견하도록 돕는다는 생각이 좋았습니다. 어떻게 하면 젊은이들 스스로 힘을 길러 더욱 만족스러운 삶을 누리도록 도울 수 있을까? 이것이 제 목표입니다. 어떤 식으로든 할 수 있는 한 차세대 소아청소년과 임상 연구자를 이끌어주려는 것이죠. 제가 운 좋게도 멘토링할 수 있었던 젊은이들은 어떤 의미에서 제 확장된 가족이라고 볼 수 있습니다. 저는 그들을 돌보는 일을 좋아합니다. 승진이나 보조금 신청을 위해 추천서를 써주거나 진로 결정을 돕는 일도요. 제가 진심으로 걱정하는 각국 사람들과 연결되어 있다니, 정말 멋진 일 아닌가요! 아주 대단한 일이죠. 전 정말 운이 좋은 편입니다."

학생들은 새틀린 박사를 통해 무엇을 배웠을까? 그들은 소아청소년과의 과학과 기술은 물론 어린이와 그 가족을 돌보는 방법, 혁신적인 의학 연구를 설계하고 수행하는 방법을 배웠다. 새틀린 박사가 살면서 고난을 헤쳐나가는 태도를 지켜보고, '나는 잘 해낼 수 있어!'라는 태도를 받아들이며, 이 책에서 설명하는 여러 회복력 요소도 배웠다.

롤모델을 통한 학습의 신경과학

타인을 모방하는 능력은 행동, 기술, 버릇, 사회적 유대, 공감,

도덕성, 문화적 전통, 언어를 습득하는 데 필수적인 역할을 한다. 많은 발달심리학자가 아기가 다른 사람의 표정을 모방하는 능력을 타고난다고 주장하지만, 모든 연구 결과가 그 주장을 뒷받침하는 것은 아니다.[7] 타고난 것이든 점차 배우는 기술이든 모방은 발달에 필수적이다.

신경과학이 발전하면서 모방의 바탕이 되는 뇌 메커니즘이 밝혀졌다. 1990년대 중반 이탈리아 파르마대학교 연구진은 원숭이를 연구해, 움직임을 제어하는 뇌 영역에서 '거울 뉴런mirror neuron'을 발견했다. 그 후 인간을 대상으로 움직임, 지각, 감정, 언어 처리에 관여하는 더욱 광범위한 뉴런 네트워크가 확인되었다. 연구자들은 다른 사람의 행동을 관찰하는 관찰자의 뇌에서도 상대방의 뇌에서 활성화되는 영역과 동일한 영역이 여럿 활성화된다는 사실을 밝혀냈다. 즉, 누군가가 원반을 잡는 행동을 보기만 해도 내가 원반을 잡을 때 켜지는 바로 그 뇌 영역이 켜진다는 것이다. 우리가 다른 사람의 움직임과 행동을 이해하고, 어떤 의미에서 대리 경험할 수 있는 이유는 비슷한 움직임과 행동에 상응하는 뉴런 구조를 갖추고 있기 때문이다.

게다가 거울 뉴런은 움직임과 행동을 모방하는 것 외에도 다른 사람의 감정을 이해하고 공감하는 것을 돕는다는 증거도 있다. 신경과학자 마르코 이아코보니Marco Iacoboni는 《미러링 피플Mirroring People》에서, 다른 사람의 표정을 관찰할 때 자신의 얼굴 근육에서 비슷한 거울 뉴런이 어떻게 활성화되는지 설명했다.[8] 이 피질 거울 뉴런은 뇌의 감정 중추로 신호를 보내 상대방에게서 보이는 감정을 스스로 경험하게 한다.

거울 뉴런의 본질과 역할에 관한 연구가 이어지고 있다. 거울 뉴런은 처음 발견된 이래 수많은 뉴스의 주목을 받으며 과학적 관심을 불러일으켰다.[9] 거울 뉴런은 인간의 경험을 해독하는 '열쇠'를 제공하고 트라우마를 치유하는 데 필수적인 경로로 여겨졌다. 신중한 연구가 거듭되면서 거울 뉴런의 역할에 대한 초기의 과장된 이해는 다소 누그러졌다. 수년에 걸쳐 거울 뉴런이 운동, 언어, 정서적 과정에 중요한 역할을 한다는 사실이 확인되었다. 하지만 이쯤에서 독자 여러분도 뇌의 뉴런이나 회로 어느 한 가지가 회복력의 핵심은 아니라는 사실을 분명히 이해했으면 한다.

모방과 마찬가지로 협업도 롤모델을 통해 배우는 중요한 측면이다. 우리가 인터뷰한 많은 사람은 수년간 회복력 높은 멘토와 함께하는 기회를 누렸다. 최근에는 두 명 이상의 뇌를 동시에 촬영하는 혁신적인 기술을 통해 협업의 신경과학이 속속 밝혀지고 있다. 최근 연구자들은 세 명으로 구성된 그룹이 협업해서 그림을 그리는 게임을 하게 하고, 그동안 각자의 기능적 자기공명영상fMRI을 촬영했다.[10] 연구진은 적극적으로 협업해 그림을 그릴 때 타인의 생각과 감정을 이해하는 '마음 이론theory of mind'에 중요한 뇌 영역이 활성화된다는 사실을 발견했다. 이 뇌 영역 활성화가 동기화된 세 참가자는 협업을 더 잘했다. 이들은 서로 배우고 실시간으로 빠르게 적응하면서 효과적으로 '같은 생각을 공유'했다.

롤모델을 이용해 회복력 기르기

회복력 높은 사람의 행동을 롤모델로 삼으면 회복력을 기를 수 있다. 로드 넛슨Rod Knutson은 전쟁포로로 잡혀 있는 동안 아버지의 도덕적 강인함과 규율을 본받아 고문을 견디며 자신의 온전함을 지켜냈다. 루 마이어는 청년 시절 자신의 정체성을 발견하려 애쓰며 허먼 쇼버 소방대장의 리더십을 보았다. 스티브 롱은 북베트남 수용소에서 49개월간 고초를 겪으며 동료들로부터 영감을 얻고 그들이 적에 저항하는 방식을 관찰했다. 제리 화이트는 지뢰 사고로 다리를 잃었지만 이스라엘 민간인의 간단명료한 접근법을 따라 자신의 고난을 '극복'했다.

· 눈에 보이는 사물을 통해 회복력 롤모델 떠올리기
때로 회복력 롤모델을 떠올리게 하는 물리적인 사물이 도움이 되기도 한다. 당장 주변에도 그런 것들이 있을 것이다. 사진이나 군대에서 받은 훈장 또는 기념품, 대대로 내려오는 가구 등. 리사 새틀린 박사는 어머니와 조부모를 떠올리게 하는 사물을 주변에 둔다.

"제 침실에는 어머니가 가장 좋아하셨던 그림이 몇 점 걸려 있습니다. 정말 아름다운 그림이죠. 아침에 일어나면 이 그림들이 보입니다. 그다음 커피를 내리러 부엌에 가면 어머니의 그림 몇 점이 더 있습니다. (…) 저는 그 그림을 볼 때마다 어머니와 할머니가 그림 그리는 모습을 상상해요. (…) 어머니와 할머니는 이 그림에 당신의 느낌과 감정 등 모든 것을 담았습니다."

새틀린 박사의 거실에 들어선 방문객의 눈에 가장 먼저 들어오는 것은 거대한 골동품 항아리다. 전통적으로 물을 끓이는 데 사용했던 화려한 금속 항아리다. 항아리는 방의 다른 가구들과 어울리지 않는다. 그는 이렇게 설명한다. "전혀 '제 취향'은 아니지만 제 삶의 일부이기 때문에 집에서 가장 잘 보이는 곳에 두었어요. 그 위에 온갖 것을 걸어두고 매일 아침 보죠." 그의 조부모는 어린 리사와 여동생을 데리고 당시 소련으로 여행을 떠났다. 그곳에서 부피가 큰 이 골동품을 들고 오느라 돌아오는 비행기에서 추가 좌석까지 구입해야 했다. 새틀린 박사는 이 물건을 보고 가족 롤모델을 떠올린다.

"어머니와 할머니가 살아 계신 것은 아니지만 항상 저와 함께 계신

다고 느낍니다. 그분들을 생각하지 않고 지나가는 날은 단 하루도 없어요. 그분들은 제 삶의 일부로 얽혀 있습니다. 사람들은 묘지에 뵈러 가지 않느냐고 묻지만 제겐 말도 안 되는 일이죠. 물리적으로 거기 무엇이 남아 있나요? 훨씬 많은 것이 여기 있는걸요. 두 분은 제 일부입니다."

토머스 존슨 목사는 어렸을 적 어머니의 월급명세서를 보관하고 있다. 그는 이 명세서를 볼 때마다 어린 시절 어머니의 노고와 끈기를 떠올린다. 그의 어머니는 1970년대 초 주당 겨우 58.38달러로 가족을 부양하셨다.

이 장의 앞부분에서 살펴보았듯, 롤모델로부터 혜택을 얻는 또 다른 방법은 회복력 높은 친구에게 배우는 것이다. 그런 친구는 스트레스가 심할 때 다른 사람에게 도움을 청하고, 잘 먹고 잘 자고 열심히 운동할 것이다. 이런 모습을 보는 것만으로도 좋은 출발점이 된다. 친구가 어떻게 그렇게 하는지 잘 모르겠다면 직접 물어보고 배울 수 있는 점을 찾아보자.

롤모델로부터 배우는 단계

연구자들은 수년 동안 어떻게 하면 롤모델을 통해 가장 잘 배울 수 있을지에 대해 많은 것을 알게 되었다. 다음은 몇 가지 유용한 단계다.

- 다양한 상황에서 최대한 여러 번 기술을 관찰하자.
- 기술을 작은 단계로 나누고 한 번에 한 단계에 집중하자. 복잡한 기술을 단번에 익히려고 하면 너무 많은 정보에 휩쓸려 오류를 범하고 그 기술을 익히는 데 큰 어려움을 겪을 수 있다. 인내심을 갖고 온전히 집중하자.
- 연습하자. 관찰과 다음 관찰 사이에 연습하면 도움이 된다. 자신이 특정 방식으로 생각하고 행동한다고 상상하거나(정신적 리허설), 실제로 그런 식으로 생각하고 행동하도록 밀어붙여보자. 궁극적으로는 실제로 실천해야겠지만 이런 연습도 도움이 된다.
- 자신의 행동에 대해 피드백을 받자. 가능하면 전문가가 좋고, 훈련된 눈으로 당신이 모방하고자 하는 행동과 당신의 행동 사이 유사점과 차이점을 짚어줄 사람이어도 괜찮다. 그들이 그 과정에서 고칠 점을 지적하고 격려해줄 수 있다.

물론 많은 사람이 항상 과학적으로 다른 사람의 행동을 보고 배우며 혜택을 누리는 것은 아니다. 하지만 의식하지 않아도 롤모델을 통해 배울 수 있다.

결론

이 장에서 소개한 사례에서 보았듯, 대부분의 사람은 보통 둘 이상의 롤모델을 갖고 있다. 이해할 만하다. 삶의 모든 영역에서 모범을 보이기는, 아예 불가능하지는 않지만 흔치 않은 일이기 때문이다. 우리 모두에게는 장단점이 있다. 승려 틱낫한은 우리가 한 번도 만난 적 없는 조상이라도 우리보다 먼저 살아간 가족의 장점을 내면화하도록 애써야 한다고 제안한다. 예를 들어, 어머니가 우울하고 용감하다면 어머니의 용기를 본받을 수 있다. 아버지가 헌신적이고 엄격하다면 아버지의 헌신을 본받을 수 있다. 지뢰 사고에서 살아남은 제리 화이트는 이렇게 말했다. "회복력 높은 롤모델을 찾아 그들의 장점을 모방한 다음 최대한 스스로 발휘하라." 우리는 강인한 여러 롤모델의 장점을 모방하면서 자신만의 회복력을 엮어낼 수 있다.

8장

건강을 잃으면
다 잃는 것이다

몸 관리

정신건강과 신체건강 사이에는 부인할 수 없는 연관성이 있다. 질 좋은 수면과 식단, 운동은 스트레스의 영향에 취약해지지 않게 해준다. 우리가 인터뷰한 많은 사람은 규칙적으로 운동하는 습관이 있었다. 그들은 트라우마 상황에서는 물론 그 상황에서 벗어나는 데 신체의 건강이 어떻게 도움이 되었는지 말해주었다. 에베레스트산이나 K2 등반이 개인적인 목표였던 사람도 있고, 치명적인 부상을 입은 다음 말을 타거나 그저 동네 한 바퀴를 걸을 힘과 균형감을 키우는 것이 목표였던 사람도 있다. 이들은 운동을 통해 인내심, '실패'로부터의 회복, 소통과 협동, 자기 능력에 대한 확신을 얻었다.

군인 기초운동으로 살아남다

앞서 만난 한국전 참전용사 루 마이어는 1968년 베트남 설날 벌어진 구정 공세Tet Offensive 당시 남베트남 후에Hue에 주둔한 부대에서 민간인 소방관으로 근무하다 북베트남의 공격을 받았다. 3일간의 전투 끝에 루와 다른 대원 열두 명은 체포되어 5개월 동안 고된 정글 행군을 해야 했다. 루는 22개월 동안 한 평도 안 되는 어두운 감방에 수감되어 혼자 지냈다. 그는 1973년 3월 27일 석방될 때까지 5년이 넘도록 포로생활을 했다.

루는 감옥에서 힘들거나 기운이 없을 때도 가능한 한 운동을 했다. 감방 주위를 작은 원을 그리며 뛰거나 근력운동을 했고, 다섯 가지 기초운동five basic exercises, 5BX을 최대한 여러 번 반복했다. 이 운동은 육군 '데일리 더즌daily dozen' 또는 '존 F. 케네디 체력단련위원회President John F. Kennedy's Council on Physical Fitness'에서 권장하는 운동이라는 이유로 'JFK'라고 불린다. 널리 알려진 이 운동 루틴에는 윗몸일으키기, 팔굽혀펴기, 스쿼트점프, 팔벌려뛰기 같은 다양한 운동이 포함되어 있다. 감방이 너무 좁아서, 팔벌려뛰기를 할 때는 벽에 손톱으로 긁힌 자국이 남을 정도였다. 심지어 루는 족쇄를 차고도 운동을 계속했다.

아침이면 저는 다리 족쇄를 풀어달라고 부탁했습니다. JFK 운동을 하고 싶어서요. 하지만 놈들은 눈도 깜박하지 않더군요. 그래서 윗몸일으키기를 시작했습니다. 그러자 놈들은 저를 뒤로 밀치고 다리 족쇄를 풀어 감방 밖으로 내던져버리고는 다시 채우지 않더라고요. 족쇄를 차고 있으면 윗몸일으키기 하는 데 도움이 되니까요.

동료가 있는 더 큰 감방으로 옮긴 루는 강도를 높여 운동하고 다른 수감자들에게도 운동을 독려했다. 포로들은 처음에는 각 운동을 한 번씩 하다가 두 번, 세 번, 네 번으로 늘려갔다. 열정에 창의성도 곁들여졌다. 몸무게가 가장 덜 나가는 포로를 무게추 삼아 '역기 들기'를 하기도 했다. 반복은 성과가 있었다.

포로로 잡힌 지 1년 뒤 루는 짐 톰슨Jim Thompson이라는 새로운 감방 동료를 만났다. 5년 동안 남베트남과 라오스 산악지대의 수용소에 갇혀 굶주림과 잔인한 고문, 독방 생활을 겪은 특전사 출신이었다. 처음 만났을 때 짐의 몸무게는 45킬로그램도 되지 않았다. 동료 포로 마이크 오코너Mike O'Connor는 처음 그가 왔을 때 그 모습을 보고도 믿을 수 없었다.

> 그가 바로 제 옆에 서 있었어요. 전 이 남자가 죽었다고 생각했습니다. 잔인한 농담으로 시체를 문에 세워둔 것이라고 생각했죠. 그때 그 사람이 움직였습니다. 아우슈비츠에서 걸어나온 것 같았어요. (…) 대체 어떻게 일어나서 숨 쉬고 움직이는지 알 수 없었습니다. 몸은 만신창이였어요. (…) 말 그대로 골격이 다 드러나 무릎과 팔꿈치 뼈마디가 고스란히 보일 정도였습니다. (…) 갈비뼈 안에 들어 있는 내장이 드러날 정도였죠. (…) 일어서는 데 30분이 걸렸어요. (…) 이 특이한 남자 이야기를 하지 않을 수 없었죠.[1]

두 사람이 함께 있게 된 첫날 아침, 루는 늘 하던 대로 운동 루틴을 시작했다. 팔굽혀펴기를 하려고 하자 짐은 자기도 같이 하려 했지만 몸이 너무 약해 팔에서 힘이 빠져 얼굴이 콘크리트 바닥에 처박혔다. 팔굽혀펴기 한 번도 무리였다. 루는 짐이 건강을 회복하는 데 도움을 주기 위해 코칭을 시작했다. 처음에는 심호흡조차 버거웠던 짐이지만 점차 몸을 구부리고 스트레칭을 할 수 있게 되었다. 루는 매일 인내심을 갖고 동료를 지도했다. 짐은 6개월 만에 '데일리 더즌' 운동을 완수할 수 있었다. 하지만 그것은 시작에 불과했다.

짐의 건강이 점차 나아지자 두 사람은 탈출을 계획했다. 어떻게 준비하느냐가 성공의 관건이었다. 두 사람은 극한의 체력 소모에 대비해 계획을 세워 1년 넘게 훈련했다. 운동 루틴은 점점 강도를 더했다. 각자 매트리스를 몸 위에 쌓고 좁은 감방 주위를 여러 번 돌았다. 처음에는 고무 타이어로 만든 샌들을 신었고, 나중에는 맨발로 훈련해 굳은살이 생길 정도였다. 훈련이 절정에 이르렀을 때는 각자 24시간과 15시간씩 달리기도 했다. 루는 한 팔로 팔굽혀펴기를 64회나 할 수 있게 되었다.

동료 포로 로드 넛슨도 루 마이어처럼 격렬한 운동이 신체적·정신적 회복력을 길러준다고 믿었다.

저는 몸을 유지하려고 열심히 노력했습니다. 1969년 포로 일곱 명과 함께 감방 생활을 할 때는, 뭐라고 불렀는지 정확히 기억나지는 않지만, '아이언맨 대회'인지 뭔지를 했어요. 윗몸일으키기와 팔굽혀펴기를 정식으로 해야 했죠. 콜 블랙Cole Black이라는 사람이 팔굽혀펴기를 501회나 해서 우승했어요. 저는 윗몸일으키기를 1,615개 해서 우승했습니다. 그러고 나서 꼬리뼈 피부가 다 벗겨지고 종기가 생겨서 몸이 안 좋아지기는 했지만요.

저희 대부분은 운동 루틴을 계속했습니다. 운동을 할 수 없는 감방도 있어서 저마다 달랐지만요. 저는 바닥이 없는 감방에서 지냈어요. 팔레트 두 개가 깔린 게 전부였죠. 그래서 걷고 싶으면 팔레트 끝까지 두 발짝 걷고 뒤돌아서 다시 두 발짝 걸어 팔레트 반대편으로 돌아와야 했습니다. 하지만 윗몸일으키기나 팔굽혀펴기, 무릎깊이굽히기 같은 동작을 할 공간은 언제나 있었죠.

또 하나 있어요. 물구나무서서 걷기를 좋아하는 사람이 우리에게 물구나무서는 법을 알려주었습니다. 저는 물구나무서서 팔굽혀펴기를 하거나 물구나무서서 걷기를 자주 했어요. 미국 오클랜드의 한 병원으로 송환되었을 때 저는 아침마다 물구나무서서 걸어 병실에서 나와 커피포트 쪽으로 가서 한 잔 마시고 다시 돌아오는 장기를 보여주곤 했죠.

포로들이 감옥에서 한 격렬한 운동은 그저 취미나 시간때우기가 아니었다. 운동은 필수였다. 운동은 포로들의 일상에 체계와 목적을 부여하고 루틴을 주어 자신감을 향상시켰다. 신병훈련소와 고급 군사훈련을 거친 미군 포로들은 신체적 도전에 익숙했다. 그들은 열악한 환경에서도 건강을 유지하기 위해 노력하는 일이 가치 있다는 사실을 잘 알았다.

네이비실의 관점

스콧 무어는 전 네이비실 사령관이었다. 그의 아버지는 무공훈장을 받은 조종사로 베트남에서 전사했고, 큰할아버지 역시 공군 조종사로 제2차 세계대전 중 태평양에서 전사해 그의 이름을 딴 공군 기지를 남겼다. 사람들은 스콧이 군복무를 당연한 길로 여기리라 생각했다. 하지만 스콧은 보이스카우트 활동을 하고 콜로라도의 조잡한 조립식 주택에서 지내며 방황한 끝에 그 길에 이르렀다.

결국 그는 미국 공군사관학교에 진학했고, 이후 해군으로 방향을 틀어 네이비실 훈련을 시작해 경력을 이어갔다. 스콧은 인생의 모든 전환점 가운데 '아웃워드 바운드'가 자신에게 가장 큰 영향을 미쳤다고 말했다.

"암벽등반 학교인 줄 알고 가고 싶었어요. 그런데 암벽등반 학교가 아니더군요. 인생에 훨씬 큰 영향을 주는 야외 리더십 학교였어요. 한 달이 지나자, 뭐랄까… 자긍심을 한껏 들이마신 것 같았죠. 3주 동안 매일 배낭을 메고 하이킹하고 콜로라도 로키산맥의 별빛 아래에서 야영했습니다. 마지막 일정은 사흘 동안 아무도 없는 숲속에서 혼자 지내는 '솔로'입니다. '로키산맥의 스위스'라 불리는 샌환산맥 계곡을 함께 걸어올라가다가 지도자가 한 명씩 거리를 두고 떨궈주죠. 서로를 볼 수 없게 되는 겁니다. 사흘이 주어집니다. 침낭, 요오드 정제를 탄 물병, 비옷, 손전등, 주머니칼, 일기장도 있고요. 음식은 없습니다. (…) 밤에는 늑대인지 코요테인지 알 수 없는 동물들이 울부짖는 소리가 더 가까워집니다. 사흘 밤 내내요. 지도자들은 그 시간이 인생에서 다른 사람 없이 혼자 남겨지는 유일한 시간이라고 말합니다. 딱 사흘 동안 그렇게 할 수 있죠. 놀라울 만큼 자신감을 키울 수 있는 시간입니다."

스콧은 신체적·정신적으로 힘들었던 이 경험을 통해 두려움에 맞서고 불확실성을 받아들이는 법을 배웠다. 이 모든 것이 이후 군생활에 큰 보탬이 되었다.

아웃워드 바운드는 1962년 설립되었다. 《리더십을 기르는 아웃워드 바운드 방식Leadership the Outward Bound Way》이라는 책에 이 조직의 목적이 다음과 같이 적혀 있다.

'아웃워드 바운드'라는 말은 배가 안전한 항구를 떠나 미지의 도전과 위험, 보상을 향해 망망대해로 나아가는 순간을 말한다. (…) 아웃워드 바운드 참가자는 낯선 사람들과 낯선 환경에서 어려운 임무를 수행하는 동안 자신도 몰랐던 힘을 끌어내는 방법을 익히며 '나는 내 생각보다 더 강하다'는 사실을 배우게 된다.[2]

체력이 회복력을 높인다

제이크 러빈은 어릴 때부터 팀 스포츠를 했다. 운동선수 활동은 그의 정체성에 중요한 부분이자 기쁨의 원천이었고 평생의 친구를 만들어주었다. 하지만 이렇게 서로 부딪치는 스포츠에는 위험이 따랐다. 제이크는 고등학교 저학년 시절부터 의대에 다닐 때까지 10년 동안 여덟 번이나 뇌진탕을 겪었다. 그렇게 자주 다치면서 결국 심각한 증상이 일어났다. 2022년 아이컨 의과대학 졸업 연설에서 제이크는 자신의 이야기를 들려주었다.

인생은 우리 각자에게 예상치 못한 장애물을 던집니다. 의과대학 첫 2년 동안 저는 운동을 하다 여러 번 부상을 입어 뇌진탕을 겪은 후유증으로 상당히 쇠약해져 있었습니다. 컴퓨터 화면을 보기만 해도 머리가 아팠죠. 때로 식탁 위에 수저를 놓는 소리만 들어도 견디기 힘들 정도였습니다. 저는 기력이 다 빠진 채 뇌진탕 후유증이라는 현실과 싸우는 동안 학업적·신체적·정신적으로 간신히 버티며 다른 선택의 여지는 없는 듯 '그저 밀어붙이고' 있었습니다. 하지만 이런 방식은 계속할 수도 없고 건강하지도 않았죠. 결국 저는 잠시 멈춰 치유와 회복을 위한 방법을 찾아야 한다는 사실을 깨달았습니다.

절실히 회복을 바라며 뭐든 시도해보고 싶었던 저는 뇌진탕 후유증에 시달리는 선수를 여럿 치료해온 미시간의 한 스포츠신경과 클리닉을 찾았습니다. 클리닉에서는 뇌진탕에서 회복하기 위해 고강도 비접촉 운동으로 돌아가는 것이 가장 중요하다고 강조했습니다.

치료를 시작한 주 초반에는 머리가 너무 아파서 간호사에게 검사실의 불을 꺼달라고 요청했습니다. 트레드밀을 뛰기만 해도 머리가 빙빙 돌았죠. 하지만 그 주가 끝날 때쯤 의사와 트레이너는 저에게 움직이는 서핑보드 위에서 탁구공을 쳐내며 탁구대 건너편 스크린에 프로젝터로 띄운 하키 하이라이트 영상에 대해 말해보라고 했습니다. 두통을 겪지 않고 모두 할 수 있게 되었죠.

미시간을 떠날 무렵 저는 제가 할 수 있는 운동 요법, 제게 맞는 두통약, 많은 희망과 결단력을 갖게 되었습니다. 다음 한 해 수업을 무사히 마친 저는 마운트시나이를 떠나 일본으로 가서 저에게 꼭 맞는 회복력과 외상 후 성장에 대해 특별한 국제 건강 수업을 받을 기회를 얻었습니다.

제이크는 일본에서 2011년 지진과 쓰나미, 원전 폭발이라는 '3대 재난'으로 2만 명이 사망하고 30만 명의 이재민이 발생한 동일본대지진에 후쿠시마 의대생들이 어떻게 대처했는지 연구했다.[3,4] 하지만 제이크는 그곳에서 다시 한번 생명을 위협하는 상황에 직면했다.

일본에 머무는 동안 저는 불행하게도 심근염에 걸렸습니다. 건강한 젊은이에게는 매우 드문 병이죠. 원인은 알 수 없었지만, 72시간이 지나자 심장이 점점 느려지고 몸이 완전히 굳기 시작했습니다. 다행히 일본에서 훌륭한 치료를 받았고, 후쿠시마에서 일주일간 중환자실에 입원했다 나온 뒤에는 심장이 완전히 회복되리라는 낙관적인 전망을 품었습니다. 하지만 심장이 휴식을 취하려면 몇 달은 운동을 중단해야 한다는 통보를 받았죠. 운동을 멈추자 두통이 다시 찾아왔습니다.

제이크는 분명 강인한 사람이다. 그러나 그는 이런 경험을 통해 '회복력'에 대한 자신의 생각에 의문을 품었다.

> 때로 '그저 밀어붙이기'와 '버티기'가 가장 현명하고 안전한 방법이 아닐 수도 있습니다. 이제 저는 몸에 귀 기울이고 속도를 늦춰 도움을 요청하는 것이 중요하다는 사실을 알게 되었습니다. (…) 효과 없는 일을 계속 시도하는 것이 반드시 회복력은 아닙니다. 잠시 멈춰 다른 방법을 시도한다고 그만두는 것은 아니죠. (…) 회복력이란 겸손해지고, 자신이 온 길을 돌아보고 새로운 일을 시도해도 좋다는 확신을 품는 것이기도 합니다. 새로운 시각으로 바라볼 렌즈를 찾는 것이죠.

제이크는 현재 마운트시나이 병원에서 물리치료 및 재활의학 레지던트 과정을 시작했다. 그는 앞으로 스포츠 관련 부상을 겪고 건강 문제로 삶이 달라진 사람들의 회복과 적응을 돕고자 한다.

운동은 신체적·정신적 건강을 개선한다

'미국인을 위한 신체활동 가이드라인'The Physical Activity Guidelines

for Americans'에는 운동을 통해 다양한 암, 우울증, 불안, 뇌졸중, 제2형 당뇨병, 고혈압, 고농도의 '나쁜 콜레스테롤' 등 여러 위험한 건강 상태를 어떻게 개선할 수 있는지 제시되어 있다.[5] 실제로 운동 루틴이 장기적으로 신체건강을 증진한다는 분명한 증거도 있다. 영국에서 약 8만 명의 성인을 대상으로 14년 동안 추적관찰한 연구 결과, 모든 근력운동은 암을 포함한 모든 원인으로 사망할 가능성을 감소시켰다. 근력운동은 주당 최소 2회, 한 번에 최소 15분 동안 헬스장에 가거나, 헬스 자전거를 타거나, 윗몸일으키기 또는 팔굽혀펴기를 하거나, 역기 들기를 하는 것으로 정의된다. 권고에 따라 호흡과 심박수를 높여가며 달리기나 수영을 하는 등 유산소운동을 매주 한 참가자는 모든 원인과 심박 관련 증상으로 사망할 위험이 낮았다.[6] 유산소운동에 대한 구체적인 권장 사항은 나중에 자세히 설명하겠지만, 대부분의 사람이 근력운동하는 습관을 들이면 주당 최소 2회, 한 번에 최소 15분이라는 목표를 달성하고도 남을 것이다.

여러 연구에 따르면, 운동은 우울증과 불안을 포함한 전반적인 정신건강 문제에 맞서는 회복력 향상과 큰 관련이 있다.

- 스웨덴 성인 35,000명 이상을 대상으로 한 연구에서, 일주일에 1~2회 이상 운동한다고 답한 사람은 심각한 우울증과 불안 증상을 겪을 가능성이 작았다.[7]

- 노르웨이 성인 22,000명을 11년에 걸쳐 추적조사한 결과, 연구 시작 당시 매주 1시간 이상 운동한다고 답한 사람은 나중에도 우울증에 걸릴 위험이 낮았다. [8]
- 스웨덴 성인 약 40만 명을 대상으로 한 연구에서, 30~90킬로미터 스키를 탄 사람은 스키를 타지 않는 사람보다 불안장애 발생 위험이 낮았다. [9]

이런 결과는 매주 여러 날에 걸쳐 조금씩이라도 운동하며 '큰' 목표를 향해 나아가는 것이 정신건강을 지키는 데 큰 도움이 될 수 있다는 사실을 보여준다.

수영으로 회복력을 키운 데버라

태어날 때부터 척추이분증이 있던 데버라 그룬은 여섯 살 때 언니 미셸이 수영하는 모습을 보고 재미있어 보여 수영팀에 들어갔다.

"코치는 저를 다른 아이들과 다르게 대하지 않았어요. 저는 다른 아이들만큼 발차기를 잘하지 못했고 또래 중에서도 속도가 느렸죠. 하지만 가끔 수영대회에 나가면 비장애인 아이들을 이겼습니다. 수영을 한 번도 해본 적이 없는 사람이라면 제가 단번에 이길 수 있을 정도였죠. 비교도 안 될 정도였어요. 물속에 있으면 언제나 정말 편안했습니다. 걷는 데 장애가 있었지만 물속에서는 조금이나마 평등

해졌어요. 물속에서는 다른 사람을 따라잡을 수 있었죠. 그 점이 정말 마음에 들었습니다. 게다가 수영에는 보조 장치도 사용할 필요가 없었어요. 스스로 할 수 있었죠. (…) 턴을 완전히 익힌 다음에는 수영용 킥보드를 이용했고, 그다음 수영장을 가로질러 헤엄쳤습니다. 경기 중에 다른 아이들을 따라잡을 수도 있었고요."

미국 패럴림픽 대표팀의 일원인 데버라는 일주일에 여덟 번씩 연습하며 평균 40킬로미터를 수영했다. 그는 처음에 자신의 기대나 다른 사람들의 예상 이상으로 훨씬 스스로를 밀어붙여 힘이 넘치는 내면의 샘을 발견했다. 이 샘은 삶의 다른 영역으로도 이어졌다. 수영은 코치와 팀원을 포함해 다른 사람의 지원을 받을 때 얻는 강화 효과를 깨닫는 데도 도움이 되었다.

"우리는 모두 한배를 타고 있었습니다. 1월이면 바깥 기온은 영하로 떨어지고 수영장도 어둡고 추웠어요. 코치도 거기 별로 있고 싶어 하지 않을 정도였고, 저도 '이거 너무 별로인데'라고 생각했죠. 하지만 우리가 함께 있고 두 시간이나 남았는데 이대로 집에 갈 수는 없다는 사실을 깨달았어요. 그래서 그냥 물에 들어가서 해버리자고 생각했습니다. 다른 사람의 지원을 받으면 정말 큰 도움이 됩니다. 혼자 해야 한다면 정말 힘들죠."

마침내 그도 다른 사람들처럼 수영이 스트레스를 줄여준다고 느끼게 되었다. 처음 우리가 인터뷰할 당시 고등학생이었던 그는 이렇게 말했다.

"저는 장애가 있다고 걱정하지 않습니다. 기말 숙제 마감에 늦지는 않을지, 숙제를 제대로 했을지 걱정하죠. 전 수영하며 걱정을 날려버려요. 수영은 정말 좋습니다. 정신이 진짜 맑아져요. 그래서 저는 스포츠를 좋아합니다. 모두가 경주하는 법을 배워야 한다고 생각해요. 스트레스를 제대로 날려버릴 수 있거든요."

신체 회복력에는 회복이 필요하다

로즈 롱Rose Long은 사이클 경주가 일상생활에서 회복력을 얻는 데 도움이 된다고 믿었다.

지구력 훈련은 박사학위를 취득하고 연구 경력을 쌓는 데 필요한 체력과 인내력을 얻는 데 필수적입니다. (…) 훈련하며 체계적으로 힘과 지구력을 키운 덕분에 저는 이 일에 종사할 수 있는 체계를 갖추게 되었습니다. 보조금은 하루아침에 나오지 않고 논문도

하룻밤에 써지지 않죠. 연구는 신중하게 체계적으로 수년간 계속
해야 합니다.

하지만 롱 박사는 회복의 중요성도 잘 안다. 그는 이렇게 말한
다. "너무 열심히 훈련하면 병적인 스트레스 상태에 빠질 수 있
습니다. (…) 신체 회복은 정말 중요하죠." 운동생리학자들은 롱
박사의 주장을 강력하게 뒷받침한다. 운동만으로 근력, 민첩성,
조정력을 키울 수 없다는 것이다. 운동과 휴식을 번갈아가며 해
야 한다. 각각의 운동 또는 길게 보면 주간 운동 루틴 역시 그렇
다. 어떤 날에는 다른 날보다 몸에 더 많은 부하를 주게 된다. 회
복할 기회가 없으면 몸이 나가떨어져버린다.

영양 및 식단 전문가 대부분은 다양한 과일, 채소, 통곡물로
구성된 식단을 권장한다. 식단 지침에서는 살코기, 콩류, 저지방
유제품을 적당히 섭취하고 지방과 당분은 줄이라고 권한다. 미
국 농무부의 1일 권장 열량은 성인 여성의 경우 1,600~2,400칼
로리, 남성의 경우 2,000~3,000칼로리다. 하지만 신체활동이 많
을수록 체중을 유지하려면 열량이 더 많이 필요하다. 건강한 식
단에서는 음주를 제한하거나 아예 금한다. 흡연 및 다른 약물도
피해야 한다.

회복의 또 다른 구성 요소인 수면 역시 건강과 웰빙에 필수다.

대부분의 성인에게는 매일 밤 7~8시간의 수면이 적절하다. 수면의 이점은 그저 정신이 맑아지고 몸이 휴식을 취하는 것 이상이라는 사실이 점점 명확해지고 있다.

예상할 수 있듯, 수면과 정신건강의 관계는 양방향이다. 어떤 연구에서 2년간 추적관찰한 결과, 수면장애가 심한 청소년은 스트레스에 대한 회복력이 낮았고, 반대로 회복력이 낮으면 수면 문제가 발생할 것으로 예상되었다.[10] 예를 들어, 수면 문제는 우울증의 위험 요인이며, 우울증은 역으로 지속적인 수면의 질 저하와 연관이 있다. 연구에 따르면, 수면 개선은 스트레스, 불안, 걱정, 우울증이 줄어드는 것과 연관이 있다.[11] 수면이 부족하면 업무 성과도 나빠진다. 하루에 4~5시간 미만 자거나 이틀에 10~12시간 미만 자면 음주운전에 비할 만큼 사고 및 장애 위험이 커진다.[12]

정신없이 빠른 일정으로 돌아가는 사회에서 아직 건강하고 바쁜 사람이 충분한 수면을 취하기란 말처럼 쉽지 않다. 불면증, 수면 무호흡증, 기타 수면장애를 겪는 사람이 충분한 수면을 취하기란 훨씬 어렵다. 수면장애를 진단하고 치료하는 일은 이 책의 범위를 벗어나지만, 수면 '위생'을 다루는 유용한 자료가 많다. 여기서는 적절한 양의 수면이 회복, 신체적·정서적 건강, 회복력을 향상시킨다는 점을 강조하고 싶다.

1장에서 언급했듯, 부교감신경계는 교감신경계와 거의 정반대의 작용을 한다. 부교감신경계는 신체를 자극하기보다 스트레스 반응 체계를 진정시키고 느리게 한다. 그래서 역경과 도전에서 회복하고 다시 일어서는 능력에 중요한 역할을 한다. 부교감 신경계의 활성을 늘리는 가장 쉬운 방법은, 의식적으로 규칙적인 호흡을 하는 것이다. 호흡법은 수천 년 동안 명상과 영적 수행의 기본 요소였다.

고故 브루스 매큐언Bruce McEwen 록펠러대학교 교수와 스탠퍼드대학교의 연구자 로버트 새폴스키Robert Sapolsky가 실시한 연구는 회복력과 회복이 밀접하게 연관되어 있다는 사실을 강력하게 뒷받침한다. 스트레스 반응 조절에 문제가 생기면 몸과 뇌가 손상된다. 예를 들어, 만성 스트레스를 제대로 조절하지 못하면 편도체, 해마, 전전두엽피질의 뉴런이 손상된다. 이에 따른 변화에는 불안, 기억력장애, 알코올 및 약물에 대한 민감성 증가, 정신적 유연성 감소, 우울한 기분도 포함된다.[13]

운동, 회복력, 뇌

신체건강이 사고력과 기억력 등의 뇌 기능과 인지력을 향상시킨다는 과학적 증거가 많다. 최근 한 연구에서는 스마트폰과 활동 추적기를 이용해 신체활동이 어떻게 인지력을 향상시키는지 조사했다. 연구진은 건강 상태가 다양한 성인 90명에게 평소

활동량을 유지하면서 2주간 하루에 두 번씩 휴대전화로 인지력 검사를 하도록 했다. 매일 신체활동이 많은 사람일수록 빠르게 주의를 돌리고 유연하게 반응하는 능력 등의 실행 기능이 좋았다.[14] 인지 기능 저하나 치매가 있는 노인이 운동하면 특히 정보를 능동적으로 잠깐 마음에 저장하는 능력인 작업 기억의 변화가 늦춰진다.[15]

우리 대부분은 나이가 들어도 맑은 정신을 유지하고 노화에 따른 기억력 감퇴 및 치매 발병 위험을 줄이기 위해 할 수 있는 한 모든 노력을 기울이려고 한다. 하지만 사실 기억력과 관련된 핵심 뇌 영역인 해마는 건강한 노인에게서도 매년 평균 1~2퍼센트씩 줄어든다. 이런 현상은 보통 50대 중반부터 시작된다. 여기에도 운동은 도움이 된다. 77세 이상의 노인에게 1년 동안 (12주간 일주일에 두 번 실시한 다음 일주일에 한 번) 그룹 운동 프로그램을 실시한 결과, 몇 차례 건강 집중 교육을 받은 대조군과 비교했을 때 왼쪽 해마의 부피가 줄어들지 않은 것으로 나타났다.[16] 후속 연구가 더 필요한 것은 분명하지만, 이 연구는 운동이 뇌 부피 손실을 예방하거나 늦출 수 있다는 사실을 보여준다.

몇 가지 다른 신경생물학적 메커니즘을 통해 운동이 제공하는 항우울, 항불안, 인지 강화 효과를 설명할 수 있다. 먼저 운동은 기분을 개선하는 엔도르핀이나 우울증을 완화한다고 알려진 세로토닌 또는 도파민 같은 화학물질의 농도를 높인다.

규칙적인 운동은 만성 스트레스가 미치는 호르몬의 영향으로부터 몸을 보호하는 데 도움이 된다. 스트레스를 받으면 HPA 축에서 스트레스 호르몬인 코르티솔이 다량 분비되어 점차 해마의 뉴런을 망가뜨린다. 다행히 운동 훈련을 하면 이런 작용이 약화된다. HPA 축이 약화되면 코르티솔 생산이 줄고 뇌가 코르티솔에 적게 노출되므로 해마의 뉴런이 손상될 가능성이 줄어든다.

신체건강이 어린이의 뇌 기능과 인지 및 학습에 이점이 있다는 사실은 잘 알려져 있다. 한 연구에서는 몽골의 초등학교 4학년생 2,000여 명을 대상으로 무작위 대조시험을 실시했다. 여기서는 10주간 일주일에 두 번 3분씩 훈련하는 고강도 인터벌 트레이닝high-intensity interval training, HIIT과 일반적인 체육 교육을 비교했다. HIIT를 실시한 그룹은 전국 수학 및 언어 능력시험에서 표준 점수가 유의미하게 높았다.[17] 신체활동은 아이들이 학교나 집에서 가만히 앉아 집중하는 데 도움이 되므로 학업 성취도에도 긍정적인 영향을 미친다.

몸을 건강하게 만드는 습관 들이기

인류 역사 대부분 동안 인간은 깨어 있는 시간에 일상생활을 하며 육체적으로 필요한 일을 했다. 인간의 신체는 점차 진화해 채집가, 청소부, 도구 제작자, 사냥꾼, 장인의 일을 하게 되었다. 현대인은 수렵채집인 조상처럼 신체활동력을 발달시키며 비교적 짧게 폭발적으로 일어나는 신체적 스트레스에 재빨리 대응하는 능력을 키웠다. 하지만 지난 몇 세기 동안 산업혁명과 기술 발전으로 우리는 위험할 정도로 오래 앉아서 생활하는 습관을 들였다. 선진국에서는 육체노동을 하는 사람이 비교적 적고, 컴퓨터 화면만 몇 시간씩 들여다보며 앉아 있는 사람이 많다. 걷기보다 자동차를 운전하고 버스나 기차를 타는 경우가 더 많다.

어느 정도 규칙적으로 운동하는 사람도 많지만, 회복력을 키우려면 보통 '일상적인 유지관리'를 넘어 운동을 해야 한다. 회복력을 높이려면 더욱 '밀어붙여야' 한다는 의미다. 자신을 둘러싼 안전지대를 넘어서지 않으면 성장과 변화는 없다. 하지만 너무 세게 밀어붙이면 포기할 가능성도 있다.

특수작전부대 교관 클리프 웰치Cliff Welch는 이렇게 설명한다. "아시다시피 점차 단계를 밟아 조금씩 힘들게 운동하면 더 나아집니다. 더 강하고 튼튼해지죠. 이런 일은 기본 교육 첫날부터 시작되며 훈련받는 내내 절대 끝나지 않습니다."

물론 이 책을 읽는 독자 대부분이 세계적인 운동선수나 정예부대 군인이 되기를 바라지는 않을 것이다. 그러면 어느 정도 운동해야 회복력을 향상시키기에 충분할까? 어떤 운동이 신체건

강에 가장 좋을까? 정신건강에는 또 어떨까? 혼자 운동하는 것
이 좋을까, 다른 사람과 함께 하는 것이 좋을까? 적절한 운동 기
술을 가르쳐줄 트레이너와 함께 하는 것은 어떨까? 여러 종목을
함께 하는 크로스 트레이닝은 어떨까? 복잡한 질문이지만 이 책
에서 모두 다루지는 않을 것이다. 서점이나 도서관에 가면 건강
을 유지하는 데 도움이 될, 합리적이고 과학적으로 건전한 운동
프로그램을 설명하는 훌륭한 책이 많이 있다.

여기서 주의할 점이 있다. 우리가 말하는 권장 사항은 의학적
조언을 대신하지 못한다. 운동 프로그램을 시작하기 전에 항상
의사와 상의해 자신의 건강 상태를 파악하고, 혹시 모를 질병을
판단해 적합한 운동량이나 운동 유형에 제한 사항이 있는지 살
펴 자신에게 맞는 운동을 찾아야 한다.

다양한 유형과 강도의 운동에는 의학적·심리적 이점이 있다.
하지만 신체적·정서적 회복력을 높이려면 관리 가능하지만 어
느 정도 도전이 되는 운동 요법이 필요하다. 현재 미국 질병통제
예방센터Centers for Disease Control and Prevention에서는 보통 강도의
유산소운동(빨리 걷기 또는 잔디 깎기 등) 1시간 30분 또는 강도 높
은 유산소운동(조깅 또는 수영 등) 1시간 15분에 더해 근력 강화 운
동(역기 들기 등)을 일주일에 두 차례 하도록 권한다. 보통 이런 기
본 지침보다 더 운동하면 건강상의 이점을 훨씬 더 얻을 수 있다.

체력 단련을 위한 노력

체력 단련 루틴에는 다음과 같은 요소가 포함되어야 한다.

- 체력 단련 프로그램을 시행하기 전에 의사와 상의하자.
- 다양한 운동을 시도해보자. 크로스 트레이닝에는 이점이 많다.
- 운동 루틴을 실시할 때 명확한 목표를 세우자. 운동할 때마다 상세히 기록해 목표를 달성하고 있는지 확인하자.
- 친구, 동료, 트레이너와 함께 운동하며 사회적 지지를 얻자.
- 목표를 달성하면 자신에게 보상하자.
- 운동 강도를 점차 높이자. 운동할 때마다 편안한 강도로 계속 반복하면 일부 질병을 예방하는 데는 도움이 되지만, 편안한 범위를 벗어나 다치지 않을 정도로 운동하는 것만큼 신체 회복력을 높이는 데 도움이 되지는 않는다.
- 좌절에 정면으로 맞서자. 큰 목표를 세우면 때로 실패할 수도 있다. 퇴역한 해군 제독 스콧 무어는 실패를 통해 배우는 것이 그가 개인적·직업적으로 성장하는 데 중요한 요소였다고 말한다.

"저는 종종 '배짱 있게' 밀어붙이기를 적극 옹호합니다. 신체적으로 자신을 끝까지 밀어붙여보는 거죠. 저는 산에서 하루에 160킬로미터를 달리는 자전거 경주를 하거나 바다에서 장시간 수영을 해본 적이 있습니다. 이렇게 '생각지도 못한 일'을 해내는 것에는 매우 강력한 힘이 있습니다. 자아를 다시 살피고, 자신에 대해 많이 생각하지 않고 그저 완주하는 데만 집중할 수 있기 때문이죠. 머리가 아주 맑아집니다. 최고의 '나'를 발견할 수 있죠."

- 건강한 식습관을 실천하는 조치를 하자. 영양에 대한 전반적인 검토는 이 책의 범위를 벗어난다. 그리고 우리는 주민들이 더 건강한 식품을 구할 수 없거나 구매할 여력이 없는 소외된 지역인 '식품 사막'이 많다는 사실을 잘 안다. 당신이 어디에 살든 자신이 구할 수 있는 음식 선택지에 대해 스스로 알아보는 것이 좋은 출발점이 된다. 예를 들어, 연구에 따르면 단 음료가 건강에 미치는 영향에 대한 정보를 얻은 부모는 단 음료를 구매할 가능성이 작았다.[18]
- 수면을 중요하게 여기자. 수면을 개선하기 위해 잘 때 TV 시청을 삼가고, 노트북이나 휴대전화 사용을 줄이고, 침대에서 간식을 먹지 않는 등 '수면 환경'을 조절하는 것이 도움이 된다고 생각하는 사람이 많다. 수면장애가 있어 뜬눈으로 15~20분 뒤척인다면 침대에서 나와 다른 일을 하는 편이 도움이 될 수 있다.
- 제대로 운동했거나 개인 목표를 달성했을 때의 좋은 기분을 만끽하자. 보통 신체적 회복력이 향상될 때 따라오는 긍정적인 감정과 고양된 자긍심, 정신적 강인함에 온전히 집중하자.

- 신체적 건강이 자아감의 일부가 되는 시점을 목표로 삼자. 그러면 결국 건강은 한 번 더 생각할 필요가 없는 일상이 될 것이다.

결론

연구자들은 어떻게 하면 제대로 운동하고, 더 나아가 최소한의 시간과 에너지를 들여 최고의 혜택을 볼 수 있는지 살피면서 끊임없이 더 나은 답을 찾으려 고민한다. 우리 모두 알다시피, 신체적으로 건강하고 회복력 높은 사람이 되는 데 지름길은 없다. 계획 능력, 욕구, 추진력, 일관성, 인내, 불편을 감수하고 살려는 의지도 필요하다. 하지만 그렇게 하면 많은 혜택을 얻고 틀림없이 삶을 구원할 수도 있다.

9장

흔들리지 않고 삶의
중심을 잡는 법

마음 단련

어려운 상황에서는 정신을 바짝 차리고 호기심을 갖고 겸손하게 대처하는 것이 도움이 된다. 이런 태도를 지니면 문제에 집중하고, 현명하고 창의적인 결정을 내리고, 필요할 때 '올바른 길'을 찾고, 모르는 것이 있거나 도움이 필요할 때 이를 인정하고, 새로운 정보를 습득할 수 있다. 이런 기술은 정서적 건강은 물론 까다로운 감정에 휩쓸리지 않고 이를 제대로 관리하는 능력과도 밀접한 관련이 있다. 우리 경험상 회복력 높은 사람은 평생 배우는 자세로 정신적으로 더 건강해질 기회를 계속 탐색한다.

인간의 뇌가 지닌 능력은 실로 놀랍다. 몹시 산만한 세상에서는 세세한 것을 헤아리지 못하고 '순간에 온전히 집중'하지 못한 채 서두르며 사는 사람이 많다. 지금 이 순간에 의도적으로 온전히 주의를 기울이면 우리 주변 삶의 풍성한 세부를 알아차릴 수 있고, 질주하는 생각과 힘든 감정을 통제할 수 있다. 우리가 인터뷰한 많은 전쟁포로는 외부의 방해물이 거의 없는 독방에서 몇 달 혹은 몇 년을 지내며 뇌의 힘과 그 범위를 이해하는 법을 배웠다.

전쟁포로였던 폴 갤런티Paul Galanti는 이렇게 회상했다. "독방에 갇혀 있을 때 기억력이 돌아왔어요. (…) 대수학과 미적분을 시작했습니다. (…) 주기율표를 기억하고 화학식을 머릿속에 떠올리기 시작했죠." 밥 슈메이커는 집을 지으며 하루 12~14시간을 보냈다.

저는 마음속으로 집을 지었습니다. 목재와 자재 등 필요한 건 모두 샀어요. 벽돌이 몇 장 드는지, 무게는 얼마나 되는지, 면적은 얼마일지 생각했죠. (…) 그래서 계속 바쁘게 지낼 수 있었습니다. 하지만 더 중요한 것은 제가 계속 희망을 품을 수 있었다는 점입니다. 언젠가 실제로 이 집을 지을 수 있다는 희망이요. (…) 결국 저는 집을 지었습니다.

젊은 해군 수습수병 더글러스 헤그달Douglas Hegdahl에 비하면 이런 성취는 사소해 보인다. 사우스다코타 출신의 겸손한 열아홉 살 청년이었던 그는 해군에 입대한 지 6개월도 채 되지 않던 1967년 4월 6일 동트기 전 생포되었다. 폭격이 계속되던 밤, 그는 허가 없이 미사일 발사 순양함 USS 캔버라호 상갑판에 올라갔다가 함선의 거대한 함포에 충돌해 배 밖으로 떨어졌다. 그는 여섯 시간 동안 바다에 떠 있다가 한 어부에게 발견되어 북베트남군에 인계되었고, 이어 '하노이 힐턴'으로 강제 연행되었다.

대부분의 포로는 조기 석방 제안을 받았지만 군인복무규율과 '단결의 힘' 때문에 거절했다. 하지만 고위급 장교들은 헤그달을 지목해 조기 석방 제안을 수락하도록 종용했다. 왜 그랬을까? 헤그달은 256명 포로의 성과 이름뿐만 아니라 생포 날짜, 생포 방법, 기타 개인 정보를 모두 외울 수 있었기 때문이다. 포로들의 친척 이름, 고향, 전화번호까지 외웠다. 어떻게 한 것일까? 동요 〈그래, 그래서〉에 맞춰 모든 정보를 암기한 것이다!

헤그달은 2년 넘게 포로로 잡혀 있다가 하노이 힐턴에서 풀려났다. 그는 가장 먼저 미국 서부 해안에서 동부 해안까지, 북쪽에서 남쪽까지 미국 전역을 다녔다. 이름을 외운 포로들의 고향을 일일이 방문해 포로의 친척들과 이야기를 나누며 사랑하는 사람이 살아 있다는 소식을 전했다.

허드슨강의 기적

2009년 1월 15일 오후, 뉴욕 라과디아 공항에서 출발하는 US 에어웨이스US Airways 항공기 기장 체슬리 설리 설렌버거Chesley Sully Sullenberger가 몰던 비행기가 이륙 후 몇 초 만에 대규모 기러기떼와 충돌했다. 그 충돌로 양쪽 엔진이 모두 정지되었다. 약 70톤의 항공기는 갑자기 미국에서 인구밀도가 높은 지역 중 한 곳의 상공을 행글라이더처럼 활공했다. 설렌버거는 허드슨강에 수상 착륙을 시도하는 것이 최선이라는 사실을 재빨리 파악했다.

몇 초 후, 설렌버거와 부조종사 제프리 스카일스Jeffrey Skiles는 비상 착륙에 성공했다. 항공기를 정확한 각도와 속도로 물 위에 착륙시켜야 하는 몹시 어려운 임무였다. 조종사는 조지워싱턴다리에 부딪히는 것을 간신히 피한 다음 강에 충돌하지 않고 성공적으로 항공기를 착륙시켰다. 뿐만 아니라 항공기는 탑승객 모두가 대피할 때까지 물 위에 떠 있었다. 단 한 명도 사망하지 않았고, 심각한 부상을 입은 사람도 없었다.

설렌버거는 저서 《가장 중요한 임무 Highest Duty》에서 이렇게 말했다. "내가 재빨리 가장 집중한 것은 상황이 매우 심각하다는 점이었다. 그저 앞 유리에 작은 새 몇 마리가 부딪힌 게 아니었다. (…) 엔진이 빠르게 돌며 안쪽부터 갉아먹히는 소리가 들렸다. 정교하게 균형 잡힌 기계가 망가지고 날이 부러져 느슨해졌다." [1]

그는 자신과 승무원들이 훈련받은 덕에 비상 착륙에 성공할 수 있었다고 믿는다. 그는 이렇게 회상했다. "나는 죽을 거라고 생각하지 않았다. 내 경험을 바탕으로 비상 수상 착륙에 성공해 살아남을 수 있다고 확신했다. 그런 자신감은 그 어떤 두려움보다 강했다." [2]

설렌버거는 '내가 할 수 있을까? 추락해서 우리 모두 죽으면 어쩌지?' 같은 불안이나 두려움 같은 순간의 감정에서 눈을 돌려 주의를 되돌리고 당면한 과제에 집중하는 힘을 보여주었다.

우리 가운데 전쟁포로나 사고 항공기 조종사처럼 혹독한 상황에 직면한 사람은 드물지만, 우리 모두는 자신의 뇌에 도전하고 정신건강을 향상시켜 삶이 우리에게 내미는 여러 도전에 대비할 수 있다.

뇌 가소성, 뇌 건강을 위한 열쇠

지난 10년간 뇌 연구에서 얻은 흥미로운 발견 가운데 하나는 뇌가 뉴런으로 이루어진, 변하지 않는 약 1.4킬로그램짜리 구가 아니라는 점이다. 뇌의 크기, 세포들의 연결, 뇌세포 수는 우리의 경험에 따라 달라진다. 우리가 하는 일, 행복하거나 충격적이거나 일상적인 경험, 우리가 실천하는 일이 모두 뇌를 바꾼다. 활발하게 사용되는 뉴런은 다른 세포와 더 많이 연결되고 자신의 메시지를 더 효율적으로 전달한다. 이런 과정을 신경가소성이라고 한다. 앞서 1장에서 잠깐 이야기한 것을 기억할 것이다.

수년간 집중하고 훈련해야 하는 프로 스포츠를 살펴보면 뇌가 경험을 통해 어떻게 바뀔 수 있는지 알 수 있다. 프로 농구선수 스물한 명과 아마추어 성인 그룹을 대상으로 한 최근 연구에 따르면, 프로 선수의 뇌는 일반 성인의 뇌에 비해 뇌 네트워크, 특히 주의력, 자기 성찰, 시각적 지각과 관련된 경로가 크게 달랐

다. 연습을 많이 한 선수는 더 뚜렷한 변화를 보였다. 이들의 뇌
는 더욱 효율적인 '컴퓨터'가 되어 코트 안팎에서 도움이 되었
다.[3] 프로 스케이트선수에게서도 비슷하게 긍정적인 효과가 나
타났다.[4]

신체 또는 뇌 손상을 입은 사람에게 뇌 가소성은 특히 희소식
이다. 뇌 가소성 덕분에 뇌가 어느 정도 스스로를 재구성하고 재
생할 수 있기 때문이다. 뇌는 손상된 부위의 기능을 다른 영역에
서 대신 하면서 뇌 장애나 손상을 보완한다.

뇌 기능을 향상시키는 정신 운동은 효과가 있을까?

누구나 뇌를 더욱 효율적으로 작동하게 만들고 싶어 한다. 인
지 기능을 향상시킨다고 주장하는 '뇌 게임' 같은 상업용 제품도
속속 개발되고 있다. 이런 접근법은 신경가소성 및 학습과 기억
에 관련된 뇌 체계를 반복해서 '훈련'하면 도움이 된다는 생각에
서 비롯되었다. 이런 제품에 포함된 정신 훈련에는 계산 등의 수
학 문제, 단어 목록 등의 언어 문제, 미로 등의 공간 문제가 있다.

인지 훈련에 대한 증거와 관련해서는 점점 논란의 여지가 커
지고 있다. 정신적 과제를 연습하면 특정 과제에서 수행 능력이
분명 향상된다고 주장하는 연구도 있다. 하지만 '뇌 게임'은 이

런 기술이 '일반화'되어 실생활로 이어지고 인지적 요구가 높은 상황에서 도움이 되며, 이런 효과가 지속되리라는 희망을 바탕으로 관심을 끈다.

연구 결과는 어떨까? 최근 연구에서는 최대 5년간 '뇌 훈련' 제품을 사용한 성인 1,000여 명을 조사했다. 그 결과 기억, 주의, 추리, 계획 등 여러 영역에서 뇌 훈련과 인지 기능 개선 사이에는 아무런 관계가 없는 것으로 나타났다. 놀랍게도 이 연구에서 뇌 훈련이 효과 있다고 생각한 참가자는 오히려 인지 시험 성적이 더 나빴다.[5] 노년층을 대상으로 한 다른 연구에서도 뇌 훈련의 효과는 제한적이었다.[6]

합리적으로 보았을 때 뇌 회로가 문제의 핵심인 정신건강 문제가 있는 사람에게 훈련이 도움이 될까? 마운트시나이 병원 아이컨 의과대학 연구팀은 주요 우울증을 겪는 환자를 대상으로 실험했다. 이들에게 감정을 인식하고 짧은 시간 동안 정보를 기억하는 작업 기억을 결합한 어려운 컴퓨터 과제를 완수하도록 했다. 8주 동안 이 과제를 반복 연습시켜 우울증과 관련된 여러 뇌 영역의 활성을 바꾸고 궁극적으로 기분이 나아지게 하려는 의도였다. 정확히 그런 결과가 나타났다. 이런 개입을 받은 참가자는 덜 복잡한 다른 과제를 수행한 참가자에 비해 우울증 증상이 확연히 줄었다.[7,8] 인지 훈련 과제만으로 정신건강 문제를 치료할 수는 없지만, 약물이나 심리치료와 병행하면 유용할 수 있다. 신뢰할 수 있는 치료 제공자와 인간적으로 연결된다는 치유의 힘도 잊어서는 안 된다.

그렇다면 이 시점에서 무엇을 추천할 수 있을까? 스스로 새로운 것을 배워도 뇌 훈련 제품에 돈을 쓰는 것만큼 인지건강과 회복력이 향상될 수 있다. 새로운 것을 배우고 새로운 기술을 발전시키는 데 너무 늦은 때란 없다.

감정적인 뇌 훈련하기

감정 조절 능력을 개발하는 일은 오래 걸리지만, 이 능력은 삶에 필수적인 기술이다. 아이들이 성장할 때 보통 부모나 보호자가 첫 번째 롤모델이 된다. 성인이 되어도 화낼 일은 생긴다. 그럴 때 우리는 주변 사람으로부터 이런 상황에서 벗어날 방법에 대한 실마리를 얻는다. 가까운 사람의 죽음 같은 힘든 상황에서 겪는 감정은 억누르지 않고 드러내 표현해야 한다. 자신에게 맞는 방식으로 감정에 이름을 붙이고 감정을 표현하고 관리할 자원을 얻으려면 도움이 필요한 사람도 있다. 이럴 때 다양한 심리치료가 도움이 된다.

어떤 일을 느끼는 '올바른' 방법이 있을까? 그런 것은 없다. 상황에 따라 다르다. 어떤 일에 감정적으로 과소 반응하면 직면한 문제를 해결하는 데 쏟을 에너지가 부족해진다. 다른 사람이 볼 때 냉담하거나 정신이 딴 데 팔려 있다고 생각할 수 있다. 반대로 과잉 반응하면 정보를 처리하고 올바른 결정을 내리는 능력에 방해가 된다. 도움을 줄 사람을 의도치 않게 밀어낼 수도 있다. 자신의 감정과 그 감정의 강도를 바라보는 법을 배우면 문제에 유연하게 대처할 수 있고, 진흙탕에 빠지지 않고 앞으로 나아갈 다양한 길을 볼 수 있다.

감정을 조절하는 데 도움이 되는 효과적인 방법 가운데 하나는 앞서 5장에서 설명한 마음챙김을 수련하는 것이다. 마음챙김을 '유행'시키기 위해 많은 노력을 기울인 존 카밧진Jon Kabat-Zinn은 마음챙김을 "의도적으로, 지금 이 순간에, 판단하지 않고 특정한 방식으로 주의를 기울이는 것"으로 정의한다.[9] 마음챙김 수련을 하면 차분해지고 생각, 감정, 지각, 호흡 같은 신체 감각 및 기능을 인식하는 법을 배우는 등 여러 이점을 얻을 수 있다. 부정적인 감정에 충동적으로 반응하지 않고 잘 견딜 수 있게 된다. 마음챙김 훈련 애플리케이션(이하 앱)과 웹사이트도 앞서 언급한 뇌 훈련 플랫폼처럼 점점 더 많은 소비자에게 다가가고 있다. 이 장의 뒷부분에서 이런 도구를 좀 더 자세히 살펴보자.

카밧진이 내린 마음챙김의 정의에서 알 수 있듯, 지금 이 순간에 온전히 몰두하는 것은 마음챙김의 한 요소다. 설렌버거는 2009년 허드슨강에 항공기를 안전하게 착륙시키는 데 필요한 기술적인 절차에 집중했다. 하지만 다른 사람에게는 침착해 보였던 그도 나중에 엔진이 멈췄을 때 느낀 감정을 이렇게 설명했다. "너무 충격적이고 놀라웠다. (…) 이 상황이 내가 비행하면서 겪은 최악의 도전이라는 사실을 알았다. 내가 겪은 일 중 가장 끔찍하고 속이 울렁거리며 바닥으로 떨어질 것 같은 느낌이 드는 일이었다."[10]

자신의 감정을 살피되 감정이 방해하도록 허용하지 않은 강력한 사례다. 설렌버거는 감정을 느꼈지만 그 감정 자체가 되지는 않았다. 그는 내면에서 감정을 관찰하는 한편 항공기를 안전하게 착륙시키는 데 필요한 바로 그 행동 과제에 집중하면서 임무를 완수해냈다.

카약 모험

몇 년 전 우리 중 스티븐과 데니스는 애디론댁에서 사흘간 약 140킬로미터를 주파하는 카약 경기에 참가했다. 이만큼의 거리를 완주하려면 반드시 몇 달 전부터 미리 준비해야 한다. 하지만 스티븐은 경기 5~6주 전에도 훈련을 시작하지 못했다.

"경기 전날 저는 이 일을 제대로 해낼 만큼 충분히 준비하지 못했다는 사실을 깨달았습니다. 데니스에게 전화를 걸어 기권해야겠다고 말하려 했지만 도저히 그럴 수는 없었죠. 회복력에 대한 책을 쓰고 있는 사람이 시작하기도 전에 그만두려 하다니요. 그러면 안 되죠. 불가능합니다. 다행히 저는 다가올 경기에 대해 다시 생각하려 애쓰며 마음챙김을 떠올렸어요. 몇 년 전부터 저는 마음챙김을 수련해왔어요. '잘될 거야'라고 생각했던 기억이 납니다. 이 경기를 마음챙김과 회복력을 시험하는 자기 실험으로 바꿀 수 있겠다고 생각했어요. 경기장에 도착하자 500명 정도의 참가자가 있었습니다. 애디론댁의 호수와 강을 통과해 옛 아메리카 원주민 무역로 끝부분의 약 140킬로미터를 완주하는 코스였습니다. 처음에는 약간 긴장했지만, 출발 신호가 울리자 맹렬히 노를 저어가기 시작했습니다. 몇 분 만에 마음챙김에서 배운 것은 전부 잊고 숨을 헐떡이며 첫날을 어떻게 버틸지에만 골몰했어요. 다른 사람은 하나도 숨을 헐떡이는 것 같지 않더군요. 사실 제 눈에는 모두 편안하고 여유로워 보였습니다. 금세 목이 아파지기 시작했어요. 견딜 수 없는 통증이 귀에서부터 목 오른쪽을 둘러 어깨뼈까지 내려왔습니다. 저 자신이 정말 바보같이 느껴졌어요. '135킬로미터나 남았는데 벌써 이렇게 통증을 느끼다니! 대체 무슨 생각으로 여기 온 거지? 뭘 증명하려고? 몸도 제대로 준비하지 못하고 말이야. 여기서 그만두면 진짜 멍청이처럼 보이겠지.' 하지만 다행히도 저는 이 경기를 마음챙김 실험으로 삼으려고 했던 것을 기억해냈습니다. 그 뒤 135킬로미터를 노 저어가는 동안 놀랍게도 저는 경기를 전적으로 즐겼고 예상했던 것보다 더 빨리 노를 저을 수 있었죠.

어떻게든… 저는 '지금 이 순간'에 머물며 제 생각과 감정을 판단하지 않고 끊임없이 관찰할 수 있었습니다. 심지어 애디론댁의 아름다움에 감탄하고 자연에서 활력을 느끼기도 했죠. 둘째 날에는 비가 쏟아졌지만 신경 쓰지 않았어요. 경기가 끝날 무렵에는 어깨에 염증이 생겨 손을 댈 수도 없는 지경이었고, 그다음 6주 동안은 카약을 타지 못했다는 사실을 밝혀둬야겠네요."

우리의 카약 모험을 떠올리면 자연에서 시간을 보내는 일의 이점을 다룬 다른 연구가 생각난다. 런던에 사는 9~15세의 어린이 2,500명을 관찰한 연구에서, 일상적으로 더 많이 숲을 찾은 아이들은 향후 2년간 작업 기억과 주의력이 향상되는 등 '실행 기능'이 7퍼센트 높았고, 정신건강 문제가 발생할 위험이 16퍼센트 낮았다. 학교나 집에서 멀리 떨어져 자연 속에서 보내는 시간이 많을수록 인지적·심리적 웰빙에 큰 혜택이 있었다.[11] 코로나19 팬데믹 초기에 바깥 활동을 한 어린이는 정서적 영향을 덜 받았다는 사실을 밝힌 연구도 있다.[12] 뇌 영상 연구에서도 자연 속을 잠깐이라도 거닐면 스트레스 반응을 완화할 수 있다는 사실을 발견했다. 당연하게도 도심에서 걸을 때는 이런 효과가 나타나지 않았다.[13] 물론 우리 저자들도 자라면서 자연 속에서 시간을 보내는 일이 많은 이점을 주었다는 사실을 증명할 수 있다.

주의력, 감정, 뇌

주의력과 감정 조절을 둘러싼 신경생물학은 매우 복잡하다. 이 단락에서는 마음챙김 명상과 뉴로피드백neurofeedback(뇌 기능을 실시간으로 측정해 뇌파를 스스로 조절해서 더 나은 뇌파 패턴을 유도하는 치료법 — 옮긴이)이라는 두 가지 감정 조절 중재법에 초점을 맞추려 한다.

마음챙김 수련이 장기적으로 정신건강에 어떻게 도움이 되며, 우울증과 불안을 안고 사는 사람의 회복을 촉진할 수 있는지 밝힌 연구가 많다. 이런 연구들에 따르면, 마음챙김 명상 수련은 코로나19 팬데믹 상황의 스트레스와 예측 불가능성에 대처하는 데 도움이 되며, 잠재적으로 불안과 우울증 발생을 예방할 수 있다.[14] 마음챙김 명상은 집중력, 지속력, 주의 전환 능력 향상과도 관련이 있다.[15]

이 장의 앞부분에서 살펴보았듯, 마음챙김 명상은 감정 조절과 밀접하게 연관된다. 많은 연구에서 마음챙김 명상이 편도체 활성 감소 및 전전두엽피질 활성 증가와 관련이 있다는 사실이 밝혀졌다. 마음챙김 훈련을 하면 스트레스를 많이 받을 때 뇌의 '정지 스위치'인 전전두엽피질이 편도체를 더욱 진정시킬 수 있다.

다른 유망한 접근법인 실시간 뉴로피드백은 스스로 연습해 다양한 뇌 영역의 활성을 늘리거나 줄이는 훈련이다. 실시간 fMRI가

등장하면서 생각하고 느끼고 행동하는 동안 뇌에서 일어나는 생물학적 과정을 관찰할 수 있게 되었다. 이런 연구에서는 자석으로 된 장비 안에 들어가 자신의 뇌에서 나오는 정보를 관찰하면 뇌 일부 영역의 활성을 통제하는 방법을 배울 수 있다고 주장한다.

2022년 뉴로피드백을 조사한 연구진은 PTSD로 진단받은 참가자 15명과 정신건강 문제가 없는 '건강한 대조군' 15명을 비교해, 살면서 트라우마나 스트레스를 겪은 일과 관련된 단어를 나열하도록 했다. 그런 다음 참가자들은 fMRI를 찍으면서 후측대상피질posterior cingulate cortex이라는 뇌 영역의 실시간 활성을 나타내는 '판독값'을 보았다. 후측대상피질은 감정 조절과 관련 있으며 PTSD 환자에게서 흔히 과도하게 활성화되는 영역이다. 실험하는 동안 참가자에게는 화면에서 불쾌한 단어를 볼 때 그 순간 '판독값'을 낮출 수 있는 일이면 무엇이든 하도록 했다.

PTSD 환자든 아니든 참가자들은 이런 과제를 효과적으로 해냈다. 게다가 PTSD 환자에게서는 이런 뉴로피드백 작업을 통해 일시적으로나마 정서적 고통이 줄었다.[16] 이런 도구는 어려운 감정을 더욱 잘 조절하는 방법을 배울 강력한 발판을 제공한다. 하지만 이 변화가 얼마나 지속되는지는 아직 분명하지 않다.

수십억 원을 호가하는 뇌 영상 장치를 집에 들일 수 없다면 어떻게 할까? 앞서 우리는 뇌 훈련 앱이나 컴퓨터 프로그램을 언급하면서 이런 도구가 인지 기능에 얼마나 도움이 되는지 또는 도움이 되지 않는지 이야기했다. 특히 팬데믹 기간에는 정서적 웰빙을 개선한다는 앱 개발에 수십억 달러가 투자되기도 했다. 이 분야에 여러 기업이 앞다퉈 뛰어드는 이유 중 하나는 특히 팬데믹 기간에 예방치료와 심리치료 수요가 숙련자 공급을 뛰어넘었기 때문이다. 모두는 아니지만 대부분의 앱은 이 장의 앞부분에서 언급한 마음챙김 훈련에 중점을 둔다.

이런 제품이 광고대로 잘 작동할까? 아닐 수도 있다. 하버드 대학교를 나와 디지털 정신건강 전문가로 일하는 존 토러스John Torous의 최근 리뷰에 따르면 대부분의 앱, 특히 자가치료 활동을 포함하는 앱에는 웰빙을 상당히 개선하거나 증상을 관리하는 데 실제로 효과가 있다는 확실한 증거가 부족했다.[17] 국립 외상후스트레스장애센터National Center for PTSD와 미국 보훈부에서 개발한 'PTSD 코치' 같은 몇몇 무료 앱은 트라우마 관련 증상을 관리하는 데 분명 도움이 되는 것으로 보인다.[18] 지금까지 밝혀진 바에 따르면, 특히 유료 앱 구매를 고려할 때는 해당 정신건강 앱을 스스로 조사해보는 것이 좋다. 우울증이나 불안을 치료한다고 주장하는 앱에는 주의하자. 특히 직접 사람과 만나지 않는 앱이라면 더욱 그렇다. 개인 정보를 공유하는지, 그렇다면 누구와 공유하는지 분명하지 않은 앱도 많다.

뇌 건강 기르기

다음은 스스로 시도해볼 수 있는 몇 가지 권장 사항이다.

- **새로운 것을 하나씩 시작하자.** 팟캐스트나 오디오북을 들을 시
  간을 따로 마련하자. 오디오북을 대여해주는 도서관도 많다. 너
  무 산만해지지 않는다면 출퇴근할 때나 집안일을 하면서도 들
  을 수 있다. 하룻밤 새에 전문가가 될 수는 없다. 한 번에 너무 많
  은 것을 배우려고 하면 부담이 된다. 작은 것부터 시작하자.
- **기술이 필요한 게임을 배워보자.** 게임이 뇌 기능에 큰 변화를 일
  으키지는 못하더라도 체스나 정교한 모험 또는 미스터리 게임
  같은 보드게임을 하려면 대부분 온전히 집중해야 한다. 다른 사
  람과 함께 한다는 장점도 있다. 보드게임은 다른 사람과 연결되
  고 루틴을 갖게 하며 한 번에 한 가지씩 하도록 훈련하게 해준
  다. '보드게임의 날'을 정하는 것을 적극 지지한다.
- **마음챙김 활동을 해보자.** 지난 수십 년간 마음챙김 수련을 다
  룬 책이 많이 출간되었고 마음챙김하는 방법도 다양하다.
  앞서 언급했듯, 마음챙김은 자신이나 타인을 판단하지 않
  고 한 번에 하나씩 하면서 지금 이 순간에 온전히 몰입하는
  것을 뜻한다. 당신은 얼마나 자주 그렇게 하는가? 우리는 멀
  티태스킹을 하면서 한 가지에 효율적으로 집중하지 못하는
  경우가 너무 많다. 간단한 활동부터 시작해보자. 식사할 때

는 먹기만 하자. 맛과 식감에 집중해보자. 이메일에 답장하거나 TV를 보면서 식사하면 주의가 분산되어 이런 경험을 완전히 놓치고 만다.

- **겸손하자.** 우리가 만난 재능 있는 과학자나 의사, 신체적으로 건강하고 정신적으로 민첩한 군인, 유능한 리더들은 겸손했다. 과시하지 않고, 자신의 개인적 성취는 거의 언급하지 않았다. 자신의 성공을 노력과 지원을 해준 다른 사람의 공으로 돌렸다. 자신의 지식에 한계가 있다고 인정하며 겸손한 마음을 지니면 내가 최고라고 뻐기지 않으며 더 많이 배우고 다른 사람의 말을 적극적으로 듣게 된다.

결론

이 책 전반에서 주장했듯이, 변화하려면 정신적 그리고/또는 신체적 활동에 온전히 몰입해야 한다. 그저 근육이 커지기를 바라기만 해서는 신체적으로 건강해질 수 없다. 마찬가지로 무작정 이 생각 저 생각으로 떠돌아서는 정신 기술을 계발하거나 향상시킬 수 없다. 집중하고 수양하고 호기심을 지녀야 한다. 내 창의성과 도전에 다른 사람을 불러들이자. 그리고 되도록 한 번에 하나씩만 하고, 무언가를 할 때는 그 순간에 몰입하자.

10장

모든 일에
홀가분해진다는 것

유연성

회복력 높은 사람은 유연하다. 도전에 대해 생각하는 방식이나 스트레스에 감정적으로 반응하는 방식이 그렇다. 이런 사람은 특정한 대처 방식에 얽매이지 않는다. 상황에 따라 적절하게 대처 방식을 바꾼다. 바꿀 수 없는 것은 그저 받아들이는 사람도 많다. 이들은 실패에서 배우고, 슬픔과 분노 같은 감정을 연민과 용기의 원동력으로 삼고, 역경 속에서 기회와 의미를 찾는다. 문제에 맞서 새로운 해결책을 제시한다. 이들은 보통 부모, 친척, 교사, 멘토, 종교 지도자 같은 롤모델로부터 이런 기술을 배운다.

연구자들은 심각한 트라우마의 영향을 받을 때 인지적 유연성이 어떻게 보호막이 되어줄 수 있는지 연구했다. 이스라엘 연구팀은 흥미로운 연구를 진행해, 심각한 사고나 폭행처럼 생명을 위협하는 사건을 겪고 응급실에 온 사람을 면밀하게 조사했다. 이들은 참가자에게 정신건강 증상이 있는지 면담하고, 컴퓨터를 기반으로 주의력, 기억력, 특히 인지적 유연성 등 여러 능력을 시험했다. 인지적 유연성 검사에서는 참가자에게 문자와 숫자 사이를 실수 없이 빠르게 순서대로 옮겨가도록 했다(절대 말처럼 쉬운 일이 아니다!). 연구 결과, 트라우마 발생 한 달 뒤 인지적 유연성이 높았던 참가자를 1년 이상 지난 후에 재평가하자 PTSD 증상이 더 적게 나타났다. 후속 연구에서 인지적 유연성을 향상시키는 게임을 완료한 참가자는 다른 게임을 한 참가자보다 점차 PTSD 증상을 더 적게 보였다.[1]

인지적 유연성을 연습할 수 있는 다른 방법도 많다. 이 장에서 좀 더 살펴보겠다.

삶이 망가졌을 때

7장에서 소개한 제리 화이트의 이야기로 돌아가보자. 제리는 젊은 시절 브라운대학교에서 유대학을 전공했다. 그는 가톨릭교를 믿으며 자랐고, 특히 예수 그리스도의 가르침에 관심이 많았다. 선지자들의 발자취를 따르고 싶었던 그는 브라운대학교 3학년 때 이스라엘로 유학을 떠났다.

유월절을 지내느라 이스라엘의 모든 학교가 문을 닫자 제리와 친구 프리츠Fritz, 데이비드David는 캠핑하러 골란고원으로 하이킹을 떠났다.

저희는 사람들을 벗어나 인적 드문 곳으로 가고 싶었습니다. 시리아와 요르단 계곡을 볼 수 있는 최고의 캠핑 장소를 찾았죠. 6일 전쟁(1967년 6월 5~10일에 일어난 아랍과 이스라엘 간의 제3차 중동 전쟁 — 옮긴이) 당시 사용되었던 오래된 벙커는 완벽한 쉼터 같았습니다. 1984년 4월 12일, 화창하고 아름다운 날이었어요. 저는 노래를 흥얼거리며 친구들보다 앞서 걸어가고 있었습니다. 선두에 서서 앞서가기를 좋아했거든요. 그때 '쾅!' 하고 엄청난 폭발이 일어났습니다. 발밑 땅이 전부 흔들렸죠. 테러 공격을 받은 줄 알았어요. 누군가 우리에게 총을 쏘는 줄 알았습니다.

폭발이 일어나고 제리는 쓰러졌다. 깜짝 놀라 바닥에 엎드린 그는 살려달라고 비명을 질렀다. 기어가려고 했지만 곧바로 쓰러졌다. 데이비드는 곧 제리가 지뢰를 밟았다는 것을 알아차렸다. 데이비드는 가장 가까운 바위 위로 안전하게 뛰어내렸고 프리츠에게도 그렇게 하라고 소리쳤다. 하지만 제리가 움직이지 못하며 살려달라고 애원하자 친구들은 바위에서 뛰어내려 그를 도우러 왔다. 제리의 다리에서 피가 뿜어져 나왔다. 피부는 갈기 갈기 찢겨 그을렸고 뼈가 드러나 흙과 피로 뒤덮였다. 작은 발가락뼈가 화살촉처럼 종아리에 박혀 있었다.

"나 발이 없어졌어! 발이 없다고!" 제리는 계속 비명을 질렀다. 의식이 혼미해지며 몸에서 피가 다 빠져나가는 것 같았다. 시원

한 물 한 병이 절실했다. 데이비드와 프리츠가 제리를 바닥에 눕혔다. 그때 제리는 신성한 존재를 느꼈다.

신의 손길 같은 것이 저를 어루만지며 이제 그만하라고 말하는 것 같았어요. 나중에 친구들에게 저한테 그만하라고 말했냐고 물었더니 아니라고 하더군요. 무언가 강한 존재가 저에게 말하는 것 같았어요. '조용히 하고 들어보거라'라고요. 저는 비명을 그쳤습니다. (…) 집중했고 평화와 목적의식을 느꼈습니다. 죽지 않았다는 사실을 알았어요. '이건 끝이 아니야. 난 여기서 죽지 않아. 그리고 중동에 온 목적이 있어.' 그렇게 하자 뇌가 집중할 수 있었죠. 마치 누군가 저에게 '집중하고 침착해라'라고 하는 약을 준 것처럼요.

제리가 비현실적일 만큼 평온한 상태로 누워 있는 동안 데이비드는 셔츠를 벗어 제리의 다리가 잘린 부분을 감싸고 다친 다리에 임시로 지혈대 삼아 묶었다. 지혈한 부위에서 출혈이 멎기 시작하자 데이비드와 프리츠는 상황을 자세히 살폈다. 절친한 친구인 제리가 피를 흘리며 죽어가고 있었고, 그들은 병원에서 몇 킬로미터나 떨어진 지뢰밭 한가운데 서 있었다.

데이비드와 프리츠가 지뢰밭을 헤쳐나가는 동안 제리의 몸은 빽빽한 덤불과 장미가시 덤불에 걸렸다. 두 사람은 제리를 세 번이나 떨어뜨렸고, 제리는 땅에 떨어질 때마다 폭발 장면을 떠올리며 또 폭발해서 죽는 게 아닌가 상상했다. 지뢰밭 가장자리에 가까스로 도착하는 데 한 시간이 걸렸다. 지뢰밭을 둘러싼 울타리에는 '무크심muqshim'이라고 적힌 표지판이 매달려 있었다. '지뢰'라는 뜻이었다.

근처 키부츠 주민들이 도와준 덕분에 제리는 곧바로 치료를 받을 수 있었다. 그는 일주일 동안 사페드의 작은 병원에 입원했다. 외과의는 다리를 최대한 살릴 수 있는 방법을 찾았고, 사임스 시술Symes Procedure이라는 위험한 수술을 했다. 하지만 안타깝게도 몇 주 뒤 괴사가 일어나 두 번째 수술을 받고 다리를 더 절단해야 했다. 제리는 텔아비브 외곽 텔하쇼메르 재활병원으로 이송되었다. 친구들이 병문안을 와주었지만 제리는 두려움과 고립감에 시달렸고, 사람들의 시선을 느꼈다.

영화 〈뻐꾸기 둥지 위로 날아간 새One Flew Over the Cuckoo's Nest〉 같았죠. 갑자기 슬프고 외로운 기분이 들었습니다. 제가 미친 것 같았어요. 사람들이 자기소개를 하려 했지만 다들 팔, 다리, 눈이 없거나 화상을 입은 희생자들이었죠. 저는 아프고 두려웠고, 다른 사람은 모두 유령 같았습니다. 재활치료를 받던 한 노인이 무릎 위로 새 의족을 끼웠다면서 "당신도 이런 의족 달아야 할걸"이라고 말하며 의족을 벗고 절단된 부분을 보여주었습니다. 그는 아무렇지 않게 생각했지만 전 그 사람이 미웠고, 그의 절단된 다리가 미웠고, 그의 의족이 미웠던 기억이 납니다.

드디어 보스턴으로 돌아갈 때가 되자 그는 친구들이 걱정스러웠다. 친구들이 나를 불편하게 여기지는 않을까? 나를 다르게 대하지는 않을까?

가장 친한 친구 몇 명이 저를 보러 왔는데 그들이 얼마나 무서워했는지 기억나요. 저는 6개월 동안 이 상태로 살았지만 다른 사람은 그런 적이 없으니까요. 그들은 끔찍한 소식만 들었을 뿐이었죠. 내가 변했나? 내가 예전의 그 제리일까? 친구들이 어떻게 행동해야 할까? 침울하고 슬픈 척해야 할까? 아마 저는 친구들을 편안하게 해주려고 노력함으로써 그 상황을 상쇄하려 했던 것 같습니다. 제 절단 부위를 보고 싶냐고 묻거나 다리를 두고 농담하고, 그 부위를 꼭두각시 인형처럼 다루거나 멍멍 짖는 시늉을 하기도 했어요. 심지어 '디노'라는 애칭도 지어주었죠.

제리 화이트는 대학에 복학해 학업을 마친 뒤 워싱턴DC로 이

주했다. 그곳에서 위스콘신대학교 법학전문대학원 산하 위스콘신 핵무기 통제 프로젝트의 부팀장으로 한동안 일했다. 제리는 자신의 장애에 익숙해졌고, 불편을 보완하는 방법을 익혔다. 그는 앞으로 나아갔다.

1995년 제리는 켄 러더퍼드Ken Rutherford라는 사람의 전화를 받았다. 파티에서 제리의 대학 동기를 만났다고 했다. 러더퍼드는 제리가 다리를 절단했다는 사실은 알았지만 두 사람 사이에 공통점이 얼마나 많은지는 몰랐다. 제리는 이렇게 회상했다.

러더퍼드는 지뢰로 다리를 잃은 미국 민간인은 자기뿐이라고 생각했습니다. 사실 그는 소말리아에서 두 다리를 모두 잃었죠. 그는 이렇게 말했습니다. "지뢰 사고 생존자가 관련된 일을 하고 있다니, 믿을 수가 없군요! 지뢰가 '천천히 작동하는 대량살상무기'로 불린다는 사실을 아시나요? 지뢰는 핵무기와 생화학무기를 합친 것보다 더 많은 사람을 죽였습니다. 그러니 비확산 대량살상무기에 대한 업무 경험과 지뢰로 다리를 잃은 개인적인 경험을 더하면 당신은 정말 엄청난 일을 할 수 있을 겁니다."

제리는 군수 통제 관련 잡지에서 지뢰에 관한 기사를 여러 번 읽었지만 대량살상무기와 지뢰라는 두 가지 무기를 의식적으로 연결해본 적은 없었다. 하지만 일단 그 사실을 알게 되자 그는 완전히 사로잡혔다. 3개월 뒤 제리와 러더퍼드는 빈에서 열린 유엔 후원 제1회 지뢰 관련 국제회의에 참석했다. 그곳에서 두 사람은 처음으로 대중 앞에서 자신의 이야기를 들려주었다.

저는 대의를 위해 이 일에 어떻게 열정을 쏟을지, 생존자의 목소리가 이 운동에 얼마나 강력한 힘을 발휘할지 금방 알 수 있었습니다. 생존자는 지뢰 퇴치 캠페인의 생명줄 같은, 살아 있는 증거였습니다. 빈에서 열린 회의는 제게 전환점이었어요. 지뢰 퇴치 문제에 열정을 쏟게 만든 철학적 전환점이었죠.

제리는 직장을 그만두고 퇴직금을 찾아 집 지하에 사무실을 차렸다. 좋게 말하면, 조금 위험한 선택이었다. 하지만 그는 대의를 위해 헌신했다. 밤낮없이 모금 활동을 했다. 자신의 단체가 큰 성과를 거둔 뒤에도 제리는 자신이 성공하지 못할 수도 있다는 사실을 기꺼이 인정했다.

저는 일이 잘 안 풀려서 실패하더라도 진짜 실패는 아니라고 생각했습니다. 우리는 세상이 바뀌도록 돕고, 지뢰 퇴치 조약 초안을 작성하고, 수많은 생명을 구하고, 수천 명의 생존자를 도울 수 있으니까요. 그러므로 수완 좋게 기금을 모으지도 못하고 사업을 구축하는 방법도 제대로 모르는 실패한 비영리단체 이사지만, 그래도 저는 성공한 셈입니다. 실패는 영광스러운 일이죠.

이스라엘에서 발을 잃은 지 20여 년 뒤, 제리 화이트는 친구이자 동료인 켄 러더퍼드와 함께 '국제 지뢰 생존자 네트워크International Landmine Survivors Network'의 활동으로 공로를 인정받아 노벨평화상을 수상했다. 이후 단체는 서바이버코어Survivor Corps로 이름을 바꿨다.

인지적 유연성 삶에 적용하기

앞서 제리 화이트의 이야기에서 살펴보았듯, 그는 문제에 유연하게 접근하는 데 능숙했다. 2008년 출간된 그의 저서 《나는 망가지지 않을 것이다 I Will Not Be Broken》에서, 그는 인생의 위기를 극복하기 위한 다섯 가지 일반적인 단계를 이렇게 설명했다.

- 현실을 직시하자. 일어난 일을 받아들이자.
- 삶을 선택하자. 과거가 아닌 미래를 위해 살자.

- 연락하자. 비슷한 상황을 겪는 다른 사람들과 소통하자.
- 움직이자. 목표를 설정하고 행동하자.
- 보답하자. 봉사와 친절한 행동이 상대방의 관점을 바꾼다.

수용하기

인지적 유연성의 중요한 요소는, 상황이 아무리 두렵고 고통스러워도 현실을 받아들이는 것이다. 효과적으로 대처하려면 '눈을 크게 뜨고', 장애물이 될 만한 것을 무시하지 않고 인정해야 한다. 분노, 두려움, 슬픔, 비탄 같은 까다로운 감정을 밀어내거나 피하려 하지 말고 받아들여야 한다. 회피하거나 부정하는 행동은 보통 잠깐 대처하는 데 도움이 될지 모르지만, 궁극적으로는 성장과 능동적인 문제 해결 능력을 방해하는 비생산적인 메커니즘이다.

때로 수용이란 자신이 처한 상황을 인정하는 것뿐만 아니라, 어떤 것은 바꿀 수 있고 어떤 것은 바꿀 수 없는지 평가하고, 더이상 실현 가능성이 없어 보이는 목표는 버리고, 바꿀 수 있는 방향으로 의식적으로 노력을 전환하는 것이다. 그러므로 수용은 체념과 다르며, 그저 포기하고 그만두는 것도 아니다. 현실적인 평가와 적극적인 의사결정을 바탕으로 하는 행동인 것이다.

우리와 인터뷰한 회복력 높은 사람들은 스트레스나 트라우마를 주는 상황에서 성공적으로 벗어나는 능력 가운데 하나로 수용력을 꼽았다. 이들은 해결할 수 있다고 믿는 문제에 어떻게든 주의력과 에너지를 집중하는 방법을 배웠고, 이길 수 없는 싸움과 씨름하느라 '벽에 머리를 찧으며' 시간과 에너지를 낭비하지도 않았다. 다시 말하면, 이들은 현실적이고 실용적이었다.

15개월 동안 독방에 갇혀 지내다가 곧 '정신이 나갈지도 모르겠다'라고 느낀 한 베트남전 포로는 수용을 가장 생생하게 보여주는 사례다. 그는 매일 자기 삶이 왜, 어떻게 이렇게 극적으로 바뀌었는지 이해하려고 애썼다. 2년 전만 해도 그는 해군 항공모함 조종사로서 최정상에 있었다. 매우 존경받았고 '세상에서 가장 좋은 직업'을 가졌으며, 두 자녀를 두고 행복한 결혼생활을 했다. 그런데 이제 굶주리고 쇠약해진 채 쥐와 모기가 들끓고 창문도 없는 콘크리트 감방에 족쇄를 찬 채 누워 있었다. 그는 자기 인생이 그저 생존이 전부인 삶으로 전락했다는 사실을 믿거나 받아들이지 못했다.

그러던 어느 날 아침, 그는 우렁차고 선명한 목소리를 듣고 깜짝 놀랐다. "이것이 네 인생이다." 그 말은 사실이었다. 이것이 내 삶이다. 꿈도 아니고, 그저 상상도 아니다. 부인할 수도, 없어지기를 바랄 수도 없다. 이것은 현실이다.

그 목소리를 듣고 상황이 바뀌었습니다. 어디에서 들려왔는지는 모르겠어요. 상당히 큰 목소리였습니다. 분명히 들었어요. 이상하게 들리겠지만, 제 목소리는 아니었습니다. 그 말이 맞았기 때문에 저는 어깨에서 무거운 짐을 내려놓은 것 같았습니다. 저는 그 감방에 갇혀서 아무 데도 갈 수 없었죠. 그 사실을 직시하자 저는 드디어 싸움을 그만둘 수 있었고, 상황이 나아졌습니다. 말하자면 저는 항상 감옥에 있다는 사실을 알고 있었지만 그 목소리를 듣고 달라진 겁니다. 더 이상 전처럼 비참해하지 않고, 할 수 있는 일을 하기 시작했죠. 할 수 있는 한 운동하고 몇몇 사람과 연락을 취하려고 노력했습니다. (…) 그 목소리를 듣고 저는 훨씬 나아졌어요.

이런 경험은 잘 알려진 '평온의 기도'의 본질을 떠올리게 한다. "주여, 우리에게 우리가 바꿀 수 없는 것을 받아들이는 평온, 바꿀 수 있는 것을 바꾸는 용기, 그리고 이 둘을 분별하는 지혜를 허락하소서."

수용의 과학

과학 문헌에서는 수용이 스트레스 높은 상황을 견디는 능력의 핵심 요소라고 말한다. 수용은 여러 집단에서 보이는 더 나은 심리적·신체적 건강과도 관련이 있었다. 예를 들어, 암 환자가 진단을 받아들이면 정서적 고통 발생률이 낮아진다.[2] 회복력을 측정하는 가장 일반적인 척도인 '코너-데이비슨 회복력 척도Connor–Davidson Resilience Scale'에는 변화를 받아들이는 것에 관한 질문이 포함되어 있다.

이 책의 다른 장에서 더 긍정적인 설명 양식을 개발하고 세상을 더욱 현실적으로 바라보기 위한 인지행동치료를 언급했다. 이와 비슷하게 심리학자 스티븐 헤이즈Stephen Hayes가 개발한 수용전념치료acceptance and commitment therapy, ACT는 수용을 문제 해결의 출발점으로 삼는다. 의사들은 환자가 심리적 유연성을 키울 수 있도록 다양한 전략을 사용한다. 수용전념치료의 핵심 구성 요소 가운데 하나는 '인지적 탈융합cognitive defusion'이다. 어려운 생각을 밀어내거나 그 생각에서 벗어나려 고민하지 않고 상황을 지켜보며 온전히 받아들이고, 현실을 기정사실이 아니라 그저 인간이 겪는 경험의 일부로 보는 법을 배우는 것이다.[3]

치료사들은 수용전념치료를 이용해 만성 통증부터 흡연, 섭식 장애 등 다양한 문제를 성공적으로 치료했다. 최근 연구 결과에서는 12,477명의 참가자를 연구한 데이터를 조합해 수용전념치료가 불안, 우울증, 만성 통증, 약물 오남용을 해결하는 데 효과가 있다는 사실을 뒷받침했다. 수용전념치료와 인지행동치료를 둘 다 경험한 환자에게서 수용전념치료는 인지행동치료만큼 효과가 있었다.[4] 최근에는 인식, 수용, 마음챙김을 구축하고 핵심 가치와 연결되며 건강해지는 과정에 집중하는 여러 인지 치료 방법이 과학적 근거를 바탕으로 점점 대중화되고 있다. 수용전념치료는 이런 여러 방법 가운데 흔히 '인지 치료의 제3의 물결'로 불린다.

인지적 재평가

수년 전 홀로코스트가 미친 심리적·신경생물학적 영향에 대해 연구하던 한 동료가 노인 홀로코스트 생존자에게 수용소 경험에 대한 꿈을 꾼 적이 있는지 물었다.

그는 "그럼요, 그 시절 꿈을 꾸지 않는 적이 없지요. 요 전날 밤에도 꿈을 꿨어요. 하나같이 끔찍한 꿈이죠. 전 한밤중에 깨어나 공황에 빠졌어요. 식은땀이 나고 숨쉬기도 힘들었죠. 맞아요, 아직도 수용소 꿈을 꿉니다."

그때 동료 연구자는 "저런, 세월이 그만큼 지났는데도 악몽을 꾼다니, 정말 끔찍하네요"라고 말했다.

하지만 생존자는 이렇게 대답했다. "아, 아네요. 괜찮아요. 깨어나면 거기가 아니라 여기 있다는 걸 아니까요."

긍정적으로 재평가하려면 부정적인 사건, 상황, 그리고/또는 신념에 대해 긍정적이거나 도움이 되는 대안적인 의미를 찾아야 한다. 이 놀라운 생존자는 홀로코스트를 겪으며 큰 고통을 받았지만 어떻게든 악몽을 재평가할 방법을 찾아냈다. 악몽을 통제할 수는 없었지만, 그는 그 악몽을 일종의 강력한 신호로 받아들였다. 자신이 다행히 살아남았고 매일 아침 새로운 날을 맞이할 수 있는 특권을 지녔다는 사실을 알려주는 신호로 삼은 것이다.

많은 연구자는 역경을 긍정적으로 재구성하고 그것에서 의미를 추출하는 능력이 스트레스에서 벗어나는 회복력에 중요한 부분임을 발견했다. 회복력이 높은 사람은 흔히 트라우마를 통해 새로운 것을 배우거나 인간으로서 성장한다는 사실을 깨닫는다.[5]

인지적 재평가cognitive reappraisal는 힘든 어린 시절을 보낸 사람에게 특히 중요한 생존 전략이 된다. 2020년 약 500명의 성인을 대상으로 한 연구에서는 타인에게 자신의 감정적 반응을 숨기는 '표현 억제'와 인지적 재평가의 유용성을 비교했다. 참가자에게 이런 전략을 사용하는지 물은 다음 현재 스트레스를 측정하고, 어려웠던 어린 시절의 경험에 대한 체크리스트를 작성하게 했다. 연구 결과, 인지적 재평가는 어린 시절 트라우마가 현재의 스트레스 수준에 미치는 영향을 줄였지만, 표현 억제는 반대로 그런 영향을 강화했다.[6] 이 연구를 통해 우리는 아무리 출발점이 힘들었더라도 정서적으로 변화하고 성장할 수 있다는 교훈을 얻을 수 있다.

일상에서 실패할 때도 인지적 재구성cognitive reframing이 필요하다. 자기 연민에 빠지는 대신 실패를 통한 배움에 주목하고 다시 시도해야 한다. 우리가 만난 회복력 높은 사람들은 실패를 정면으로 마주하고 이를 스스로를 교정하는 기회로 삼았다.

자신의 투쟁을 재구성한 전쟁포로

베트남전 포로이자 명예훈장을 받은 제임스 스톡데일 제독은 역사와《성경》에 대한 지식을 바탕으로 자신이 마주한 어려움을 재구성했다.

"제가 아는 한 실패를 다루는 유일한 방법은, 역사적 관점을 갖고 종교적·역사적 과거를 살펴, 실패했지만 성공적으로 살았던 사람들을 떠올려보는 것입니다. 저는 감옥에 있을 때 이런 〈전도서〉 구절을 떠올렸습니다. "내가 돌아와서 보니 경주는 항상 빠른 자를 위한 것이 아니며 싸움은 강한 자를 위한 것이 아니니 (…) 때와 기회는 누구에게나 찾아오리니." (…) 실패가 모든 것의 끝은 아니며, 사람은 항상 바닥을 딛고 일어나 한 번 더 싸울 수 있습니다. 사실 비극적인 일에 대처하는 것은 교양인의 표식입니다. 교육의 가장 중요한 목표는 실패에 대비하는 것이기 때문이죠."[7]

"몇 번 넘어지느냐가 아니라 몇 번 일어나느냐가 중요하다"라는 진부한 말에는 진실이 담겨 있다. 실패는 적응하고 개선하며 어려움을 극복할 새로운 방법을 찾는 방법을 가르쳐준다. 토머스 에디슨은 전형적인 재구성 사례를 보여주었다. "무언가가 작동하지 않는 방법을 만 가지나 찾아낸다면 실패가 아닙니다. 저는 낙심하지 않습니다. 실패해서 폐기된 시도는 모두 앞으로 나아가는 한 걸음이기 때문입니다."

인지적 재구성은 때로 느리고 신중하게 이루어지며, 반복해서 연습해야 근육처럼 쌓인다. 인지행동치료를 받는 환자에게는 인지적 재구성을 가르쳐 부정적인 생각에 도전하고 새로운 관점을 갖게 한다. 하지만 뜻하지 않게 새로운 관점을 얻는 경우도 있다. 이 책의 뒷부분에서 다시 소개할 마거릿 파스투슈코는 어린 딸이 인생을 바꿀 만한 진단을 받았을 때 그런 상황에 놓였다.

제 딸이 처음 진단받았을 때 그 자리에 앉아 있던 기억이 생생합니다. 너무 엄청난 일이었죠. 필라델피아에서 어느 창턱에 앉아 혼자 생각했어요. '맙소사, 내 인생은 끝났어.' 그런 일이 제게 일어났고 저는 어찌해야 할지 모르겠다고 느꼈어요. '진짜 어떻게 해야 할지 모르겠어. 너무 막막해. 모르겠어. 이제 어떻게 하지….'

절망하며 생각에 잠겨 있던 그때, 누군가가 끼어들었다. 그는 완전히 주의를 빼앗겼다.

> 그때 네 살짜리 아들이 다가와 "엄마, 나 배고파"라고 하더군요. (…) 저는 아들을 보며 생각했어요. '그래, 이건 나만 관련된 일이 아니야. 나만이 아니라 내 딸과 관련된 문제지. 여기 내 아들도 있고. 나는 아들을 먹여야 해. 그리고 병원에 들어가야 해. 딸이 나보다 더 무서울 테니까. 언제부터 이게 나 혼자만의 일이 되어버렸지?' 그 순간이 저에게 일종의 전환점이 되었습니다. 전 돌아서서 이렇게 말했죠. "이건 나만의 문제가 아니야. 다른 누군가와 함께 해야 하는 문제야. 나는 그 사람에게 가장 도움이 되는 일을 하면 돼. 어떻게 하면 가장 효과적으로 도움을 줄지 생각하면 돼." 그리고 전 그렇게 했어요.

감사하기

"축복받은 일을 세어보라"라는 오래된 조언은 삶을 긍정적으로 바라보는 오래된 방법이다. 심각한 트라우마를 겪은 생존자도 그 시련이 어떤 식으로든 삶을 풍요롭게 만들었다고 느끼며 감사를 표할 수 있다. 전 공군 조종사 스티브 롱은 베트남에서 5년 넘게 포로로 잡혀 있었던 일이 남긴 효과에 대해 이렇게 말했다. "무엇보다 감사는 사람을 매우 겸손하게 만듭니다."

'무언가를 빼앗기기 전에는 그 진가를 제대로 알 수 없다' 같은 오래된 격언은 사실이기 때문에 계속 전해집니다. 비슷한 경험을 한 사람이라면 누구에게나 통할 말이죠. 9·11 테러 같은 사건을 겪은 당사자나 관련된 유가족이라면 누구나 '생명은 소중하다'는 사실을 깨닫게 됩니다. 무언가를 갖고 있다면 할 수 있을 때 감사해야 합니다. 아주 쉽게 빼앗길 수 있기 때문이죠.

스티브는 고등학생과 대학생 등 여러 청중을 대상으로 하는 강연에 초대받아 전쟁 동안 겪은 일을 이야기했다. 그는 그런 강연을 통해 도덕적 진실성, 인내, 롤모델을 통한 배움, 두려움에 맞서는 것 등의 중요성을 다른 사람들에게 알려줄 방법을 배웠다. 강연을 통해 자신이 그 경험에서 배운 것도 떠올릴 수 있었다.

이렇게 해서 저는 기억하고 싶은 것을 마음속에 생생하게 간직할 수 있게 되었습니다. 저는 우리가 지닌 것, 내가 빼앗겼던 자유에 감사해야 한다는 사실을 기억하고 싶습니다. 가족을 먼저 생각해야 한다는 것을 기억하고 싶습니다. (…) 집에 돌아가면 베이컨 한 조각에 감사해야 한다는 것을 잊지 않겠다고 다짐합니다. 제가 많이 생각하는 것 중 하나니까요. 인생의 사소한 것들이 그렇습니다.

미국 참전용사를 조사한 연구에서는 감사가 웰빙에 미치는 여러 이점을 발견할 수 있다. 우리는 감사하는 마음을 측정하기 위해 참전용사에게 '나는 인생에서 감사할 일이 정말 많다' 같은 문장에 얼마나 동의하는지 평가해달라고 요청했다. 참전용사의 대략 80퍼센트가 이 말에 적극 동의했다. 우리는 이들을 '높은 감사력 집단'이라고 불렀다. 감사력이 높은 집단은 낮은 집단에 비해 PTSD, 우울증, 사회적 공포를 겪거나 자살을 시도할 위험이 낮았다. 현재 우울증, 불안, PTSD를 겪거나 자살 생각을 할 가능성도 작았다. 당연하게도 감사는 낙관주의, 호기심, 삶의 목적, 영성 같은 경험과도 밀접한 관련이 있었다.[8] 모두 이 책에서 다루는 주제다.

일기를 쓰거나 의도적으로 감사를 표현하는 일은 우울증이나 다른 장애를 다루는 심리치료에서 보조 요법으로 사용된다. 이런 감사 요법은 웰빙을 개선하고 긍정적인 영향을 주며 걱정을 줄이는 데 큰 효과가 있었다. 감사를 표현하면 신체건강도 좋아지고 건강한 행동을 촉진할 수 있다.[9]

인지적 재평가의 과학

인지적 재평가는 회복력을 뒷받침하는 데 핵심 역할을 한다. 부정적인 감정을 관리하는 데 도움이 되고, 어려운 상황에서 긍정적으로 '전환'할 가능성을 열어준다.[10] 연구에 따르면, 긍정적인 인지적 재평가를 자주 사용해 스트레스에 따르는 정서적 반응을 바꾸는 사람은 심리적 웰빙이 높았다.[11]

주변 사람에게 실마리를 얻으면 자신이 겪은 일을 더욱 긍정적으로 해석 또는 재해석하는 데 도움이 된다. 예를 들어, 직장에서 관리자나 상사가 불리한 상황 또는 사건에서 긍정적인 면을 알려주면 직원은 역경을 도전으로 바라볼 인지적·정서적 도구를 갖게 된다. 비슷하게 남편이 이웃의 어떤 행동 때문에 화가 났다면 아내는 이웃의 행동을 다른 식으로 설명해 더 건설적인 해석을 제시할 수 있다.[12]

신경과학자들은 어떤 사건을 더 부정적 또는 긍정적으로 재평가하면 감정과 관련된 뇌 영역 활성이 바뀐다는 사실을 발견했다. 연구에서는 흔히 사람들에게 불편한 사진을 보여주고 몇 가지 다른 전략을 사용해 감정 반응을 관리하도록 요청하며 뇌를 스캔한다. 예를 들어, 한 연구에서 참가자에게 사진을 그저 보기만 하고 감정적 반응을 바꾸거나 인지적 재구성을 하지 말라고 요청했다. 재구성이란 상황이 보이는 것만큼 나쁘지 않거나,

상황이 점차 나아지거나, 실제 상황이 아니라 영화 속 장면처럼 거리를 두고 본다고 상상하는 것이라고 가르쳤다. 연구진은 참가자들이 사진을 '재구성'할 때 복내측전전두엽피질ventromedial prefrontal cortex과 편도체 사이의 연결이 활성화되어 부정적인 감정이 크게 줄어든다는 사실을 발견했다.[13]

앞서 설명했듯, 전전두엽피질은 계획, 지시, 억제에 관여하는 뇌의 '실행' 영역이다. 편도체는 의식적 인식의 바깥에서 감정과 두려움을 처리하는 '경보 중추'다. 이 연구를 비롯한 여러 연구에서, 고통스러운 상황을 긍정적으로 재구성하거나 재평가하려고 의식적으로 노력하면 뇌의 실행 영역인 전전두엽피질이 활성화되고 감정 중추인 편도체가 억제된다는 사실을 확인했다.

유머, 인지적 재평가의 한 형태

빅터 프랭클Viktor Frankl은 고전적인 저서 《죽음의 수용소에서Man's Search for Meaning》에서, 유머를 두고 이렇게 언급했다. "유머는 자기 보존을 위한 싸움에 맞서 인간의 영혼이 지닌 또 다른 무기다. 유머는 인간을 구성하는 다른 어떤 요소보다 초월할 수 있게 해주고 어떤 상황에서도 단 몇 초라도 굴하지 않을 힘을 준다."[14] 프랭클은 유머를 자신만의 관점을 확보하는 건강한 수단으로 보았다.

다른 긍정적인 감정과 마찬가지로 유머는 주의집중 범위를 넓히고 탐구심, 창의력, 사고 유연성을 함양한다. 유머는 어느 정도의 거리와 관점을 주지만 고통이나 두려움을 부정하지는 않는다. 유머는 긍정적인 면과 부정적인 면을 하나에 담는다. 저명한 빅터 프랭클 연구자 앤 그레이버Ann Graber의 말처럼, 유머는 "비극을 대할 때 낙관주의와 현실주의"를 결합한다. 유머는 과하지 않은 낙관주의와 함께 비극을 적극적으로 마주하고 능동적으로 재구성하거나 때로 바꿀 수 있다. 시나리오 작가이자 영화감독 우디 앨런Woody Allen이 필멸성에 대해 말한 것을 생각해보자. "저는 제 작품을 통해 불멸을 얻고 싶지 않습니다. 죽지 않음으로써 불멸을 얻고 싶어요."

물론 진지해야 하는 상황에서도 농담을 하면서 유머를 회피 방법의 하나로 이용하는 사람도 있다. 우리가 권장하는 방식이 아니다. 하지만 어울리지 않아 보일 때라도 유머는 두렵거나 고통스러운 상황에 맞서고 대처하는 창의적인 방법이 될 수 있다.

유머는 사용자 친화적이고 창의적인 형태의 '노출'이기도 하다. 3장에서 설명했듯, 노출 요법은 두려운 상황이나 기억을 회피하지 않고 정면으로 맞서며 더욱 숙달하고 통제력을 키우는, 불안장애 및 PTSD 치료법의 하나다. 유머는 두렵거나 고통스러운 것을 새로운 방식으로 통합해 그 힘을 꺾어버리면서 두려움에 직면할 안전한 발판이 된다. 따라서 매일 극심한 인간적 고통에 노출되는 의료인들이 자기 경험을 처리하는 데 도움이 되는 냉소적이고 풍자적인 '블랙 유머'를 구사한다는 사실이 놀라운 일은 아니다.

제리 화이트는 팀버랜드Timberland 부츠를 홍보하고 자신의 절단 부위에 별명을 붙이는 유머를 사용했다. 그는 이렇게 회상했다. "저는 항상 유머가 회복의 전부라고 말해왔습니다. 그래서 저는 많이 웃는 사람에게 끌립니다. 무엇에 대한 유머든, 블랙 유머든, 유머는 도움이 됩니다."

우리와 인터뷰한 전쟁포로 대부분은 유머가 생존하고 저항하는 능력에 필수적인 도구라고 입을 모았다. 예를 들어, 로드 넛슨은 더 이상 잔인한 고문을 견딜 수 없어서 북베트남의 요구에 '굴복'해 자신의 사적 정보를 알려주었다고 했다. "저는 아버지가 닭 농장을 운영했고 닭 세 마리를 키웠다고 말했습니다. 저는 제1농장지구에서 학교를 다녔고, 농구선수들에게 땅콩을 파는 것이 제 유일한 직업이었다고 털어놓았죠."

유머와 뇌

유머가 대처 메커니즘으로서 효과가 있다는 증거가 상당히 많다. 우울증 환자가 유머를 사용하면 긴장과 심리적 불편을 해소하고, 다른 사람의 지지를 끌어내며, 어려운 상황에서도 긍정적인 관점을 만들어 우울증 증상을 완화하는 데 도움이 된다.

최근 한 연구에서 참가자들에게 불편한 사진을 보는 동안 다음과 같은 세 가지 해석 가운데 하나에 집중하도록 했다.[15] 첫째, 전문 코미디언이 만들어낸 사진에 관한 이야기 등 유머러스한 해석. 둘째, 사진이나 그에 관한 이야기의 중립적이거나 긍정적인 면을 생각하는 '꾸밈없는' 인지적 재평가. 셋째, 객관적인 설명. 참가자가 유머를 사용해 대처하면 문제 해결, 감정 처리, 웃음 생성, 기억, 학습과 관련되어 상호 연결된 뇌 영역이 활성화되었다. 흥미롭게도 참가자에게 실험 사흘 후 같은 사진에 대해 감정 반응을 평가해달라고 요청하자, 유머로 대처한 집단은 다른 두 방식으로 대처한 집단에 비해 긍정적인 감정 반응이 높고 부정적인 감정 반응이 낮았다.

우리와 인터뷰한 많은 사람이 말했듯, 유머는 꾸준히 효과를 내는 강력한 도구다. 무해한 농담에 반응하는 등 유머러스한 상황은 뇌의 '쾌락 중추'인 측좌핵도 활성화한다.[16]

유연성 구축하기

대처 도구 상자를 구축하는 몇 가지 더욱 구체적인 방법을 살펴보자.

- **재평가**: 치료사와 함께하든 자가치료를 하든, 자기 생각에 대해 질문하면 상황을 바라보는 좁은 시각에서 벗어나 새로운 가능성을 여는 데 도움이 된다. 다음은 자신에게 던져볼 수 있는 몇 가지 질문이다.

  ① 이 상황을 다른 식으로 바라볼 수 있는가?

  ② 이 상황이 한 달 후나 5년 후에도 문제가 될까?

  ③ 친구가 같은 상황이라면 그에게 뭐라고 말하겠는가?

  ④ 비현실적인 기준에 사로잡혀 있지는 않은가?

  ⑤ 내 가정이나 판단이 옳은지 스스로 평가해볼 방법이 있을까?

- **수용**: 많은 종교 전통에서 수용을 핵심 교리로 받아들인다. 감정, 생각, 기억을 '너무 강하게' 붙들고 있으면 고통이 생긴다. '왜 나야?'라고 계속 묻고 생각을 밀어내려 할수록 부정적인 감정이 더 강해진다. 떠오르는 생각이나 감정이 '냇물 위에 떠다니는 나뭇잎'처럼 의식 안팎을 떠돈다고 상상하며 내려보내는 것도 한 가지 흔한 연습법이다.

- **감사**: 앞서 언급했듯, 감사를 받아들이는 것은 웰빙을 향상하고 관계를 구축하는 강력한 방법이다. 로버트 에먼스Robert Emmons 박사가 쓴 《감사의 모든 것The Little Book of Gratitude》은[17] 감사하는 마음을 기르는 법을 배울 훌륭한 자료다. 에먼스 박사의 연구를 바탕으로 시도해볼 수 있는 몇 가지 활동을 살펴보자.

  ① 일주일 동안 매일 15분씩 감사할 만한 일이나 사람에 대해

감사 일기를 써보자.

② 소중한 사람이 친구나 낯선 사람의 친절로 도움받았던 일을 떠올려보자. 고마움을 어떻게 표현했는가?

③ 운이 나빴거나 어려운 상황을 겪을 때 가진 것에 감사했던 일을 떠올려보자. '축복받은 일을 셈해보는' 것이다.

결론

대처를 다룬 최근 연구에 따르면, 인생에서 발생하는 문제에 성공적으로 적응하는 것은 어떤 특정 전략을 채택하느냐보다 스트레스 요인의 성격에 따라 대처 전략을 유연하게 적용하는 데 달려 있다. 때로 스트레스를 받아들이고 참는 편이 나을 때도 있지만, 상황을 바꾸는 편이 최선일 때도 있다. 감정 연구자들은 '정답'은 없다고 명확히 말한다. 주어진 상황의 요구에 맞춰 유연하게 감정을 표현하거나 억제하면 대처하는 데 도움이 된다. 인내하고 연습하면 이런 기술을 모두 배울 수 있다.

11장

◆

'왜?'라는 질문이
좋은 이유

성장

의미는 힘과 용기를 준다. 살면서 소중한 생각을 지키거나, 가치 있는 대의를 위해 분연히 일어나거나, 사랑하는 사람을 보호해야 할 때 우리는 자신의 내면에 잠재된 힘과 회복력에 놀란다. 그 순간 우리는 '무엇을 위해' 이것을 하는지 느끼고 생각한다. 우리를 앞으로 나아가게 하는 더 고귀한 목적이다. 당연히 가장 잘 알려져 있고 영향력 있는 의미 찾기의 옹호자는 홀로코스트에서 살아남은 빅터 프랭클이다. 이 장의 뒷부분에서 그에 대해 좀 더 상세히 살펴보겠다.

우리는 트라우마를 겪은 환자가 그 뒤에도 힘을 얻을 수 있도록 도울 방법을 찾아 연구를 진행했다. 우리 중 한 명인 스티븐은 PTSD를 겪는 참전용사를 위해 주로 의미치료logotherapy에 기반한 치료 프로그램을 공동 개발했다. 의미치료는 프랭클과 그의 제자들이 개발한 개입법이다.[1] 말 그대로 '의미를 통한 치유'다. 우리는 수년 동안 삶의 의미에 의문을 품은 참전용사들을 연구했다. 그들 대부분은 인간 본성의 가장 어두운 면을 보았고, 고통스러운 기억과 방향감 없고 때로 죄책감을 주는 감정 때문에 절망했다.

이 연구의 핵심 요소는 고통에서 의미를 만드는 방법을 발견하는 것이었다. 집단 치료 오리엔테이션을 진행하면서 우리는 참전용사들이 이미 여러 면에서 달인이라는 사실을 떠올렸다. 그들은 두려움과 심리적 트라우마의 달인이다. 개인적·정신적 고통의 달인, 상실과 실패의 달인이다. 절망과 공허함의 달인, 상처 입은 구성원을 거부하는 사회에 대처하는 달인, 생존과 회복력의 달인이다. 우리는 이렇게 질문했다. "당신은 무엇을 할 수 있고 당신의 장기로 무엇을 할 것인가?"[2] 참가자들은 치료의 하나로 지역사회에서 봉사활동을 하고 다른 사람에게 베풀면서 목적의식을 발견했다.

참전용사들은 각자의 전문성을 살려 지역사회 봉사 현장에 배치되었다. 예를 들어, 노숙자였던 참전용사는 노숙자를 위한 집을 지어주는 단체인 '해비타트 포 휴머니티Habitat for Humanity'에서 자원봉사하도록 추천했다. 수년간 혼자 살았던 다른 참전용사는 독거노인에게 식사를 배달하는 '밀스 온 휠스Meals on Wheels'에서 자원봉사했다. 이 참전용사처럼, 식사를 받는 이도 사회적으로 고립되고 두려움을 느끼는 사람이었다. 참전용사들은 위탁양육가정 아동을 위한 크리스마스 및 명절 파티를 개최하는 자체 프로젝트를 시작하기도 했다. 봉사활동의 원동력 대부분은 고통과 죄책감, 상실감이었다.

이 책을 쓰기 위해 인터뷰한 사람 대부분은 트라우마 이후 의미를 찾으며 얻은 자유를 어떻게든 발휘할 방법을 찾았다. 지뢰 사고로 다리를 잃은 제리 화이트도 그랬다. 그는 이렇게 말했다.

트라우마 피해자에는 세 가지 유형이 있습니다. 먼저 '왜 나야?' 라고 묻는 사람이 있죠. 우리는 이런 사람들을 동정합니다. 또 다른 유형도 있어요. '왜 나여서는 안 되지?'라고 묻는 기독교 순교자 같은 유형입니다. 사방이 고통인데 나는 휠체어를 타거나 불구가 되거나 화상을 입거나 해서는 안 될 이유가 있는지 묻는 거죠. 세 번째 유형은 그저 '왜?'라고 질문합니다. 이건 건강한 질문입니다. 의미를 찾는 질문이죠. 수년 동안 저는 이 '왜?' 질문을 하지 못했습니다. '내가 왜 그 지뢰를 밟았을까? 왜 하필 거기 지뢰가 있었을까? 누가 거기 지뢰를 놓았을까? 왜 전쟁 중에도, 그리고 전쟁이 끝난 지 한참 되었는데도 지뢰밭이 끊임없이 사람들을 날려 버리는 걸까?'라고 질문한 적이 없어요. 20년이 지난 지금 저만의 관점을 갖고 모자람 없이 살아온 저는, 더 나은 질문은 바로 '왜?' 라는 사실을 압니다.

생존자의 사명, 하트 9·11

빌 키건Bill Keegan은 2001년 9월 11일 세계무역센터 테러 당시 항만경찰청Port Authority Police Department, PAPD 부서장이었다. 쌍둥이 빌딩에 거점을 둔 항만경찰청은 이 사건으로 미국 역사상 가장 많은 대원을 잃었다. 37명이 사망했다. 빌은 그라운드제로에서 세계무역센터 구조 및 복구 야간 지휘관을 맡아 갑작스럽게 인생에서 가장 길고 고통스럽지만 보람찬 여정에 뛰어들었다.

다른 동료들처럼 빌도 두려웠다. 그는 자신이 이 일을 감당할 수 있을지 확신이 없었다. 살면서 겪은 어떤 일로도 지금 자신 앞에 놓인 일에 완벽하게 대비할 수 없었기 때문이었다. 처음 몇 시간 동안 빌은 필요한 것이라면 무엇이든 배울 수 있다고 믿으며 그저 한 걸음씩 나아갔다. 그는 신고받고 출동해 부상을 입은 채로 계속 불길에 뛰어들다 임무 수행 중 사망한 동료 크리스토퍼 아모로소Christopher Amoroso 경관 같은 용감한 전임자들을 떠올렸다.

구조와 복구 노력

빌은 9·11 테러의 공포에 맞서며 중대한 갈림길에 섰다. 그는 전에 가족에게 닥친 비극을 겪으며 인생에서 말 그대로 '바닥'까지 내려간 적이 있다. 그는 이렇게 말했다.

"바닥에 대비할 수는 없습니다. 바닥은 아주 개인적인 곳이죠. 바닥에는 어떤 이유도 없습니다. 그저 선택만 있을 뿐이에요. 희망 아니면 절망뿐입니다. (…) 전 희망을 선택했습니다. 그러자 갑자기 그것이 저에게 필요한 유일한 이유라는 사실을 알게 되었습니다. 삶을 더 나아지게 만들 선택을 할 수 있다는 것, 딸의 비극적인 질병을 포함해 인생 모든 것에는 특별한 의미가 있다는 사실 말입니다.”

공격이 끝나자 45만 제곱미터 규모의 타워 두 동이 모두 무너졌고, 주변에 산더미처럼 쌓인 콘크리트와 찌그러진 강철 잔해 속에 사람들이 갇혀 있었다. 작업자들은 섭씨 1,000도가 넘는 불길에서 피어오르는 증기와 연기구름을 헤치며 작업하느라 나중에 치명적인 질병을 유발할지도 모를 독성 화학물질을 흡입했다. 복구와 청소 작업은 8개월이나 계속되었고, 2002년 5월 말에야 겨우 끝났다.

세계무역센터 구조 및 복구 임무의 마지막 날, 빌은 대원들에게 이렇게 연설했다. 그의 작별인사였다.

“많은 사람이 끝맺음을 당연히 해야 하는 것으로 여깁니다. 마치 당신이 원하면 고통을 금방 멈출 수 있다는 듯 말이죠. 행동하지 않으면 이기적이거나 뭔가 문제가 있는 듯 봅니다. 하지만 끝맺음은 그저 고통을 감당하는 데 지쳤다는 의미일 뿐입니다. 당신에게 상처 준 것을 잊는 것이 아니라 그것을 껴안고 살아가는 법을 배우는 것이 인생입니다. 바닥에 떨어져서 아무것도 남지 않았을 때 일어서는 것이죠.

더 나은 상황을 만들기 위해 애쓸 이유가 여전히 있다고 믿는 것입니다. 그걸 잊었다면… 저에게 연락하세요."

복구 과정은 9·11 초기 응급 구조대원들을 바꿔놓았다. 빌은 2007년 《매듭짓기 Closure: The Untold Story of the Ground Zero Recovery Mission》에서 이렇게 썼다.

"아이러니하게도 처음에 우리는 끝까지 가기 위해 무엇이든 할 수 있다고 생각했다. 지금은 이해하기 어렵지만, 그때 우리는 끝이 두려웠다. 목적에 대한 확신과 이곳에서 발견한 우리 자리를 잃을 것 같았다. 공허감이 점점 커졌다. (…) 혼돈 속에서 시작된 임무는 은혜로 끝났다. 많은 대원은 내려놓을 준비가 되어 있지 않았다. 우리는 개인적 삶과 일에서 갑작스럽게 '공허함에 직면해야' 했다."

빌은 항만경찰청 부서장으로 계속 근무했지만 더 이상 일에서 흥분과 열정을 느끼지 못했다. '경찰 업무의 정상'에 오른 그는 이제 길을 잃은 것 같았다. 2005년 50세가 되던 해에 그는 앞으로 무엇을 할지 아무런 계획도 세우지 못한 채 한때 사랑했던 일터인 항만경찰청에서 은퇴했다. 아내 캐런Karen이 일을 했고 빌은 가사를 돌봤다.

어느 날 여섯 살 난 딸을 학교에 데려다주던 빌은 건널목을 지키는 학교 보안관의 정지 신호를 받아 기다리고 있었다. 아이러니했다. 내가 여기서 뭐 하는 거지? 그는 이렇게 되물었다. 여기서 제자리걸음하고 있네. 이건 나한테 맞지 않아. 내가 뭘 잘할 수 있지? 내가 가진 경험과 기술로 어떻게 하면 진짜 의미 있는 무언가를 할 수 있을까?

그 순간 그는 베트남에서 전투부대 대위로 복무하며 용맹하게 공로를 세워 은성훈장을 받은 친구 에드 오설리번Ed O'Sullivan의 언행을 떠올렸다. 《매듭짓기》에 썼듯, 에드는 베트남전에서 돌아와 중요한 결정을 내렸다.

베트남에서 나에게 일어난 좋은 일과 좋지 않은 일을 모두 가져가려고 했다. 나는 그런 일을 모두 좋은 사람이 되기 위한 노력에 사용하려고 했다. 나에게 일어난 일을 그 일을 겪지 않았을 때보다 훨씬 나은 사람이 될 기회로 보기 시작했다.

빌은 공감과 연민으로 단련된 강인함, 트라우마로 검증된 리더십 기술, 다시 의미 있는 길을 가려는 불타는 열망을 갖고 새로운 산을 오르기로 결심했다. 2007년 7월, 그는 하트9·11HEART 9·11이라는 단체를 설립했다. 하트9·11은 자원 응급 구조대, 뉴욕소방서FDNY, 뉴욕시경찰국NYPD, 항만경찰청, 뉴욕시빌딩연합으로 구성되었다. 2001년 9월 11일 테러를 겪으며 끈끈하게 결속된 사람들이었다.

하트9·11은 2007년부터 4개국과 미국 13개 주에서 발생한 42건의 재난 현장에 1,200명이 넘는 자원봉사자를 파견했다. 회원들은 주택 846채를 재건하거나 개조하고, 긴급 작전을 지원하는 신속 대응팀을 배치하고, 대규모 재난에 효과적으로 대응할 수 있도록 사람들을 훈련했다. 최근에는 매사추세츠 종합병원의 벤슨-헨리 심신의학연구소Benson-Henry Institute for Mind–Body Medicine 및 뉴타운코네티컷경찰국과 협력해 응급 구조대원을 대상으로 스트레스에 대처하고 회복력을 기르는 증거 기반 전략 및 기법을 교육하기 시작했다.

불행을 생존자의 사명으로 바꾼 사람들의 사례는 무수히 많다. 다음을 보자.

- 캔디 라이트너Candy Lightner와 신디 램Cindy Lamb 등 여성들은 자녀가 음주운전 사고로 다치거나 사망한 뒤 음주운전 반대 단체인 '음주운전 반대 어머니회Mothers Against Drunk Driving'를 설립했다.
- 〈아메리카스 모스트 원티드America's Most Wanted〉의 진행자 존 월시John Walsh는 자신의 여섯 살 난 아들 애덤Adam이 1981년 납치되어 살해되자 범인을 정의의 심판대에 세우고 실종되거나 학대받는 아이들을 돕는 운동을 시작했다.

- 로나 브린Lorna Breen 박사의 여동생 부부 제니퍼 브린 파이스트Jennifer Breen Feist와 코리 파이스트J. Corey Feist도 있다. 이들은 코로나19 팬데믹 발생 직후인 2020년 4월 뉴욕시 응급의학과 의사였던 브린 박사가 자살한 뒤 '로나 브린 히어로스 재단Lorna Breen Heroes Foundation'을 설립했다. 이 재단은 의료인의 웰빙과 번아웃 문제를 다루며, 도움을 요청할 때 더해지는 낙인과 장벽을 줄이는 데 힘쓴다.

12장에서는 '생존자의 사명'을 수행하고 그 일에서 강한 의미와 목적의식을 끌어낸 두 사람을 더 소개할 것이다.

특별한 자녀를 양육하며 의미 찾기

마거릿 파스투슈코는 폴란드에서 태어나 어린 시절 대부분을 그곳에서 보냈다. 1983년, 생화학자였던 어머니는 고국의 공산주의 통치를 거부하고 미국으로 이주하기로 했다. 파스투슈코 가족은 필라델피아에서 수년을 보내며 이곳저곳으로 이사했다. 마거릿은 낡은 텔레비전을 반복해서 보며 영어를 익혔다고 기억했다. 가족에게는 분명 힘든 변화였지만 마거릿은 그 과정에서 어머니를 통해 중요한 교훈을 여럿 얻었다.

어머니는 자녀를 위해 해야 하는 일은 모두 하셨고 그러기 위해 건설적인 방법을 찾아냈습니다. 폴란드에서 불확실성이 높아지고 정치적 불안이 극심했던 시기에 어머니는 우리에게 새로운 삶을 찾아줄 방법을 모색했어요. 두 자녀에게 다른 길을 만들어줄 기회였고, 어머니는 그 길을 택했죠. 그러고는 뒤돌아보거나 의심하지도 않으셨어요. 저는 어머니가 정말 자랑스러웠습니다.

마거릿이 부모가 되었을 때 이 역량이 발휘되었다. 2002년 마거릿은 딸 밀레나Milena를 낳았다. 밀레나는 태어나자마자 건강이 좋지 않았고, 에너지를 생성하는 몸 전체 세포에 영향을 미치는 난치성 대사성 장애 진단을 받았다. 엄청난 충격이었지만 그들은 이 진단에서 큰 의미를 발견했다.

마거릿은 밀레나를 키우며 자기 삶이 달라졌다고 분명히 느꼈고, 수년 동안 밀레나를 만난 많은 사람의 삶도 바뀌었다고 확신했다. 마거릿은 이렇게 설명했다.

딸 앞에 큰 어려움이 놓여 있지만 딸은 매일 아침 미소 지으며 일어나 매사를 긍정적으로 생각합니다. (…) 우리는 흔히 너무 힘들면 바깥에서 바라보며 '왜? 왜 이런 일이 일어나지? 왜 이걸 해야 하지? 왜 저걸 해야 하지? 왜 이런 일이? 너무 힘들어. 난 못해'라고 생각하죠. 하지만 딸은 그렇게 불평하지 않았어요. 그런데 제가 감히 어떻게 그러겠어요?

마거릿은 이런 도전에 정면으로 맞서며 프랭클이 자연의 아름다움을 포함해 '경험적' 의미의 원천이라고[3] 설명한 것을 받아들였다. 2장에서 설명한 대로 마거릿은 딸이 볼 수 없는 일출과 피어나는 꽃의 아름다움을 음미한다. 그의 가족은 매순간 도전을 받아들이고 기쁨을 즐길 기회를 놓치지 않는다.

딸이 어렸을 때 함께 테니스를 배웠어요. 그 뒤 딸의 시력에 문제가 생기기 시작했고 지금은 거의 앞을 볼 수 없게 되었죠. 테니스는 분명 큰 도전이 되었습니다. 그렇게 생각하시겠죠. 하지만 우리는 방법을 찾았습니다. 스윙해야 할 때나 딸 차례가 되면 제가 딸옆에 서서 어깨를 톡톡 쳐 알려주고 딸이 스윙을 하죠. (…) 그러면모두들 멍하니 있어요. 이제 사람들은 딸을 알고 그저 놀라워합니다. "와, 대단해요." 자녀에게 더 많이, 더 잘해야 한다고 강요하는부모도 있지만, 그저 즐거운 것을 하면 된다고 하는 부모도 있습니다. 딸이 이룬 것은 토너먼트 우승보다 훨씬 대단하죠.

최근 딸이 긴급하게 신장이식을 받아야 했을 때도 마거릿은 주저하지 않았다.

모든 일이 너무 순식간에 일어나서 저는 그냥 '저와 맞게 해주세요'라고 빌었던 것만 기억나네요. 제 신장과 잘 맞게 해달라고 말이에요. 빨리 해버리고 싶다는 생각밖에 들지 않았습니다. 빨리 가져가주세요. 전 딸에게 농담했죠. "나 장기 몇 개 더 있어. 신장은 하나밖에 없긴 하지만 간이랑 폐도 조금 가져가도 돼."

마거릿 파스투슈코는 2000년 마운트시나이 병원에 합류해 최고전략책임자, 최고운영책임자, 수석부사장 등 여러 직책을 거치며 빠르게 승진했다. 2021년 9월에는 마운트시나이 병원 대표로 임명되었다.

삶의 끝에서 찾는 의미

빅터 프랭클은 가장 험난한 상황에서도 의미를 찾을 수 있다는 사실을 발견했다.

절망적인 상황에서도 삶의 의미를 찾을 수 있다는 사실을 잊지 말아야 합니다. (…) 그때 정말 중요한 것은 자신의 비극을 승리로 바꾸고 고난을 인간의 성취로 바꾸는 인간 고유의 잠재력을 최대한 발휘하는 일을 목격하는 것입니다. 수술할 수 없는 암 같은 불치병에 걸렸다고 생각해봅시다. 상황을 바꿀 수 없을 때, 우리는 자신을 바꿔야 한다는 도전을 받는 셈입니다.[4]

프랭클은 역경 속에서 의미를 찾는 능력을 '비극적 낙관주의'라고 불렀다. 인간적 고통, 죄책감, 심지어 죽음에 맞서는 낙관주의다. 고통을 인간적인 성취로, 죄책감을 의미 있는 행동으로 바꾸는 인간의 잠재력을 포함하는 낙관주의이기도 하다.

의미와 연결하는 것은 삶의 한계를 고려하는 일이다. 예를 들어, 말기 환자는 체력이 매우 떨어져 식사나 목욕 같은 기본적인 일상 활동을 할 때조차 다른 사람에게 의존해야 할 수도 있다. 자신이나 사랑하는 사람의 죽음이 임박했다는 사실을 받아들이는 일은 인간이 직면하는 가장 어려운 과제일 것이다. 앤 그레이버는 죽음과 죽어가는 일을 다룬 저서 《하늘로 가는 길The Journey Home》에서 이렇게 썼다.

치료팀에 호스피스가 들어오는 첫 단계에서는 금방 나아지리라는 환상을 버려야 한다. 다가오는 죽음을 더는 계속 거부할 수 없다. (…) 이 필연성을 받아들이는 사람은 그 과정에서 괴로울 수는 있지만 하늘로 되돌아가는 여정에서 조화로운 이별을 준비할 수 있다. (…) 피할 수 없는 고통에 내재한 변화의 과정을 살펴보면 비극에 흔히 은혜의 씨앗이 숨어 있음을 알 수 있다. 우리는 삶이 주는 도전에 맞서며 전보다 더 나은 사람이 될 수 있다.[5]

약 20년 전 우리가 PTSD를 겪는 참전용사를 연구한 이후, 의미치료는 뉴욕 메모리얼슬론케터링암센터Memorial Sloan Kettering Cancer Center의 연구팀이 개발한 의미중심심리치료meaning-centered psychotherapy, MCP로 이어졌다.[6] 고통 속에서도 의미 있는 삶에 이어지고, 그런 삶을 영위하는 방법에 집중하는 의미중심심리치료는 암 환자의 임종기 고통을 관리하는 데 효과적이라고 입증되었다. 우리 중 한 명인 조너선은 진행성 암과 싸우는 9·11 구조대원들을 지원할 때 의미중심심리치료를 적용했다.[7] 이 치료법은 평온할 때와 어려울 때 모두 의미와 이어지도록 돕는 권장 사항에도 영향을 미쳤다. 이 권장 사항은 이 장의 마지막 부분에서 다시 소개하겠다.

외상 후 성장

트라우마 사건 직후 생존자들은 무슨 일이 일어났는지 잘 이해하지 못한다. 사랑하는 사람이 영원히 사라졌거나 가진 것을 전부 잃었다는 사실을 믿거나 받아들이기 어려워한다. 세상이 안전하고 예측 가능하다는 오랜 가정이 흔들리며 취약해지고, 길을 잃었다고 느끼며, 트라우마에 관한 불편한 생각을 계속 떠올리기도 한다. 하지만 많은 생존자는 트라우마를 이해하려는 시도를 점차 바꾼다. 트라우마에서 의미를 창출하는 데 새롭게 초점을 맞춘다.

알린 그라고시안 박사 이야기

마운트시나이 병원의 중환자 치료 전임의 알린 그라고시안 Alin Gragossian 박사는 2019년 말 레지던트 과정을 마칠 무렵 갑작스럽게 위중한 질병을 겪었다.

"숨이 가빠지고 기침이 몇 주 동안 지속되었습니다. 당연히… 저는 제가 절대 아프지 않으리라 생각했어요. (…) 전 서른 살이었고 평생 큰 병에 걸린 적이 없으니까요. (…) 병원에 갔더니 제 심장이 기본적으로 멈췄다더군요. (…) 여러 검사를 거치기 전에는 아무도 무슨 일

인지 몰랐습니다. 심박출률이 5퍼센트에 불과해 심장이 거의 기능하지 않는 말기 심부전이라고 하더군요. 아주 건강하고 운동도 잘하고 질병도 없는 평범한 서른 살 여성 레지던트였던 저는 3주 만에 이식 수혜자가 되었습니다. 그런 일을 겪고 이식받고 관리한다는 건 무척 까다로운 일이죠."

그는 처음 응급실에 갔을 때 의사들이 몰려들어 자신을 진단하려 애쓰던 모습을 생생하게 기억한다. 검사 결과를 기다리는 동안 심박 수가 급격히 떨어졌고 호흡을 돕기 위해 목구멍에서 폐로 삽관을 해야 했다. 심부전이 너무 심각해 그는 새 심장을 공여받을 최우선 순위가 되었다.

그라고시안 박사는 이식받은 경험을 살려 자신이 돌보는 중환자를 포함해 다른 사람들을 돕기로 재빨리 결심했다.

"저는 제 삶을 재평가하고, 살면서 무엇이 중요하고 무엇은 우선순위가 아니거나 예전만큼 중요하지는 않은지 살펴보려고 애썼습니다. 이식 경험에서 많은 것을 배웠다고 생각하니까요. (…) 솔직히 어떤 면에서는 저에게 일어난 일에 감사합니다. (…) 모든 의사가 똑같지는 않다고 느끼기 때문이죠. 기술을 말하는 게 아니라, 저는 조금 다른 방식으로 환자를 이해한다고 생각합니다. 사실 그건 매우 드문 일이잖아요. (…) 그런 경험을 겪으며 저는 지금 저에게 주어진 시간을 조금 더 의식하고 마음 깊이 성찰하게 되었습니다."

이식 후 며칠이 지나자 그는 자신의 투병과 회복 과정을 블로그에 기록하기 시작했다. 이 작업은 자신의 '뉴노멀'과 계속되는 합병증을 이해하는 데 도움이 되었을 뿐만 아니라, 심각한 질병에 직면한 다른 젊은이들에게 힘과 영감의 원천이 되어주기도 했다. 최근에는 이식 수혜자인 다른 의사와 함께 〈청진기의 양면에서 Both Sides of the Stethoscope〉라는 팟캐스트를 시작했다. 중환자실 의사로 일하면서 의미를 느끼고 용기를 갖는 것은 놀라운 일을 할 수 있는 원동력이 되어주었다. 몸이 나아지자 그는 건강에 큰 위험을 무릅쓰고 팬데믹 당시 최악의 상황을 극복하기 위해 애썼다.

그라고시안 박사 같은 사람이 겪은 '외상 후 성장post-traumatic growth, PTG'을 어떻게 측정할까? 연구자들은 보통 '외상후성장목록Posttraumatic Growth Inventory'이라는 설문지를 사용해, 삶을 뒤바꾼 사건이 일어난 다음 겪는 변화를 평가한다.[8,9] 이 척도의 최신 버전은 다음과 같은 다섯 가지 영역에서 성장을 측정한다. 타인과의 관계 개선, 삶의 새로운 가능성에 대한 감각 향상, 개인의 힘과 능력에 대한 감각 향상, 영적·실존적 변화, 삶에 대한 새로운 인식. 우리가 인터뷰한 사람들도 이런 변화를 겪었다. 팬데믹에 대응하는 의료인을 대상으로 한 우리 연구에서도 이런 변화를 볼 수 있었다.

뉴욕시에서 첫 확진자가 발생하고 약 8개월 뒤, 우리는 외상 후성장목록을 이용해 마운트시나이 병원에서 일하는 의료인의 경험을 더 잘 이해하고자 했다. 결과는 놀라웠다. 의료인 대부분 (76.8퍼센트)이 삶의 한 영역 이상에서 외상 후 성장을 겪었다고 증언했다. 예를 들어, 많은 사람이 삶에 더욱 감사하게 되었다고 답했으며(67.0퍼센트), 일부는 관계가 개선되고(48.7퍼센트), 개인적인 힘에 대한 감각이 향상되었다고(44.1퍼센트) 응답했다.[10] 끔찍한 경험과 정서적 긴장 속에서도 우리 동료들은 삶의 일부 주요 영역에서 더 강해졌다.

극심한 심리적 고통도 외상 후 성장을 가로막지 못한다는 사실을 이해해야 한다. 실제로 우리 연구에 따르면, 팬데믹 초기인 2020년 4~5월 PTSD 증상을 보였던 의료인도 8개월 후인 11~12월에는 외상 후 성장을 할 가능성이 더 높았다.[11] 흔히 연구에 따르면, 외상 후 성장은 PTSD 증상이 중등도일 때 가장 잘 나타나고, 증상이 심각하거나 가벼울 때는 나타나지 않는다.[12] 성장을 촉진하려면 먼저 트라우마 경험이 개인의 세계관이나 세상 속 자신의 위치를 흔들어놓을 정도로 큰 고통을 유발해야 한다. 이런 고통스러운 상황을 겪은 개인은 심리적·철학적·영적 삶의 근본적인 면을 재평가하고 수정하고 다시 구축한다.

나만의 의미, 목적, 성장 찾기

어린 시절에는 흔히 의미 있는 성인기를 꿈꾸고 그런 사람이 되어야 한다는 가르침을 받곤 했다. 부모님이나 선생님은 "커서 뭐가 되고 싶니?"라고 물었다. 물론 나이가 들고 선택지에 대해 더 잘 알게 되면 인생의 야망도 달라진다. 이상적으로라면 우리는 평생 자신의 강점과 흥미를 살릴 일을 자유롭게 선택할 수 있다. 운이 좋다면 자신의 기술을 어떻게 사용하고 있는지 주기적으로 재평가하는 여유를 가질 수도 있다. 특히 세계관을 뒤흔드는 장애물이나 사건에 직면했을 때는 더욱 그렇다.

빅터 프랭클은 《죽음의 수용소에서》와[13] 《삶의 의미를 찾아서The Will to Meaning》에서,[14] 어떤 사람에게는 의미 있는 것도 다른 사람에게는 의미가 없을 수도 있고, 같은 사람도 인생의 다른 시점에서는 상황의 의미를 다르게 볼 수 있다고 주장한다. 프랭클은 의미가 그저 주어지는 것이 아니라, 우리 일상의 구체적인 경험 속에서 의미를 찾아야 한다고 보았다.

주변에서 의미와 목적 찾기

자기 삶에서 어떻게 의미와 목적을 구하고 찾을 수 있을까? 윌리엄 브라이트바트William Breitbart와 그의 연구진은 프랭클의 글에 기반해 임종기 고통에 대처하는 목적으로 네 가지 의미 원천에 초점을 맞춘 심리치료법을 개발했다.[15] 하지만 삶을 뒤바꾸는 질병을 겪지 않아도 이 방법을 적용할 수 있다. 자기 삶에서 어떻게 의미와 목적을 연결하고 이들과 이어질 수 있는지 생각해보자.

- **역사적 의미와 목적**: 가족, 부모, 특정 집단 구성원으로부터 물려받은 유산을 뜻한다. 지금 이 유산을 갖고 어떻게 살고 있는지, 다른 사람에게 이를 어떻게 전수할지와 관련된다.
- **경험적 의미와 목적**: 사랑, 아름다움, 유머, 자연을 대하는 일상적인 경험에서 발견하는 의미다. 현재에 온전히 몰입하는 것을 뜻한다. 물리적으로 꼭 '무언가를 하는 것'을 포함하지 않아도 된다. 인생의 마지막 순간에도 이런 의미를 발견할 수 있다.
- **창의적 의미와 목적**: 그림, 시, 음악, 세월이 흘러도 변치 않는 작품 등을 만드는 데 힘을 쏟으며 길러지는 의미다. 당신에게 자부심을 부여하는 가족도 이런 의미를 줄 수 있다.
- **태도의 의미와 목적**: 삶의 한계에 직면했을 때처럼 사람들이 고통받을 때 취하는 태도에서 발견할 수 있는 의미다. 이 책에서 인터뷰한 많은 사람은 사랑과 감사, 적극적인 문제 해결, 필요한 경우 수용을 발휘해 어려운 상황에 맞서는 의식적인 선택을 했다.

결론

프랭클은 자신의 글에서 '내 삶의 의미는 무엇인가?'라고 묻는 대신 '삶은 내게 무엇을 요구하는가?'라고 묻고, '내가 삶에서 무엇을 기대할 수 있을까?'라고 묻는 대신 '삶이 내게서 무엇을 기대하는가?'라고 물으며 의미를 찾아야 한다고 권한다.

우리는 부모를 선택하지 않았고, 우리가 태어난 시간이나 장소에 대해 말할 권한이 없다. 우리가 선택한 것은 살면서 겪은 수많은 경험 중 일부뿐이다. 특히 역경의 순간처럼 많은 상황은 우리가 선택한 것이 아니다. 하지만 우리는 지금 여기에서 독특한 삶의 경험, 기술, 재능을 지니고 있다. 프랭클과 마찬가지로 우리는 의미가 전적으로 주어지는 것이 아니라 만들어지는 것이라고 생각한다.

그렇다면 인생은 우리에게 무엇을 요구하는가? 바로 우리가 지닌 모든 것이다. 또는 프랭클의 말처럼,[16] 인생은 우리가 어쩌다 착륙한 공간을 채우라고 요구한다. 삶에서 지위나 직업은 중요하지 않다. 중요한 것은 우리가 지닌 것으로 무엇을 하느냐다. 12장에서 프랭클의 중요한 생각을 다시 한번 살펴보자.

12장

◆

지름길은
없다

회복력 연습

회복력은 그저 개념이 아니다. 그저 생각만 하면 저절로 생기지 않는다. 회복력을 기르려면 연습해야 한다. 하지만 어디서부터 시작해야 할까? 대부분의 사람은 개인의 가치관에 부합하고, 자연스럽게 느껴지고, 자신의 생활습관에 잘 맞고, 스스로 실행할 수 있을 만한 회복력 요소 한두 가지를 선택해 시작하는 것이 가장 좋다. 회복력을 기르는 데는 끊임없는 노력과 시간이 필요하므로 인내심을 갖고 꾸준히 연습해야 한다. 이 책 각 장의 마지막 부분에서는 살면서 각각의 회복력 요소를 연습하는 몇 가지 방법을 제안했다.

훈련에 점차 더 많은 회복력 요소를 추가할 수도 있다. 다른 요소를 더하며 연습하면 각 요소가 상호작용해 전반적으로 회복력을 향상시킬 수 있다. 예를 들어, 좀 더 낙관적인 태도를 보이게 된 사람은 호감도가 높아져 사회적 지원을 더 많이 받을 수 있다. 사회적 지원이 늘면 여러 도전에 대처할 새롭고 더 적극적이며 창의적이고 효과적인 전략을 시도하는 데 필요한 안전망과 자신감을 얻을 수 있다.

회복력을 기르려면 스포츠에서 뛰어난 성적을 거두거나 운동 프로그램을 성공적으로 완수할 때와 같은 헌신과 끈기가 필요하다. 끈기, 추진력, 집중력, 지속적인 헌신, 고통을 기꺼이 견디는 의지 등 운동하면서 길러지는 자질과 습관은 모두 회복력 향상 훈련에 적용할 수 있다.

1장에서 언급했듯, 누구도 삶의 모든 영역에서 항상 회복력을 유지할 수는 없다는 점을 이해하는 것도 도움이 된다. 크리스 피터슨Chris Peterson과 마틴 셀리그먼이 '대표 강점signature strength'이라고 부른 것처럼, 누구에게나 각자 타고난 특성이나 능력, 자신이 잘하는 분야가 따로 있다는 사실도 명심하자.[1] 다른 사람에게 피드백을 받아 자신의 강점을 알게 되면 자신감이 높아지고 더욱 성장할 원동력을 얻을 수 있다.

이 책 전반에 걸쳐 열 가지 회복력 요소에 대해 각각 자세히 설명했다. 하지만 이 요소들은 서로 밀접하게 연관되어 있다. 우리가 인터뷰한 사람 가운데 몇몇은 여러 장에 걸쳐 등장한다는 사실도 눈치챘을 것이다. 이들은 평생 자신에게 중요했던 요소를 두 가지 이상 언급했기 때문이다. 우리의 경험을 통해서도 이를 잘 알 수 있다. 1장에서 살펴보았듯, 우리 중 한 명인 데니스는 2016년 8월 뉴욕주 차파쿠아에서 일어난 살인미수 사건에서 살아남았다. 이 이야기에서 그가 사건에서 회복하는 과정에 도움을 준 회복력 요소를 여럿 볼 수 있다.

샤니 박사가 팟캐스트에서 들려준 이야기

"저는 랭스델리 앞에 차를 세우고 식당에 들어가 버터 바른 기본 베이글과 아이스커피를 주문했습니다. 그러고는 차로 돌아가려고 밖으로 나왔는데 갑자기 '탕' 하는 큰 소리가 들렸어요. 제 어깨를 보니 피가 흘러나오고 있더군요. (…) 제 앞을 힐끗 보니 어떤 사람이 산탄총을 들고 있는 것이 보였습니다. 하지만 저의 즉각적인 반응은 안전을 확보하기 위한 '싸움-도피' 반응이었죠. 저는 랭스델리로 되돌아가 "저 총 맞았어요!"라고 소리쳤어요. 그러자 식당 안에 있던 사람들이 반응하기 시작했죠. 계산대 뒤에 있던 제 친구 조지George는 즉시 경찰에 신고했어요. 나중에 그가 말해주었듯, 그는 어떻게든 범인이 식당에 들어오지 못하게 하겠다고 안심시켜주었죠. 오른쪽 어깨에 심한 통증이 느껴졌습니다. 진짜로 오른쪽 어깨를 움직일 수조차 없게 되자 산탄총에 열다섯 발쯤 맞았다는 사실을 알게 되었죠. 총알이 제 어깨를 관통했습니다. 탄환이 폐강과 횡격막을 통해 간 주변에도 박혔어요. 갈비뼈도 두어 개 부러졌죠. 꽤 심각한 부상이었어요. 결국 피가 절반쯤이나 빠져나갔습니다. 아직도 그날 아침을 생각하면 가슴 벅차오르는 감동적인 순간이 있습니다. 마침 비번이던 경찰관 한 명이 구급차를 따라와 누가 와서 저를 해치려 할까 봐 병실 앞에서 저를 지켜주었습니다. 제 아들은 쉬는 날인데도 기꺼이 우리를 지켜준 대브포트Davenport 경찰관에게 고마움을 표했죠. 그는 제 아들에게 "차라리 제가 총에 맞았다면 좋았을 텐데요"라고 말했습니다. 저를

알지도 못하는 사람이었는데 말이죠."²

샤니 박사는 곧 경찰을 통해 자신을 쏜 범인이 2009년 학내 비리로 해고된 전직 교원이라는 사실을 알게 되었다. 그는 샤니 박사와 손자를 포함한 가족을 스토킹하며 수개월 동안 공격 계획을 세웠다. 끔찍한 일이었다.

회복력 분야의 저명한 연구자이자 의과대학 학장이던 그는 인생을 뒤바꿀 만한 사건과 고통스러운 재활 과정을 겪어야 했다. 지금껏 자신이 말해온 내용을 실천할 수 있을까?

"제게는 롤모델이 여럿 있었습니다. 그들 가운데 몇몇은 회복력 연구 과정에서 만나 배운 사람들이죠. 그중에는 6~8년 동안 감옥에 갇혀 끔찍한 고문을 받은 베트남전 포로도 있습니다. 하지만 그들 중 상당수는 풀려난 뒤 인생에서 큰 성취를 거뒀어요. 우리는 네이비실 대원도 만났죠. 저는 그들을 개인적으로 만나고 이렇게 생각했습니다. (…) '그들이 할 수 있다면 나도 할 수 있다. 나는 트라우마가 하나다. 트라우마가 여럿인 사람도 많은데 말이다.' 저는 곧바로 목표를 세웠습니다. 회복력을 연구하며 배운 것이죠. 중환자실에 입원했을 때 의사에게 누가 제 담당이냐고 물었습니다. "저 화이트코트 White Coat 연설해야 하는데요." 화이트코트 연설은 이제 막 의대에 입학한 신입생들에게 하는 연설입니다. 의학 수련에 발을 들인 의대 1학년생에게 말 그대로 하얀 가운을 입혀주는 매우 감동적인 행사죠. 좀 우스꽝스럽게 들리겠지만, 저는 수백만 명의 브루스 스프링스틴Bruce Springsteen 팬 가운데 한 사람입니다. 그는 '난 다른 이들보다 강하지Tougher Than the Rest'라는 가사를 썼죠. 그 가사가 저에게 일어난 일과 꼭 맞지는 않지만, 중환자실에 있으면서 저는 '다른 이들보다 강해지겠다'는 그 가사를 계속 떠올렸어요. 이 총격 사건에서 회복하는 과정에서 다른 이들보다 더 강해지겠다고 말이죠." [3]

그의 회복을 도운 또 다른 부분은 다른 폭력 범죄 생존자의 롤모델이 될 수 있다는 뜻밖의 기회였다. 샤니 박사가 총격을 당하고 거의 1년 뒤, 한 전직 의사가 브롱크스레바논 병원 2층에서 AR-15 공격용 소총으로 총격을 가해 한 명이 사망하고 여러 명이 중상을 입었다.

"부상이 심각한 많은 환자가 치료를 위해 마운트시나이 병원으로 이송되었습니다. 그중 한 명은 의과대학을 갓 졸업한 수련의 1년차의 젊은 의사였죠. 그가 처음에 상황에 대처하는 데 어려움을 겪고 있다고 직원들이 말해주더군요. 제가 그를 만나보면 도움이 될 것 같다고요. (…) 저는 그에게 가서 "나는 학장이지만 자네 형제이기도 하네"라고 말했습니다. 저도 비슷한 일을 겪었지만… 회복하고 있다고요. 그리고 처음에는 불안하고 감정이 몹시 동요하겠지만 결국 그런 감정은 사라질 거라고도 말해주었죠. 믿을지 모르겠지만 이 경험이 당신을 더 좋은 의사로 만들어줄 거라고 말했습니다. 고통받는 환자를 치료하면서 자신이 겪은 고통을 떠올리고 환자에게 더욱 공감하는 더 좋은 의사가 될 거라고 말이죠."[4]

이 책에서 인터뷰한 사람들처럼 샤니 박사도 여러 지원을 받았지만 회복이 쉽지는 않았다고 증언했다. 한동안 밤이 되면 어둠 속에서 트라우마 기억이 되살아나 불안했다. 시끄러운 소리에 깜짝 놀라기도 했지만 왜, 누가 자신을 공격했는지, 그런 일이 다시 일어나지 않을지 가족과 함께 이해하려고 애썼다. 그런 상황에서도 샤니 박사는 자신의 목표에 집중했다.

그는 중환자실에서 나온 후 매일 열심히 재활 훈련을 받았다. 총격 사건을 겪은 지 겨우 2주 만에 그는 마운트시나이 의과대학 학생들 앞에서 화이트코트 연설을 하겠다는 단기 목표를 달성했다. 이 장을 마무리하며 그 연설 일부를 소개하겠다. 얼마 후 그는 전립선암 인식 제고를 위한 팔굽혀펴기 챌린지를 시작했다. 하루하루 조금씩 더 나아졌다.

이 책에서는 어려운 시기에 개인이 어떻게 특정 회복력 요소를 받아들였는지를 많이 다뤘다. 하지만 회복력은 가족, 양육, 직업 같은 더 넓은 맥락과도 관련이 있다. 이 장의 나머지 부분에서는 삶의 이런 측면을 좀 더 자세히 살펴보겠다.

가족

우리는 모두 가족이 필요하다. 이상적으로 가족은 우리에게 가장 중요한 회복력의 원천 가운데 하나이며, 안전하고 사랑받고 받아들여진다는 느낌을 알게 되는 곳이기도 하다. 가족은 흔히 가치관의 뿌리가 되기도 한다. 하지만 어떤 사람은 어린 시절의 가족 경험을 그리 좋지 않게 느낄 수도 있다. 부모에게 오해받고 실망했던 어린 시절의 기억이 생생하거나, 극단적으로는 학대나 방임 같은 충격적인 일을 겪기도 한다. 그러나 성인이 되면 부모가 우리를 기르는 과정에서 겪었을 어려움을 이해하고 도움을 받을 수 있다. 부모 역시 까다롭고 문제 많은 가정에서 태어나 열악한 환경에서 최선을 다했을 수도 있다. 가족 구성원을 이해하고 어떤 면에서 '용서'하려 노력하며, 보상을 얻고 서로 지원하는 관계를 맺는 길을 열기를 바란다.

아버지의 희생에서 다른 관점을 얻은 아들

마운트시나이 의과대학 대학원에 재학 중인 토니 충Tony Chung은 어렸을 때 아버지를 이해하지 못했다. 다른 친구들은 부모님과 함께 야구경기나 현장학습을 가거나 뒷마당에서 놀았지만, 베트남 난민인 토니의 아버지 데니스는 항상 일만 했다. 토니는 나이 들어서야 아버지의 희생과 그가 베트남에 남겨두고 온 것, 가족을 위해 '맨손으로' 일궈온 것에 감사하게 되었다.

"솔직히 어렸을 때 저는 아버지가 당연히 그런 사람이라고 생각했던 것 같아요. 제가 본 아버지는 항상 일만 하는 사람이었으니까요. 저를 위해서든 어쨌든 한 번도 집에 제대로 있어준 적이 없었죠. (…) 어렸을 때 공원에서 친구 아빠와 원반던지기 놀이를 했는데 너무 부러웠던 기억이 나요. 일주일에 겨우 하루 쉬는 아버지에게 원반을 사 공원에서 같이 놀아달라고 조르곤 했죠. 나이가 들면서, 특히 코로나19 팬데믹을 겪으며 아버지가 하루 열네 시간씩 식당에서 일하신 것이 결코 헛된 일이 아니었다는 사실을 깨달았어요. 아버지는 가족에 대한 순수한 사랑과 우리를 부양해야 한다는 의무감 때문에 일터에 계셨던 거죠. 아버지가 저를 학교에 보내고 지금의 제가 있게 해주기 위해 얼마나 많은 돈과 노력을 들이셨는지 잘 알 수 있습니다. 이제야 아버지의 고마움을 더 잘 알게 된 것 같아요. 그리고 정부에 삶의 모든 것을 빼앗기는 것보다 더 나쁜 일은 없다는 사실도 알게 되었습니다. 배를 타고 난민섬으로 위험한 여정을 떠나, 그곳에서 1년이나 통조림으로 끼니를 때워야 한다니요. 이보다 더 끔찍한 일은 없을 겁니다. 저는 힘들다고 느껴지면 너무 불평하지 말고 조금만 더 참아보자고 스스로 말합니다. 좋은 날이 올 테니까요."

안타깝게도 어떤 가족은 서로에게 너무 해를 입혀 다시 연결되고 용서한다 해도 더 큰 고통만 남기기도 한다. 이런 경우라면 건강한 힘의 원천이 되어줄 새로운 '가족'을 꾸리는 편이 더 나을 수 있다. 결혼이나 연인 관계, 친구 모임, 직장 동료, 종교단체에서 이런 관계를 찾을 수 있다. 의사소통이 원활하고, 서로를 물심양면으로 지원하고, 서로의 성취에 집중하는 팀을 일구거나 이에 소속되는 운 좋은 사람도 있다. 이처럼 잘 형성된 '일터 가족'은 정서적인 치유를 줄 수 있다.

가족사가 어떻든 서로를 좋아하고 받아들이며, 친절하게 존중하며 대하고, 항상 최고가 되라고 격려하는 사람들에게 둘러싸여 있는 것이 현명하다. 이런 사람들은 좋은 시기에 선의와 자원을 공유할 틀이 되어주고, 어려운 시기에는 내가 그렇듯 그들이 나를 위해 '곁에 있어주리라' 기대할 수 있다.

가족역학 전문가 프로마 월시Froma Walsh는 역경에 대처하기 위한 '가족 회복력 구조'를 제안한다. 이 구조는 회복력 높은 가족이 트라우마와 스트레스에 대처할 때 사용하는 아홉 가지 핵심 과정으로 구성된다.

- 역경의 의미 찾기
- 긍정적인 전망 유지
- 초월성과 영성 함양

- 유연성 연습
- 연결 및 사회적 지원 강화
- 사회적·경제적 자원에 의지
- 명확하게 의사소통하며 애매한 상황을 정확히 파악하기
- 긍정적인 감정과 부정적인 감정 모두 공개적으로 표현하기
- 협업해서 문제를 해결하고 좌절에서 교훈을 얻기

이 목록을 보면 이 책에서 논의한 열 가지 회복력 요소와 프로마 월시가 가족 회복력의 핵심이라고 주장하는 과정 사이에 분명 비슷한 점이 있다는 사실을 알 수 있다.[5]

자녀 양육

아이들이 성인이 되면 그들이 마주할 세상에 대비되어 있을까? 우리의 목표가 자녀를 회복력 있는 아이로 키우는 것이라면, 아이를 보호하는 것과 아이가 최대한 잠재력을 발휘하도록 격려하는 것 사이에서 적절한 균형을 찾아야 한다.

육아 책은 넘쳐나고 많은 새내기 부모가 할 수 있는 한 '최선'을 다하려고 애쓴다. 하지만 부모는 과하지 않고 적당한 '충분히 좋은good enough' 부모가 되면 된다. 영국 소아청소년과 의사이자

정신분석가 도널드 위니콧Donald Winnicott은 과잉보호하지 않고 아기의 욕구를 충족시키면서도 아기가 자라면서 즉각적인 만족에서 점차 멀어지게 해주는 부모를 설명하기 위해 '충분히 좋은' 부모라는 용어를 만들었다.[6] 이렇게 양육하면 아이는 좌절감을 포함해 점차 더 많은 도전을 스스로 겪어내고 극복할 수 있다. 충분히 좋은 부모는 자녀가 극복할 수 있는 도전은 장려하지만, 너무 버겁고 위험한 도전은 장려하지 않는다. 충분히 좋은 부모도 실수할 수 있다. 하지만 실수를 '인정'하고 앞으로 나아간다. 충분히 좋은 교사, 코치, 멘토, 상사도 마찬가지다.

아이컨 의과대학교 인구보건학과장 아네틴 젤린스Annetine Gelijns 박사는 부모님이 어떻게 자신의 회복력을 높여주었는지 들려주었다. 젤린스 박사는 척추이분증과 심한 척추측만증을 갖고 태어나 여러 차례 수술을 받아야 했고, 그중 한 번은 수술 후 일시적인 마비를 겪기도 했다. 하지만 의사가 젤린스를 장기요양시설로 보내야 한다고 권유했을 때도 부모님은 그가 회복하고 성장할 수 있다는 믿음을 잃지 않았다. 그 역시 데버라 그룬처럼 척추 안정성을 높이기 위해 어린 시절 오랫동안 조개껍데기 모양의 보조기를 차야 했다.

자립 지원

젤린스 박사는 부모님이 자신감을 길러주기 위해 계획된 위험을 어떻게 허용했는지 설명했다.

"어릴 때 정말 말을 타고 싶었죠. 부모님은 제가 열 살이 되자 조랑말을 사주셨어요. 저는 보조기를 차고 조랑말 위에 앉아 숲으로 갔죠. 말이 달리면 보조기가 나무에 걸리기도 했어요. (…) 하지만 부모님은 그런 위험을 감수하고서 제가 말을 타도록 허락하셨죠. 부모님은 제가 진짜로 나아지려면 그렇게 해야 한다고 말씀하셨어요. 그러나 제가 무엇을 하든 당신들이 저를 지지해줄 거라고요. 만약 제가 위험을 감수하고 싶다면 그렇게 할 수 있도록 곁에서 지켜주시겠다고 말이죠. (…) 부모님이 저를 지지하고 있다는 사실을 알게 되자 상황이 완전히 달라졌어요. 그리고 제가 다른 사람과 조금 다른 부분이 있어도 부모님은 다르지 않다고 말해주셨습니다. 말을 타고 싶고 승마경기에 나가고 싶다면 그렇게 할 수 있다고요. 그런 것이 제가 하는 일에 큰 힘이 되어주었다고 생각합니다."

일과 직업

많은 사람이 직장에서 부정적인 평가를 받거나 승진에서 탈락하거나 심지어 직장을 잃는 등 어려운 상황에 직면했거나 앞으로 그렇게 될 수 있다. 마이클 블룸버그나 스티브 잡스처럼 지금은 유명해진 비즈니스 리더들도 창업하기 전 다니던 회사에서 해고된 적이 있다.

한 명이든 수천 명이든 다양한 규모의 팀을 이끄는 리더에게 자기 역할에서 회복력을 기르는 일은 특히 위기 상황에서 '임무를 달성하는' 데 매우 중요하다. 코로나19 팬데믹만큼 이 사실을 더욱 명확하게 깨닫게 해준 시기는 없었다. 우리는 마운트시나이 병원에서 회복력 높은 리더십 사례를 많이 보았다. 비상사태 초기에 실시한 연구에 따르면, 리더로부터 지지받는다고 느낀 의료인은 정신건강에 위험 신호를 보일 가능성이 작았다. 신뢰할 수 있고 신체적·정서적으로 함께 있으며 정보를 명확하게 전달하는 것이 회복력 높은 리더십의 핵심 요소다.

위기 속 리더십

마운트시나이 병원 대표 마거릿 파스투슈코는 코로나19 팬데믹 1차 유행에서 얻은 몇 가지 중요한 교훈을 전해주었다. 먼저 그는 직원을 사람으로 여기고 안전을 최우선시하는 것이 가장 중요하다는 점을 분명히 언급했다.

"우리 직원들에게 중요한 것은 (…) 그들의 가족이 안전하다고 확신할 여유를 주는 일이었습니다. 업무에 집중하는 동시에 가족이 안전하다고 믿을 수 있도록 말이죠. 우리 중 많은 사람이 집을 떠나 있었습니다. 숙소 등을 확보해야 했어요. 직원을 지원한다는 것은 그런 의미입니다. 그렇지 않으면 다른 사람을 도우려고 애쓰는 동안 가족이 자기도 모르는 위험에 처할까 봐 걱정하게 되기 때문이죠."

그는 회복력 높은 리더십에 필수적인 용기와 결단력이라는 요소도 짚어주었다. 우리는 항상 실수에서 배울 수 있고 폭풍이 잠잠해지면 방향을 수정할 수도 있다.

"그때 우리 팀을 위해 한 모든 일이 완벽했을까요? 글쎄요. 하지만 당시 우리가 손에 쥔 가장 좋은 정보로 할 수 있는 최선이었죠. 저는 항상 이렇게 말합니다. "결정이 내려지기를 기다리기보다 결정을 내리는 편이 낫다"고요. 완벽한 정보와 완벽한 상황을 기다릴 수도 있지만, 결정은 스스로 내리는 것이니까요. 리더 역할을 맡고 있지 않더라도 우리 대부분은 두려움에 직면하는 법을 익히고, 현실적 낙관주의를 함양하고, 롤모델을 통해 배우고, 사회적 지원을 주고받으며 경력을 이어나갈 수 있습니다. 직장은 때로 약육강식의 세계로 여겨지지만, 경력 발전의 기회를 내려놓더라도 자신의 가치와 도덕적 나침반에 충실하면 회복력이 생깁니다."

회복력 있는 리더는 회복력 있는 팀을 구축할 수 있다. 은퇴한 해군 제독 스콧 무어는 2013년 마운트시나이 병원 연설에서 회복력 있고 효율적인 팀이 지닌 다섯 가지 속성을 언급했다.[7]

1. 팀의 비전과 사명을 명확하게 전달하는 리더가 있다.
2. 리더는 팀원 하나하나를 진심으로 소중히 여긴다.
3. 미래의 리더를 위한 코칭과 멘토링을 중요시한다. 리더로 성장하는 과정에서 실패를 눈감아주는 것을 포함해 권한 위임은 기본이다.
4. 리더는 팀원들에게 지속적인 신뢰를 보여주고 상호 신뢰를 형성한다.
5. 항상 개선하려는 열망이 있다. 업무를 수행하는 동안 팀의 성과를 계속 검토해 이런 열망을 드러내며, 리더 자신을 포함해 팀원들에게 책임을 보인다.

리더는 최선의 실행을 추구하며 경청하고 끊임없이 소통한다. 상황이 어려워지면 리더가 나서서 문제를 해결한다.

여러 회복력 요소를 통합한 활동 사례

앞서 설명했듯, 각 회복력 요소는 서로의 바탕이 되며 때로 함께 시너지 효과를 내기도 한다. 다음 몇 가지 사례를 보자.

자원봉사

가치 있는 목표를 추구하면서 다른 사람과 함께 자원봉사에
참여하는 데는 잠재적인 여러 이점이 있다. 무엇보다 조직, 대의,
도움이 필요한 사람에게 지원해줄 수 있다. 하나 이상의 회복력
요소를 강화해 자원봉사하는 사람에게 힘을 주기도 한다.

스티븐, 캠프에 가다

우리 중 한 명인 스티븐은 회복력 강연을 마친 뒤 '홀인더월갱 캠
프 Hole in the Wall Gang Camp' 이사회로부터 연락을 받았다. 배우이자
자선사업가 폴 뉴먼 Paul Newman이 설립한 이 단체는 암이나 기타 심
각한 질병을 앓는 어린이들을 위해 무료 야외수련회를 연다. 이듬해
여름, 스티븐은 코네티컷주 애시퍼드에서 열린 이 단체의 캠프에서
일주일 동안 상담사로 자원봉사했다.

"저는 신입 자원봉사자를 위한 주간 오리엔테이션을 받으며 캠프
에서 몇 년 동안 일한 대학생 나이의 상담사 두 명을 소개받았습니
다. 말하자면 제 새로운 상사였죠. 그들은 저를 편하게 대해주었습니
다. 이곳 아이들은 모두 심각한 질병을 앓고 있고 일부는 중대한 신체
장애가 있었지만, 대학생 상담사들은 아이들을 재미있게 해줄 방법
을 알고 있었어요. 게임을 고안하고 아이들과 농담을 주고받으며 단

몇 분 만에 아이들과 친구가 되었습니다. 자만하며 나르시시즘에 빠진 개인주의적인 요즘 세대가 아니었어요. 이들은 즐거움을 사랑하고 관대하며 친절했습니다. 일주일 동안 저는 어떤 아이도 자신의 병에 대해 불평하는 말을 들은 적이 없습니다. 그 주를 돌아보며 회복력에 대해 생각해보면 여러 요소가 눈에 띕니다. 자원봉사 상담사로 일한 경험은 제가 안전한 곳에서 벗어나 유연성을 높이고, 가치 있는 목표에 기여하고, 사회적 지원을 주고받으며, 제 삶의 목적과 사명을 자세히 들여다볼 수 있도록 도와주기도 하고 때로 그렇게 하도록 밀어주었습니다. 하지만 제 회복력에 가장 강력한 힘을 실어준 것은 헌신적이고 강인하며 이타적인 직원들, 무엇보다도 제가 돌본 아이들이라는 롤모델이었죠. 저는 이 꼬마 신사숙녀들에게서 본 회복력, 용기, 우아함에 계속 감명받았고 그들을 본받기 위해 최선을 다합니다."

단체에 따라 자원봉사는 여러 가지 기회를 주기도 한다. 종교적 사명에 참여해 종교적·영적 수행을 심화하고, 불의에 맞서는 단체에 가입해 도덕적 용기를 발휘하고, 암 연구 기금 마련을 위한 자전거대회에 참가해 신체건강을 증진하고, 튜터나 멘토가 되어 뇌 건강을 향상시킬 기회를 얻을 수 있다. 누구나 이런 경험을 통해 인지적·정서적 유연성을 기를 수 있다.

운동경기

운동은 신체적·정서적 회복력과 관련이 있다. 혼자 운동해도 회복력을 기를 수 있지만, 친구와 함께 운동하면 사회적 지원이 더해지고, 대회에 참가하면 적극적으로 도전하면서 자신을 시험할 수 있다. 게다가 팀을 이루어 경쟁하면 동료애를 느끼고 새로운 롤모델을 찾을 기회도 얻는다. '암 퇴치를 위한 10킬로미터 마라톤'처럼 대의를 위한 경쟁은 이타주의라는 요소를 더해준다. 의식하든 그렇지 않든 우리는 이런 활동을 하면서 최소 다섯 가지의 회복력 요소를 발휘하는 셈이다.

오늘날 미국 일부 교사나 부모는 경쟁이 아이들의 정서적 웰빙에 해롭다고 여기며 모두가 승자가 되는 다른 세상을 만들기 위해 노력한다. 하지만 경쟁은 피할 수 없다. 경쟁은 현대 생활에 스며 있다. 운동할 때는 물론 대학에 입학하거나 직업을 갖거나 심지어 배우자를 얻기 위해서도 경쟁을 해야 한다. 이길 때도 있고 질 때도 있는 법이다.

제프 그룬의 육아 관점

이 책의 앞부분에서 선천적으로 장애가 될 수 있는 질병을 갖고 태어났지만 놀라운 성취를 이룬 젊은 여성 데버라를 만났다. 그의 아버지 제프 그룬은 두 딸을 통해 경쟁의 가치를 배웠다. 딸들이 동네 수

영클럽에 가입하기 전까지 제프는 경쟁은 나쁜 것이며 자신감, 동료애, 순수한 배움의 기쁨을 해친다고 믿었다. 하지만 나중에 그는 관용의 가치를 이해하고 심지어 경쟁을 받아들였다.

"저는 스포츠를 통해 소아청소년과 연구자로 생존하는 법과 연구 경력에 대해 아주 많은 것을 배웠습니다. 제가 어렸을 때 스포츠를 하지 않은 이유 가운데 하나는 스포츠를 이해하지 못했기 때문입니다. 이길 수 없으면 하고 싶지 않았죠. 그게 몇 년 동안 제가 고수해온 태도였어요. 하지만 우리 아이들은 엄청난 승자는 아니지만 운동을 좋아했습니다. 아이들이 행복해지기 위해 꼭 우승할 필요는 없다는 사실을 깨닫기까지 정말 오랜 시간이 걸렸어요. (···) 아이들에게는 스스로 최선을 다하는 것이 정말 중요했는데, 전 그걸 이해하지 못했죠. 저는 중요한 논문을 발표하고, 훌륭한 실험을 하고, 연구비를 많이 받지 못하면 몹시 화가 나고 당황하곤 했어요. 특히 다른 사람과 끊임없이 비교한다면 전문직으로 일해나가기 매우 힘들죠."

8장에서 소개한 제이크 러빈 박사를 비롯해 우리가 인터뷰한 회복력 높은 많은 사람은 경쟁이 자기 효능감을 강화하고 최선을 이끌어낸다는 사실을 알았다. 경쟁은 '실패'에서 회복하는 법을 배우고 더욱 도전적인 개인 목표를 향해 나아가는 데 도움이 된다.

멘토 되기

멘토링은 롤모델의 개념을 가져와 뒤집은 것이다. 멘토는 기술을 개발하고 격려받아야 할 사람의 모델 역할을 한다. 멘토 역시 그 과정에서 자신만의 기술을 개발할 수 있다. 우리는 가르치면서 배우기 때문이다. 게다가 멘토는 보통 멘티의 삶이 나아질 것이라는 낙관적인 전망을 수용하고, 자신의 시간과 재능을 기부하며 이타주의를 실천하고, 사회적 지원을 주고받는다. 멘토링의 가장 큰 요소는 이타심이다. 젤린스 박사는 학과 후배 교수진을 멘토링했던 경험담을 들려주면서 자신의 개인적인 목표보다 "그들이 최선을 다해 최고가 될 수 있는 환경을 조성해주는 것"을 최우선으로 삼았다고 말했다.

가장 널리 알려진 멘토링 프로그램은 6~18세 어린이를 성인 멘토와 연결해주는 미국 '빅 브러더스 빅 시스터스'다. 이 단체는 군인이나 감옥에 있는 사람의 자녀 등 특수 집단을 위한 프로그램도 운영한다. 최소 봉사 시간은 일주일에 한 시간이다. 자원봉사자는 지역사회나 학교에서 '형제자매'를 만날 수 있고, 여기에서 가장 중요한 것은 우정이다.

생존자의 사명

2006년 1월 29일, ABC 뉴스 특파원 밥 우드러프Bob Woodruff는 이라크 군대를 취재하던 중 도로변 폭탄이 폭발해 심각한 부상을 당했다. 심각한 뇌 외상을 입은 그는 36일 동안 혼수상태에 빠졌다. 집중적인 언어치료와 기타 재활치료를 받은 밥은 부상당한 지 18개월 만에 텔레비전으로 돌아와 황금시간대에 자신의 외상성 뇌 손상 경험을 다룬 특별방송을 진행했다. 그는 자신이 부상당한 뒤 재활한 과정을 다룬《한순간에In an Instant》라는 책을 아내 리Lee와 공동 집필해 출간했다.[8]

우드러프 부부는 외상성 뇌 손상의 충격에서 회복하려는 군인과 그 가족을 돕기 위해 2006년 밥우드러프재단Bob Woodruff Foundation을 설립했다. 웹사이트에서 볼 수 있는 재단의 사명은 '어려움을 겪은 참전용사, 군인과 그 가족, 보호자가 잘 살아나갈 수 있도록 공정한 해결책을 찾고, 자금을 지원하고, 구체화하고, 가속한다'는 것이다. 국제 지뢰 생존자 네트워크를 설립한 제리 화이트, 로나브린히어로스재단을 공동 설립한 코리 파이스트와 제니퍼 브린 파이스트처럼, 우드러프 부부도 자신이 겪은 트라우마 경험을 발판으로 다른 사람을 도왔다.

꼭 유명인이 되어야 생존자의 사명을 받들 수 있는 것은 아니다. 2000년 밸런타인데이, 캐럴린 무어Carolyn Moor와 남편 채드Chad는 단골 레스토랑에서 저녁식사를 마친 뒤 집으로 돌아오던 중이었다. 대학생 네 명이 탄 차가 맞은편 차선에서 옆으로 돌진해왔다. 채드는 급히 핸들을 돌려 캐럴린이 아니라 자기가 탄 쪽이 부딪히도록 했다. 마주 오던 차의 경로에서 가까스로 빠져나왔지만 차는 가로등을 들이받았고, 그 충격으로 가로등이 채드의 머리 위로 떨어졌다. 맞은편 차는 아무 일도 없다는 듯 유유히 사라졌다.

간호사인 캐럴린은 남편에게 심폐소생술을 했지만, 열두 시간 뒤 채드는 인근 병원에서 사망했다. 두 자녀와 함께 남겨진 캐럴린은 남편의 장례를 치렀다. 하지만 일상을 계속해야 했고 휴직도 할 수 없었다. 그는 자신의 고통스러운 경험을 통해 남편을 잃은 미국 여성을 위한 지원이 얼마나 부족한지 깨달았다.

캐럴린은 2011년 비영리단체 '모던위도스클럽Modern Widows Club'을 설립했다. 이 단체의 사명은 '남편을 잃은 여성들이 삶을 받아들이고 회복력을 기르며 사회에 긍정적인 변화를 일으킬 수 있도록 힘을 싣는 것'이다.[9] 이들의 멘토링, 리더십, 교육, 옹호, 지원 모임 프로그램은 미국 전역으로 퍼져나갔으며 이제 전 세계에 영향력을 발휘하고 있다. 이들은 남편을 잃은 여성에 대한 지원, 대책, 연구를 개척한다.

11장에서 생존자의 사명을 실천한 사람과 그 사명을 다룬 몇 가지 사례를 소개했다. 여러 이야기를 통해 명확한 사명과 끈기가 필수라는 사실을 알 수 있다.

회복력: 맺음말

회복력은 운명과 자유의 차이를 이해하고, 자기 삶에 책임지는 방법을 배우며, 스스로 통제할 수 있는 범위 내에서 노력하는 것이다. 인간은 자유롭지만 자유로워지려면 다음과 같은 책임이 따른다.

- 회복력 롤모델을 찾아 모방하자.
- 긍정적인 감정과 낙관주의를 기르자.
- 두려움을 직시하고, 문제를 회피하지 말고 맞서자.
- 실패를 통해 배우고, 포기하고 싶은 마음이 들더라도 끈기 있게 버티자.
- 불쾌감과 스트레스를 주는 트라우마 사건을 건설적으로 재구성하자.
- 사회적 지원을 구하고 지원망을 구축하자.
- 운동하고 잘 먹고 푹 자며 건강한 몸을 유지하자.
- 자신이 지닌 강점이 무엇이든 그것을 활용하고 키우자.
- 영성과 종교에 시간과 에너지를 투자하자.
- 도움이 필요한 다른 사람을 돕자.
- 일상에서 의미를 찾자.
- 훈련을 통해 목표 달성에 필요한 지식과 기술을 습득하자.
- 큰 노력과 고난 없이 성취하는 경우는 드물다는 사실을 인정하자.
- 도덕적·윤리적 중심을 잡는 강인한 인성을 기르자.
- 적절한 생존자의 사명을 찾아서 받아들이자.

- 역경 속에서도 운명이 내미는 손을 잡고 배우며 성장할 기회를 적극적으로 찾자.
- 바꿀 수 없다면 받아들이자.
- 피할 수 없는 신체적·정신적 고통을 품위 있게 견디도록 가능한 한 노력을 다하자.
- **요약하자면, 우리 손에 쥔 것으로 최선을 다하자.**

이런 선택은 각자가 살면서 계속 직면하는 문제다. 물론 자신에게 놓인 짐을 더 버겁게 느끼는 사람도 있다. 이 책을 통해 어려운 시기에 적응하고 '극복'하고 벗어나는 데 정답은 없다는 사실을 독자 여러분의 마음에 새겼으면 한다.

샤니 박사의 연설

샤니 박사가 총격 사건을 겪은 지 불과 2주 만에 아이컨 의과대학에서 한 연설에서 발췌한 내용으로 이 장을 마무리하겠다. 이 연설은 미래의 의사를 대상으로 했지만, 우리 모두에게도 해당하는 이야기다.

우리는 보통 직업적·개인적 비극을 겪을 때 힘을 보여달라는 요청을 받습니다. 강인함을 보이고, 용기를 드러내며, 어떤 압박 속에서도 은혜를 베풀어 주변 사람에게 영감을 주는 일은 부담인 동시에 특권이기도 합니다. 이는 세상 그 어떤 것에도 비할 수 없는 선물입니다. 앞으로의 4년은 힘든 시기가 될 것입니다. 학업에서 성공하는 일과 삶의 다른 면을 성취하는 일 사이의 균형을 이루기 어려울 수도 있습니다. 여러분에게 주어진 인생은 단 한 번뿐입니다. 가장 중요한 것은 어떤 일을 하든 진실되게 임하고, 여러분이 믿는 것을 지지하는 것입니다. 의사로서 이것은 그저 선택이 아니라 환자와의 약속입니다. 마지막으로 저는 나쁜 일이 일어날 수 있다는 사실도 압니다. 저도 좋지 않은 일을 겪었습니다. 힘든 시기를 겪을 수도 있습니다. 하지만 부단히 노력하며 빛나는 목표를 향해 뚜벅뚜벅 자신의 길을 가다 보면 결국 나중에는 다른 이들보다 더 강인한 사람이 되어 있을 것입니다. 어니스트 헤밍웨이Ernest Hemingway의 말처럼 말입니다. "세상은 모든 사람을 망가뜨리지만, 그 뒤에 많은 사람은 자신이 망가진 그곳에서 강인해진다." [10]

죽음에 맞서는 회복력

우리 동료이자 친구였던 스티븐 사우스윅 박사는 전이성 전립선암으로 5년 동안 투병한 끝에 2022년 4월 20일 향년 73세를 일기로 세상을 떠났다. 사망 당시 스티븐은 예일대학교 의과대학에서 정신과, PTSD, 회복력을 담당하는 석좌교수이자 미국 보훈부 국립 외상후스트레스장애센터 임상신경과학부의 의료 책임자였다.

스티븐은 1948년 4월 24일 매사추세츠주 보스턴에서 태어났다. 그의 가족은 봉사와 교육에 확고한 의지가 있었다. 아버지 웨인 사우스윅Wayne Southwick은 예일대학교 의과대학 정형외과학교실의 창립 의장이었다. 그의 형 프레더릭Frederick도 의사고, 누나 마샤Marcia는 지금은 은퇴했지만 문예창작과 교수였다.

스티븐은 베트남전 당시 미군에서 복무했고 독일에 주둔했다. 제대 후 의과대학에 진학해 예일대학교에서 정신과 레지던트 과정을 마쳤다. 이후에도 예일대학교에 계속 재직하며 다양한 협력과 수십 년에 걸친 우정을 쌓았다.

스티븐은 친구와 동료에게 사랑받았고, 자신이 멘토링하는 학생이나 정신과 레지던트, 교수진 등 지위를 막론하고 모두를 사랑했다. 그의 아내 버너넷은 든든한 지원군이었다.

그가 정신의학 분야에 미친 영향은 이루 말할 수 없다. 스티븐은 PTSD와 회복력을 이해하고 고통 속에서 의미를 찾는 방법을 다룬 논문, 저서, 글을 400편 넘게 발표했다. 하지만 그보다 더 중요한 점은 그가 자신의 말을 그대로 실천했다는 사실이다. 스티븐의 말을 빌리고 그를 잘 알았던 사람들의 경험담을 토대로, 우리는 이 마지막 장을 할애해 그가 투병 기간 내내 자신이 연구한 수많은 회복력 요소를 스스로 어떻게 실천했는지 이야기하려고 한다.

타인을 위해 온전히 헌신하다

스티븐은 5년 동안 임상 시험, 방사선 치료, 호르몬 요법 등 적극적인 치료를 받았다. 하지만 치료에는 심각한 합병증이 동반되었고 신체적 고통도 극심했다. 그는 질병을 겪으며 집중해야 하는 관심사를 다시 배치했다. 사랑을 베풀고 사회적 지원을 주고받는 것이 최우선 과제가 되었다. 스티븐은 이 책을 위한 메모에 이렇게 적었다.

암을 겪으며 나는 나에게 적용되는 회복력이라는 주제를 조심스
럽게 평가했다. 가끔 회복력에 대해 강연하면 청중이 이렇게 질문
할 때가 있었다. "사우스윅 박사님, 당신과 샤니 박사가 책에서 제
시한 조언을 박사님도 따르고 있나요?" 나는 이렇게 대답했다. "좋
은 수영 코치가 되기 위해 좋은 수영 선수가 될 필요는 없다고 말
하고 싶네요." 하지만 그런 대답으로는 충분하지 않았다.

내가 언제나 두려움에 정면으로 맞선 것은 아니다. 가끔은 미룰
때도 있었는데, 그러면 상황은 더욱 악화될 뿐이었다. 하지만 지
금 내 문제인 난치성 암은 그럴 수 없다. 미룰 시간도 없고, 실패
하거나 거절당할지도 모른다고 두려워할 시간도 없다. 시간이 얼
마나 남았든 받아들이고, 최대한 사랑하고, 베풀고 또 베풀어야
할 시간만 있을 뿐이다.

암 진단을 받기 전에는 사람들에게 내가 그들을 얼마나 아끼고 사
랑하는지 알리기가 두려웠다. 하지만 지금은 아니다. 지금보다 나
빠질 일이 있겠는가? 내 사랑을 돌려받지 못하거나, 누군가 내 신
념이나 행동에 반대하거나, 질책받거나, 직장에서 해고되거나, 심
지어 죽는다 해도 말이다. 맞다, 나는 죽어가고 있다. 그리고 이것
이 나를 자유롭게 해주리라는 사실을 뼈저리게 안다.

나는 평생 모든 일에서 만점을 받으려 노력했고 성공하려 애썼다.

(…) 하지만 결국 진짜 중요한 것은 무엇일까? 중요한 것은 당신이 사랑하는 것과 사랑하는 사람들이다. 그게 전부다. 더 이상 설명은 필요 없다. 사랑은 위대한 동기다. 사랑은 회복력의 핵심이다. 적어도 지금 나는 그렇게 믿는다.

가족과 친구들의 무조건적인 사랑이 없었다면 지금 나는 살아 있지 못했을 것이다. 이것이 나에게 가장 중요한 회복력 요소다. 우리는 인생 전체를 잘 살아나가기 위해 사랑의 지원을 받아야 하고 사랑의 지원을 주어야 한다. 사회적 연결은 우리가 망각에 빠져 허우적대지 않게 잡아주는 닻이다.

2020년 중반 팬데믹 1차 유행 당시 스티븐이 지닌 PTSD 전문 지식은 예일대학교와 마운트시나이 병원에서 의료인의 웰빙을 지원하는 프로그램을 만드는 데 도움이 되었다. 스티븐의 오랜 친구이자 예일대학교 의과대학 정신과 학과장 존 크리스털John Krystal 박사는 이렇게 말했다.

당시 우리 공동체 사람들의 필요에 집중하는 스티븐의 능력은 정말 놀라웠습니다. 저는 그의 말을 듣고 '어쩌면 저렇게 할 수 있을까? 자기도 같은 상황에 처해 있으면서 어떻게 타인의 질병과 아픔, 고통에 관해 이야기할 수 있을까?' 하는 생각을 여러 번 했습니다. 하지만 저는 이런 대화가 실제로 그가 회복력을 유지하는 방법의 일부라고 느꼈습니다.

스티븐은 생의 마지막 달에 급성 방광 천공을 겪고 16일 동안 마운트시나이 병원에 입원했다. 다시 살 수 있을지 알 수 없었다. 다른 사람들은 고개를 저었다. 스티븐은 살면서 그가 사랑한 모든 사람에게 사랑을 보여주었다. 중환자실에 누워 있으면서도 동료인 로버트 피에트르작 박사의 아버지가 돌아가셨다는 소식을 듣고 전화를 걸어 안부를 묻기도 했다. 우리 중 한 명인 데니스는 이 넘치는 사랑을 목격했다. "시설관리과 사람들이 제게 전화해 제발 스티븐에게 가서 그들이 하는 일에 고맙고 사랑한다는 말을 이제 좀 그만하게 해달라고 부탁할 정도였죠."

존 크리스털은 급성 질환에서 어느 정도 회복되어 마운트시나이 병원에서 퇴원한 스티븐이 마지막으로 보낸 이메일에서 이런 사랑을 확인했다. "스티븐은 저에게 병원에서 있었던 일을 말해주었습니다. 한마디로 요약하면 '보고 싶어, 사랑해! 스티븐으로부터'라고 할 수 있겠네요. 그가 지켜내야 했던 것은 그게 전부였으니까요. 그는 자기가 저를 어떻게 생각하는지 저에게 꼭 알리고 싶어 했습니다. 그는 그런 사람이었죠."

롤모델의 힘을 믿었기 때문에

7장의 서두에서 인용한 스티븐의 말처럼, 그는 자신이 여러 해 동안 인터뷰하고 만난 수많은 사람의 경험에 크게 의지했다.

때로 나는 회복력 높은 롤모델로부터 배우기 위해 그들에게 역경에 맞서 생각하고 행동하는 방법을 묻고 그들을 본받으려 노력했다. 예를 들어, 2장에서 소개한 젊은 패럴림픽 수영 챔피언 데버라 그룬은 고등학교 시절 일주일에 평균 약 40킬로미터씩 수영하며 훈련했다. 몇 년 전 아직 수영하던 시절에 나는 일주일에 두세 번 1킬로미터씩 수영했지만 중반쯤부터는 반만 해도 충분하니 이제 그만해도 되지 않을까, 생각했던 기억이 난다. 그러다 데버라가 떠올랐다. '농담해? 이 겁쟁이야, 너 1킬로미터는 너끈히 헤엄칠 수 있잖아.' 그래서 나는 좀 더 밀어붙여 1킬로미터를 완주했다.

스티븐의 가족 중에도 그가 타인을 돕는 일을 계속하도록 밀어준 강력한 롤모델이 있었다.

나는 평생 회복력 높은 롤모델에 둘러싸여 살았다. 그건 큰 행운이었다. 처음 만난 롤모델은 네브래스카의 작은 시골마을에서 자라 정형외과 의사가 되었고 한국전 참전용사이기도 한, 올곧은 우리 아버지다. 아버지는 언제나 간결하고 현명하며 명료한 조언을 주셨다. (…) 좋은 삶을 살려면 무엇이 필요한지 묻자, 아버지는 "60을 주고 40을 얻으면 된다"라고 말씀해주셨다. 60을 베풀 수 있는 자원과 능력을 갖춘 사람 모두가 실제로 60을 베푸는 세상은 어떨지 상상해보라.

스티븐은 많은 의료인에게도 롤모델이 되었다. 그는 암 진단을 받은 초기에 마운트시나이 병원 비뇨기과 과장 애시 테와리Ash Tewari 박사를 만났다. 스티븐의 용기는 팬데믹 초기 코로나19에 감염되어 스스로 환자가 된 테와리 박사가 2주 동안 중환자실에 입원해 혹독한 재활치료를 받아야 했을 때 큰 위로가 되었다.

낙관적 태도와 유머로 난관을 재구성하다

스티븐과 인연을 맺는 기쁨을 얻은 사람들은 그가 임상의, 연구자, 멘토, 가족, 친구 역할을 하며 보여준 낙관주의를 증언했다. 암 치료를 받을 때도 이런 성격은 고스란히 드러났다. 그는 해외에서 임상 시험과 치료에 참여하며 효과가 없을 수도 있다는 사실을 인지하고 그에 따라 계획을 세웠다. 특히 그는 병이 진행되는 동안 완치 가능성에 크게 집착하지 않고 주어진 삶을 음미했다. 그는 이렇게 썼다.

나는 기본적으로 낙관적인 사람이고 터널 끝에 빛이 있다고 믿는다. 하지만 다행히도 나는 전쟁포로였던 사람들에게서 장밋빛 낙관주의가 판단력을 흐리게 할 수 있다는 사실을 배웠다. 난치병 환자들은 때로 장밋빛 낙관주의를 품고 남은 시간이나 잠재적인 치료 효과를 과대평가해 미래를 제대로 준비하지 못한다. 치료법이 곧 나오리라는 한 가닥 희망을 품기도 한다. 다른 치료법을 찾으며 시간을 낭비하느라 현재를 잘 살아내고 감사와 작별인사를 보내는 중요한 일을 회피할 수도 있다. 하지만 결국 누구에게도 만병통치약은 없다.
의사에게 내가 집을 정리하고 유언장을 작성하며 경제적인 문제를 정리하고 가족과 친구들에게 내가 그들을 얼마나 사랑하는지 알릴 때가 되었느냐고 묻자, 그는 "네, 때가 되었습니다"라고 말해주었다. 듣기에 고통스러운 말이었지만, 나는 그가 솔직히 말해주어서 고마웠다.

스티븐이 친구들과 가족에게 보낸 이메일은 그가 생애 마지막

해에 자신의 어려움을 재구성하기 위해 어떻게 적극적으로 노력했는지 증언한다. 크리스털 박사는 스티븐이 해외에서 치료받는 동안 제공받은 병원 음식이 어땠는지 유머러스하게 묘사한 일화를 들려주었다.

나는 그에게 계속 연락하며 일이 어떻게 되어가고 있는지 알려달라고 부탁했습니다. 스티븐은 자신에게 제공되는 음식 사진을 보내주기로 했죠. 사진 두 장이 기억에 남네요. 한 장은 쟁반에 떠놓은 공 모양의 음식 사진이었는데, 그는 "먹기 전에도 뭔지 몰랐고, 먹은 다음에도 뭔지 모르겠네"라고 적었습니다.
그리고 며칠 뒤였나, 저녁식사 사진인데 쟁반에 갈색 무언가가 큼지막하게 놓여 있었어요. 그런데 어쩐 일인지 쟁반 나머지 부분에는 끔찍해 보이는 절인 콩 샐러드가 가득 차 있더라고요. 진짜 맛없어 보였어요. 그는 이렇게 말하더군요. "오늘 절인 콩 먹어서 완전 행운이었어. 레시피 원하면 요리사에게 물어볼게."

스티븐이 이 책을 위해 남긴 메모에는 그가 매우 좋아하는 농담들이 들어 있다. 그중에는 우디 앨런의 영화에 등장하는 유명한 대사도 있다. "나는 죽음이 두렵지 않다. 단지 죽음이 닥쳤을 때 그곳에 있고 싶지 않을 뿐이다."

마지막까지도 신체활동을 지속하다

체력은 그의 정체성에서 큰 부분을 차지했다. 스티븐은 치료 전이나 치료 중에도 체력을 잘 유지한 덕분에 소중한 시간을 벌 수 있었다. 그는 40년 지기이자 동료인 데니스 샤니에게 자신의 신체활동에 대한 사랑을 말해주었다.

스티븐과 아내 버너뎃은 5년간 이어진 혹독한 전립선암 치료 기간에도 체력이 허락하는 한 자주 4~6시간씩 카약을 타거나 40~50킬로미터씩 자전거를 타고 8킬로미터씩 하이킹을 했다. 스티븐을 담당한 의학종양학자 윌리엄 오William Oh 박사는 스티븐이 진료실에 활기차게 들어오면서 최근 모험을 담은 사진을 보여주었다고 말했다. 스티븐은 자기 삶에서 운동이 한 역할을 되돌아보며 이렇게 썼다.

나는 언제나 스포츠와 체력 단련을 좋아했다. 중학교 시절 토요일 아침이면 '햄든 오토 보디Hamden Auto Body'가 후원하는 팀에서 하키를 했고, 바로 이어 '러슬러스 핫도그Roessler's Hot Dogs'가 후원하는 팀에서 뛰었다. 고등학교에서는 미식축구, 레슬링, 육상을 했고 대학에서는 미식축구와 레슬링을 했으며, 독일에서 복무할 때는 군인 팀에서 레슬링을 했다. 스포츠와 운동은 항상 내 정체성의 중심이었다. 때로 학업이나 직업보다 더 중요했다. 아내 버너뎃과 나는 하이킹, 자전거, 카약을 즐긴다. 데니스의 삶에서도 이런 것이 중심이다. (…) 우리는 많은 모험을 함께 했다. 데니스와 나는 애디론댁에서 140킬로미터 카약 경주를 하고, 그의 멋진 아들 알렉스Alex와 함께 칠레 산맥의 푸탈레우푸강에서 카약을 타기도 했다. 운동과 스포츠는 나 자신을 알아가고 한계를 시험하고 내가 어떤 사람인지 알고, 내 안에 숨겨진 힘에 스스로 놀라는 데도 도움이 되었다. 자신을 밀어붙이고 자신의 핵심에 도달하는 것은 스포츠와 회복력의 핵심이다. 팀의 일원이 되면 동료애와 공동의 사명을 갖게 된다는 이점도 더해진다. (…) 솔직히 내게 암과 치료가 가져온 가장 고통스러운 결과는 근력과 지구력이 급격히 저하되고, 운동과 경쟁, 신체적 도전이라는 여러 가지 보상을 경험하지 못하게 된 것이다.

스티븐의 몸 상태가 악화되면서 장거리 하이킹은 버너뎃과 함께 해변을 걷는 짧은 산책으로 바뀌었다. 2022년 4월 초, 스티븐이 가장 좋아하는 의자에 앉아 카약 패들을 저으며 넓은 바다에 나가는 상상을 하면서 순수한 기쁨의 순간을 만끽하는 모습이 영상에 담겨 있다.

의심의 여지가 없던 스티븐의 회복력

스티븐은 지적 호기심과 자기 성찰을 잃지 않았다. 중환자실에서도 책에 쓸 내용을 타이핑하고 기록했으며, 더하고 싶은 인용문이나 참고문헌을 수집했다. 이 작업은 그에게 목적의식을 주었다.

인생이 내게 무엇을 요구하는지 생각해보자. (…) 우선순위를 다르게 정해야 한다. 어떤 것이 중요하고 왜 중요한지 말이다. 지금 나는 인생이 데니스, 존, 나, 우리를 도와주는 모든 사람에게 과거의 경험을 모두 활용해 회복력에 관한 생각을 조정하고 이를 통해 바라건대 독자에게 도움을 주도록 요구한다고 생각한다. 나는 여전히 어느 정도 자유롭고, 그 자유에는 책임이 따른다는 사실을 기억하려고 노력한다.

스티븐은 자신에게 시간이 얼마나 남았는지 모른 채 분명 '지금 이 순간'을 최대한 활용했다. 윌리엄 오의 이야기를 들어보자.

스티븐은 회복력을 통해 어떻게 가장 힘든 시기를 극복하고 기본적으로 위엄 있게 살 수 있는지 보여주었습니다. 저는 그것이 스티븐이 친구, 가족, 동료 의사인 저에게 준 특별한 선물이라고 생각합니다. (⋯) 스티븐이 제게 가르쳐준 것이 하나 있다면, 지금 이 순간을 계속 살아나가라는 점입니다.

스티븐은 수년에 걸쳐 회복력을 정의한 다양한 방법을 떠올리며 메모에 남겼다. 그는 '나는 암과의 싸움에서 회복력이 있는가?'라고 질문하며 고민했다.

회복력은 다시 일어설 수 있는 능력으로 정의되어왔다. 하지만 나는 일어설 수 없다. 회복력은 트라우마 상황을 겪어도 기능이 저하되지 않고 이겨내는 것으로 정의되었다. 하지만 나는 기능이 저하되었다. 그렇다면 내가 회복력이 없다는 뜻일까?

우리는 스티븐의 질문에 답할 수 있다. 그는 **회복력이 있었다.** 그는 영감을 주고 지지하고 사랑하고 온전히 살았다. 그는 억울해하지 않고 의미의 원천과 이어졌다. 로버트 피에트르작 박사에 따르면, 스티븐은 마지막 몇 달 동안 "사랑하고 타인에게 내어주고 현장과 동료, 학생들과 모든 일선 직원에게 봉사하며 정서적으로 다시 일어섰다". 스티븐의 아내 버너뎃은 이렇게 덧붙였다. "스티븐은 마지막 몇 시간 동안 주변 모든 사람에게 자신이 지닌 영감의 말과 웃음, 사랑을 전부 주었습니다."

스티븐이 회복력을 정의하며 남긴 마지막 말을 끝으로 그에게 작별인사하며 이 책을 마무리하겠다. 스티븐을 잘 아는 모든 이는 그가 이렇게 살았다는 데 동의할 것이다.

자신이 지닌 것으로 최선을 다하자. 성공이든 실패든 모든 것을 받아들이고 이것을 활용해 다른 사람과 사랑을 위해 할 수 있는 한 최선을 다하자.

감사의 글

 이 책은 우리의 인터뷰 요청을 기꺼이 수락하고 독자들과 개인적인 이야기를 나누며 영감을 주신 여러 분의 아낌없는 공헌이 없었다면 쓸 수 없었을 것이다. 이분들의 이야기가 이 책의 전부이며, 이분들에게 배울 수 있었던 것은 우리가 저자로서 누릴 수 있는 큰 영광이었다. 이분들은 우리의 롤모델이 되어주셨다. 특히 코로나19 팬데믹 진원지의 한가운데에서 창의력과 힘, 용기를 발휘해 더할 나위 없이 훌륭하게 대응한 마운트시나이병원Mount Sinai Health System의 교수진과 직원들께 감사를 전한다. 이 책에서 이 놀라운 분들의 이야기를 함께 들어보자.

 회복력 이야기를 풀어내는 데 많은 친구와 동료가 도움을 주셨다. 여러 장에 걸쳐 조언을 주신 뎁 마린Deb Marin, 밴시 샤르마Vansh Sharma, 크레이그 카츠Craig Katz, 애드리아나 페더Adriana Feder, 에릭 네슬러Eric Nestler, 롭 피에트르작Robb Pietrzak에게 감사한다. 시드니 스타크웨더Sydney Starkweather는 편집 과정에 귀중한 도움을 주셨다. 가족들도 큰 힘이 되어주었다. 조너선은 책 내용에 꼭 필요한 의견을 내준 아내 비비언 케다리드피에로Vivian Khedari-DePierro에게 감사를 전한다. 이 책의 편집과 출판을 담당한 캐서린 반스Catherine Barnes와 로리 핸들먼Lori Handelman을 비롯한 케임브리지대학 출판부의 여러 전문가께도 감사한다.

마지막으로 이 책을 고故 스티븐 사우스윅 박사에게 바친다. 스티븐의 아내 버너뎃 사우스윅Bernadette Southwick은 할 수 있는 한 최고의 책을 쓸 수 있도록 영감을 주고 스티븐을 우리 마음속에 간직할 수 있게 해주었다. 그에게 감사를 전한다. 특히 에필로그에 중요한 배경 정보도 주셨다. 스티븐 사우스윅 박사는 많은 사람의 롤모델이자 회복력 연구 분야에서 대단히 위대한 인물이었다. 도움이 필요해서 그를 찾아간 사람들에게 보여준 친절과 도움을 잊지 않을 것이다. 너무 일찍 세상을 떠난 그에게 안타까움을 표한다.

데니스 샤니와 조너선 드피에로

약어 목록

ACT acceptance and commitment therapy: 수용-전념치료

ANS autonomic nervous system: 자율신경계

CBM cognitive bias modification: 인지편향수정

CBT cognitive behavioral therapy: 인지행동치료

CPT cognitive processing therapy: 인지처리치료

DNA deoxyribonucleic acid: 디옥시리보핵산(유전자의 분자적 본체)

HCW healthcare worker: 의료인

HIIT high-intensity interval training: 고강도 인터벌 트레이닝

HPA axis hypothalamic-pituitary-adrenal axis: 시상하부-뇌하수체-부신 축

LOT-R Life Orientation Test Revised: 삶의 지향성 검사 개정판

MCP meaning-centered psychotherapy: 의미중심심리치료

MRI magnetic resonance imaging: 자기공명영상

fMRI functional magnetic resonance imaging: 기능적 자기공명영상

PE prolonged exposure: 지속노출치료

PFC prefrontal cortex: 전전두엽피질

PNS parasympathetic nervous system: 부교감신경계

PPE personal protective equipment: 개인보호장비

PTG post-traumatic growth: 외상 후 성장

PTSD post-traumatic stress disorder: 외상후스트레스장애

SNS sympathetic nervous system: 교감신경계

참고 문헌

1장

1. Goldstein, R. B., Smith, S. M., Chou, S. P. et al. (2016). The epidemiology of DSM-5 posttraumatic stress disorder in the United States: results from the National Epidemiologic Survey on Alcohol and Related Conditions-III. *Social Psychiatry and Psychiatric Epidemiology*, 51(8), 1137–1148.

2. Kilpatrick, D. G., Resnick, H. S., Milanak, M. E., Miller, M. W., Keyes, K. M., & Friedman, M. J. (2013). National estimates of exposure to traumatic events and PTSD prevalence using DSM-IV and DSM-5 criteria. *Journal of Traumatic Stress*, 26(5), 537–547.

3. Southwick, S. M., Bonanno, G. A., Masten, A. S., Panter-Brick, C., & Yehuda, R. (2014). Resilience definitions, theory, and challenges: interdisciplinary perspectives. *European Journal of Psychotraumatology*, 5(1), 25338.

4. Bhatnagar, S. (2021). Rethinking stress resilience. *Trends in Neurosciences*, 44(12), 936–945.

5. Dwyer, J., Lipton, E., Flynn, K., Glanz, J., & Fessenden, F. (2002). Fighting to live as the Towers died. *New York Times*, May 26, retrieved from https://www.nytimes.com/2002/05/26/nyregion/fighting-to-live-asthe-towers-died.html.

6. Feingold, J. H., Peccoralo, L., Chan, C. C. et al. (2021). Psychological impact of the COVID-19 pandemic on frontline health care workers during the pandemic surge in New York City. *Chronic Stress*, 5, 2470547020977891.

7. Earle, J. (2020b). Workshopping resilience. Mount Sinai podcast, November 6, retrieved from https://www.mountsinai.org/about/newsroom/podcasts/road-resilience/workshopping-resilience.

8. Feingold, J. H., Peccoralo, L., Chan, C. C. et al. (2021). Psychological impact of the COVID-19 pandemic on frontline health care workers during the pandemic surge in New York City. *Chronic Stress*, 5, 2470547020977891.

9. Pietrzak, R. H., Feingold, J. H., Feder, A. et al. (2020). Psychological resilience in frontline health care workers during the acute phase of the COVID-19 pandemic in New York City. *Journal of Clinical Psychiatry*, 82(1). DOI:10.4088/JCP.20l13749.

10. Earle, J. (2020a). Our finest hour. Mount Sinai podcast, April 10, retrieved from https://www.mountsinai.org/about/newsroom/podcasts/road-resilience/our-finest-hour.

11. DePierro, J., Katz, C. L., Marin, D. et al. (2020). Mount Sinai's Center for Stress, Resilience and Personal Growth as a model for responding to the impact of COVID-19 on health care workers. *Psychiatry Research*, 293, 113426.

12. DePierro, J., Marin, D. B., Sharma, V. et al. (2021). Developments in the first year of a resilience-focused program for health care workers. *Psychiatry Research*, 306, 114280.

13. Wolf, E. J., Miller, M. W., Sullivan, D. R. et al. (2018). A classical twin study of PTSD symptoms and resilience: evidence for a single spectrum of vulnerability to traumatic stress. *Depression and Anxiety*, 35(2), 132–139.

14. O'Donnell, K. J., & Meaney, M. J. (2020). Epigenetics, development, and psychopathology. *Annual Review of Clinical Psychology*, 16, 327–350.

15. Yehuda, R. (2022). Trauma in the family tree. *Scientific American*, 327(1), 50–55. DOI:10.1038/scientificamerican0722–50.

16. Cunningham, A. M., Walker, D. M., Ramakrishnan, A. et al. (2021). Sperm transcriptional state associated with paternal transmission of stress phenotypes. *Journal of Neuroscience: The Official Journal of the Society for Neuroscience*, 41(29), 6202–6216.

17. Choi, U.-S., Sung, Y.-W., Hong, S., Chung, J.-Y., & Ogawa, S. (2015). Structural and functional plasticity specific to musical training with wind

instruments. *Frontiers in Human Neuroscience*, 9, 597.

18. Pernet, C. R., Belov, N., Delorme, A., & Zammit, A. (2021). Mindfulness related changes in grey matter: a systematic review and meta-analysis. *Brain Imaging and Behavior*, 15(5), 2720-2730.

19. Hobfoll, S. E. (2001). The influence of culture, community, and the nested-self in the stress process: advancing conservation of resources theory. *Applied Psychology*, 50(3), 337-421.

2장

1. Scheier, M. F., Carver, C. S., & Bridges, M. W. (1994). Distinguishing optimism from neuroticism (and trait anxiety, self-mastery, *and self-esteem): a reevaluation of the* Life Orientation Test. Journal of Personality and Social Psychology, 67(6), 1063-1078.

2. Reivich, K., & Shatté, A. (2003). *The Resilience Factor: 7 Keys to Finding Your Inner Strength and Overcoming Life's Hurdles*. New York: Broadway Books.

3. Sharot, T., Riccardi, A. M., Raio, C. M., & Phelps, E. A. (2007). Neural mechanisms mediating optimism bias. *Nature*, 450(7166), 102-105.

4. Stockdale, J. B. (1979). Speech to the corps of cadets by Vice Admiral James B. Stockdale. The Citadel Archives and Museum, August 31, retrieved from https://citadeldigitalarchives.omeka.net/items/show/1850.

5. Keller, H., Sullivan, A., Macy, J. A., & Shattuck, R. (2003). *The Story of My Life*. Kindle ed. New York: W. W. Norton 43.

6. Keller, H. (1903). *Optimism: An Essay*. New York: Thomas Crowell. 12-13.

7. Fredrickson, B. L. (2013). Positive emotions broaden and build. In P. Devine and A. Plant (eds.), *Advances in Experimental Social Psychology*, vol. 47, pp. 1-53. Amsterdam: Elsevier.

8. Alexander, R., Aragón, O. R., Bookwala, J. et al. (2021). The neuroscience of positive emotions and affect: implications for cultivating happiness and

wellbeing. *Neuroscience & Biobehavioral Reviews*, 121, 220 – 249.

9. Oriol, X., Miranda, R., Bazán, C., & Benavente, E. (2020). Distinct routes to understand the relationship between dispositional optimism and life satisfaction: self-control and grit, positive affect, gratitude, and meaning in life. *Frontiers in Psychology*, 11. Retrieved from www .frontiersin.org/ article/10.3389/fpsyg.2020.00907.

10. Krittanawong, C., Maitra, N. S., Virk, H. U. H. et al. (2022). Association of optimism with cardiovascular events and all-cause mortality: systematic review and meta-analysis. *American Journal of Medicine*, 135(7), 856 – 863. DOI:10.1016/j.amjmed.2021.12.023.

11. Segovia, F., Moore, J. L., Linnville, S. E., & Hoyt, R. E. (2015). Optimism predicts positive health in repatriated prisoners of war. *Psychological Trauma: Theory, Research, Practice, and Policy*, 7(3), 222 – 228.

12. Peccoralo, L. A., Pietrzak, R. H., Feingold, J. H. et al. (2022). A prospective cohort study of the psychological consequences of the COVID-19 pandemic on frontline healthcare workers in New York City. *International Archives of Occupational and Environmental Health*, 95, 1279 – 1291. DOI:10.1007/s00420-022-01832-0.

13. Seligman, M. E. (2006). *Learned Optimism: How to Change Your Mind and Your Life*. London: Vintage.

14. Fodor, L. A., Georgescu, R., Cuijpers, P. et al. (2020). Efficacy of cognitive bias modification interventions in anxiety and depressive disorders: a systematic review and network meta-analysis. *The Lancet Psychiatry*, 7(6), 506 – 514.

15. Earle, J. (2021). Heart to heart. Mount Sinai podcast, June 25, retrieved from https://www.mountsinai.org/about/newsroom/podcasts/road-resilience/ heart-to-heart.

16. Grosse Rueschkamp, J. M., Brose, A., Villringer, A., & Gaebler, M. (2019). Neural correlates of up-regulating positive emotions in fMRI and their link to affect in daily life. *Social Cognitive and Affective Neuroscience*, 14(10),

1049 – 1059.

17. Heiy, J. E., & Cheavens, J. S. (2014). Back to basics: a naturalistic assessment of the experience and regulation of emotion. *Emotion*, 14(5), 878 – 891.

18. University of Texas at Austin (2014). Admiral McRaven addresses the University of Texas at Austin Class of 2014. Youtube, May 23, retrieved from https://www.youtube.com/watch?v=yaQZFhrW0fU&t=198s.

19. Forbes, C. N. (2020). New directions in behavioral activation: using findings from basic science and translational neuroscience to inform the exploration of potential mechanisms of change. *Clinical Psychology Review*, 79, 101860.

20. Tabibnia, G. (2020). An affective neuroscience model of boosting resilience in adults. *Neuroscience & Biobehavioral Reviews*, 115, 321 – 350.

3장

1. Mandela, N. (2012). *Notes to the Future: Words of Wisdom*. New York: Simon & Schuster.

2. Earle, J. (2020). The givers. Mount Sinai podcast, May 9, retrieved from www.mountsinai.org/about/newsroom/podcasts/road-resilience/the-givers.

3. Lane, R. D., Ryan, L., Nadel, L., & Greenberg, L. (2015). Memory reconsolidation, emotional arousal, and the process of change in psychotherapy: new insights from brain science. *Behavioral and Brain Sciences*, 38. DOI: 10.1017/SO140525X14000041.

4. Speer, M. E., Ibrahim, S., Schiller, D., & Delgado, M. R. (2021). Finding positive meaning in memories of negative events adaptively updates memory. *Nature Communications*, 12(1), 1 – 11.

5. Foa, E. B. (2011). Prolonged exposure therapy: past, present, and future. *Depression and Anxiety*, 28(12), 1043 – 1047.

6. Resick, P. A., Monson, C. M., & Chard, K. M. (2016). *Cognitive Processing Therapy for PTSD: A Comprehensive Manual*. New York: Guilford Publications.

7. Moore, S. P. (2021). Denali final update: failure is a key part of success. Blog story, SEALKids, June 30, retrieved from www.sealkids.org/denali/denali-final-update-failure-is-a-key-part-of-success.

8. Everly, G. S., Wu, A. W., Cumpsty-Fowler, C. J., Dang, D., & Potash, J. B. (2022). Leadership principles to decrease psychological casualties in COVID-19 and other disasters of uncertainty. *Disaster Medicine and Public Health Preparedness*, 16(2), 767–769.

9. Kolditz, T. A. (2010). *In Extremis Leadership: Leading as if Your Life Depended on It*. New York: Wiley.

10. Coan, J. A., Schaefer, H. S., & Davidson, R. J. (2006). Lending a hand: social regulation of the neural response to threat. *Psychological Science*, 17(12), 1032–1039.

11. Feingold, J. H., Peccoralo, L., Chan, C. C. et al. (2021). Psychological impact of the COVID-19 pandemic on frontline health care workers during the pandemic surge in New York City. *Chronic Stress*, 5, 2470547020977891.

12. Gunaratana, B. H. (2002). *Mindfulness in Plain English*. Expanded and updated edition. Somerville, Massachusetts: Wisdom Publications.

13. Hanh, T. N. (2000). *The Path of Emancipation: Talks from a 21-Day Mindfulness Retreat*. Berkeley, California: Parallax Press. 84.

14. Hanh, T. N. (2003). *No Death, No Fear: Comforting Wisdom for Life*. London: Penguin. 148.

4장

1. Ginges, J. (2019). The moral logic of political violence. *Trends in Cognitive Sciences*, 23(1), 1–3.

2. Sacks, J. (2020). *Morality: Restoring the Common Good in Divided Times*. London and New York: Basic Books.

3. Stockdale, J. B. (1984). *A Vietnam Experience: Ten Years of Reflection*. Stanford, California: Hoover Institution Press. 4.

4. Stockdale, J. B. (1995). *Thoughts of a Philosophical Fighter Pilot*. Stanford, California: Hoover Institution Press. 190.

5. Ibid. 228.

6. Ibid. 199.

7. Ibid. 16.

8. Stockdale, J. B. (1978). President's notes: firing line. *Naval War College Review*, 31(2), 2.

9. Stockdale, J. B. (2013). *A Vietnam Experience: Ten Years of Reflection*. Stanford, California: Hoover Institution Press. 56.

10. Kidder, R. M. (2005). *Moral Courage*. New York: William Morrow.

11. Abdollahi, R., Iranpour, S., & Ajri-Khameslou, M. (2021). Relationship between resilience and professional moral courage among nurses. *Journal of Medical Ethics and History of Medicine*, 14, 3. DOI: 10.18502/jmehm. v14i3.5436.

12. Kidder, R. M. (2005). *Moral Courage*. New York: William Morrow.

13. Lee, S. (2022). Volunteering and loneliness in older adults: a parallel mediation model. *Aging & Mental Health*, 26(6), 1234–1241.

14. Norman, S. B., Feingold, J. H., Kaye-Kauderer, H. et al. (2021). Moral distress in frontline healthcare workers in the initial epicenter of the COVID-19 pandemic in the United States: relationship to PTSD symptoms, burnout, and psychosocial functioning. *Depression and Anxiety*, 38(10), 1007–1017.

15. Ibid.

16. Nieuwsma, J. A., O'Brien, E. C., Xu, H. et al.. (2022). Patterns of potential moral injury in post-9/11 combat veterans and COVID-19 healthcare workers. *Journal of General Internal Medicine*, 37, 2033–2040. DOI:10.1007/s11606-022-07487-4.

17. Ma, W., Koenig, H. G., Wen, J., Liu, J., Shi, X., & Wang, Z. (2022). The moral injury, PTSD, and suicidal behaviors in health professionals 1 year after the COVID-19 pandemic peak in China. In-review article retrieved from www.

researchsquare.com/article/rs-1327109/v1.

18. Ames, D., Erickson, Z., Geise, C. et al. (2021). Treatment of moral injury in U.S. veterans with PTSD using a structured chaplain intervention. *Journal of Religion and Health*, 60(5), 3052-3060.

19. Cutler, J., & Campbell-Meiklejohn, D. (2019). A comparative fMRI meta-analysis of altruistic and strategic decisions to give. *NeuroImage*, 184, 227-241.

20. Brethel-Haurwitz, K. M., Cardinale, E. M., Vekaria, K. M. et al. (2018). Extraordinary altruists exhibit enhanced self-other overlap in neural responses to distress. *Psychological Science*, 29(10), 1631-1641.

21. Kidder, R. M. (2005). *Moral Courage*. New York: William Morrow.

22. Aristotle. (1926). *The Nicomachean Ethics*. Trans. H. Rackham. London: William Heinemann.

23. Beyond Conflict. (2020). America's divided mind: understanding the psychology that drives us apart. Report retrieved from https://beyondconflictint.org/americas-divided-mind.

24. Svoboda, E. (2019). *The Life Heroic*. San Francisco: Zest Books.

25. Sacks, J. (2020). *Morality: Restoring the Common Good in Divided Times*. London and New York: Basic Books. 32.

5장

1. Paul Victor, C. G., & Treschuk, J. V. (2020). Critical literature review on the definition clarity of the concept of faith, religion, and spirituality. *Journal of Holistic Nursing*, 38(1), 107-113.

2. Pew (2017). The changing global religious landscape. Pew Research Centre, research paper retrieved from www.pewresearch.org/religion/2017/04/05/the-changing-global-religious-landscape/.

3. Lipka, M., & Gecewicz, C. (2017). More Americans now say they're spiritual but not religious. Pew Research Centre, research paper retrieved from

www.pewresearch.org/fact-tank/2017/09/06/more-americans-now-say-theyre-spiritual-but-not-religious.

4. Southwick, S., & Southwick, W. O. (2005). *Southwick Pioneers in Nebraska: A Genealogy of Linus Ely Southwick, William Orin Southwick, Laura Southwick Frantz, and Their Descendants.*

5. Rochester, S. I., & Kiley, F. T. (1998). *Honor Bound: The History of American Prisoners of War in Southeast Asia, 1961–1973.* 609.

6. VanderWeele, T. J., Li, S., Tsai, A. C., & Kawachi, I. (2016). Association between religious service attendance and lower suicide rates among US women. *JAMA Psychiatry*, 73(8), 845–851.

7. Schmitt, A. A., Brenner, A. M., Primo de Carvalho Alves, L., Claudino, F. C. de A., Fleck, M. P. de A., & Rocha, N. S. (2021). Potential predictors of depressive symptoms during the initial stage of the COVID-19 outbreak among Brazilian adults. *Journal of Affective Disorders*, 282, 1090–1095.

8. Mosqueiro, B. P., Caldieraro, M. A., Messinger, M., da Costa, F. B. P., Peteet, J. R., & Fleck, M. P. (2021). Religiosity, spirituality, suicide risk and remission of depressive symptoms: a 6-month prospective study of tertiary care Brazilian patients. *Journal of Affective Disorders*, 279, 434–442.

9. Sharma, V., Marin, D. B., Koenig, H. K. et al. (2017). Religion, spirituality, and mental health of U.S. military veterans: results from the National Health and Resilience in Veterans Study. *Journal of Affective Disorders*, 217, 197–204.

10. Pargament, K. I., Smith, B. W., Koenig, H. G., & Perez, L. (1998). Patterns of positive and negative religious coping with major life stressors. Journal for the Scientific Study of Religion, 37(4), 710–724.

11. Pargament, K. I., & Lomax, J. W. (2013). Understanding and addressing religion among people with mental illness. *World Psychiatry*, 12(1), 26–32.

12. O'Brien, B., Shrestha, S., Stanley, M. A. et al. (2019). Positive and negative religious coping as predictors of distress among minority older adults. *International Journal of Geriatric Psychiatry*, 34(1), 54–59.

13. DePierro, J., Marin, D. B., Sharma, V. et al. (2021). Developments in the first year of a resilience-focused program for health care workers. *Psychiatry Research*, 306, 114280.

14. Davis, L. W., Schmid, A. A., Daggy, J. K. et al. (2020). Symptoms improve after a yoga program designed for PTSD in a randomized controlled trial with veterans and civilians. *Psychological Trauma: Theory, Research, Practice, and Policy*, 12(8), 904-912.

15. Zheng, S., Kim, C., Lal, S., Meier, P., Sibbritt, D., & Zaslawski, C. (2018). The effects of twelve weeks of Tai Chi practice on anxiety in stressed but healthy people compared to exercise and wait-list groups -A randomized controlled trial. *Journal of Clinical Psychology*, 74(1), 83-92.

16. Martin, J. (2022). *Learning to Pray: A Guide for Everyone*. London: William Collins.

17. Killgore, W. D. S., Taylor, E. C., Cloonan, S. A., & Dailey, N. S. (2020). Psychological resilience during the COVID-19 lockdown. *Psychiatry Research*, 291, 113216.

18. Worthington Jr, E. L., & Langberg, D. (2012). Religious considerations and self-forgiveness in treating complex trauma and moral injury in present and former soldiers. *Journal of Psychology and Theology*, 40(4), 274-288.

19. Long, K. N. G., Worthington, E. L., VanderWeele, T. J., & Chen, Y. (2020). Forgiveness of others and subsequent health and well-being in mid-life: a longitudinal study on female nurses. *BMC Psychology*, 8(1), 104.

6장

1. Earle, J. (2020). The givers. Mount Sinai podcast, May 9, retrieved from www.mountsinai.org/about/newsroom/podcasts/road-resilience/the-givers.

2. Stockdale, J. B. (1984). *A Vietnam Experience: Ten Years of Reflection*. Stanford, California: Hoover Institution Press. 110.

3. Gu, R., Huang, W., Camilleri, J. et al. (2019). Love is analogous to money in

human brain: coordinate-based and functional connectivity meta-analyses of social and monetary reward anticipation. *Neuroscience & Biobehavioral Reviews*, 100, 108–128.

4. Landa, A., Fallon, B. A., Wang, Z. et al. (2020). When it hurts even more: the neural dynamics of pain and interpersonal emotions. *Journal of Psychosomatic Research*, 128, 109881.

5. Fletcher, S., Elklit, A., Shevlin, M., & Armour, C. (2021). Predictors of PTSD treatment response trajectories in a sample of childhood sexual abuse survivors: the roles of social support, coping, and PTSD symptom clusters. *Journal of Interpersonal Violence*, 36(3–4), 1283–1307.

6. Wang, J., Zhang, X., Simons, S. R., Sun, J., Shao, D., & Cao, F. (2020). Exploring the bi-directional relationship between sleep and resilience in adolescence. *Sleep Medicine*, 73, 63–69.

7. Azmiardi, A., Murti, B., Febrinasari, R. P., & Tamtomo, D. G. (2022). Low social support and risk for depression in people with type 2 diabetes mellitus: a systematic review and meta-analysis. *Journal of Preventive Medicine and Public Health*, 55(1), 37–48.

8. Ratajska, A., Glanz, B. I., Chitnis, T., Weiner, H. L., & Healy, B. C. (2020). Social support in multiple sclerosis: associations with quality of life, depression, and anxiety. *Journal of Psychosomatic Research*, 138, 110252.

9. Zamanian, H., Amini-Tehrani, M., Jalali, Z. et al. (2021). Perceived social support, coping strategies, anxiety and depression among women with breast cancer: evaluation of a mediation model. *European Journal of Oncology Nursing*, 50, 101892.

10. Grey, I., Arora, T., Thomas, J., Saneh, A., Tohme, P., & Abi-Habib, R. (2020). The role of perceived social support on depression and sleep during the COVID-19 pandemic. *Psychiatry Research*, 293, 113452.

11. Pietrzak, R. H., Feingold, J. H., Feder, A. et al. (2020). Psychological resilience in frontline health care workers during the acute phase of the COVID-19

pandemic in New York City. *Journal of Clinical Psychiatry*, 82(1). DOI:10.4088/JCP.20l13749.

12. Straus, E., Norman, S. B., Tripp, J. C. et al. (2022). Behavioral epidemic of loneliness in older U.S. military veterans: results from the 2019–2020 National Health and Resilience in Veterans Study. *American Journal of Geriatric Psychiatry*, 30(3), 297–310.

13. Golaszewski, N. M., LaCroix, A. Z., Godino, J. G. et al. (2022). Evaluation of social isolation, loneliness, and cardiovascular disease among older women in the US. *JAMA Network Open*, 5(2), e2146461.

14. Laugesen, K., Baggesen, L. M., Schmidt, S. A. J. et al. (2018). Social isolation and all-cause mortality: a population-based cohort study in Denmark. *Scientific Reports*, 8(1), 4731.

15. Kraav, S.-L., Awoyemi, O., Junttila, N. et al. (2021). The effects of loneliness and social isolation on all-cause, injury, cancer, and CVD mortality in a cohort of middle-aged Finnish men: a prospective study. *Aging & Mental Health*, 25(12), 2219–2228.

16. Cigna (2022). The loneliness epidemic persists: a post-pandemic look at the state of loneliness among U.S. adults. Report retrieved from https://newsroom.cigna.com/oneliness-epidemic-persists-post-pandemic-look.

17. Fernandez-Jimenez, R., Jaslow, R., Bansilal, S. et al. (2019). Child health promotion in underserved communities. *Journal of the American College of Cardiology*, 73(16), 2011–2021.

18. Vedanthan, R., Kamano, J. H., Chrysanthopoulou, S. A. et al. (2021). Group medical visit and microfinance intervention for patients with diabetes or hypertension in Kenya. *Journal of the American College of Cardiology*, 77(16), 2007–2018.

19. Brown, S. L., Nesse, R. M., Vinokur, A. D., & Smith, D. M. (2003). Providing social support may be more beneficial than receiving it: results from a prospective study of mortality. *Psychological Science*, 14(4), 320–327.

20. Na, P. J., Tsai, J., Southwick, S. M., & Pietrzak, R. H. (2022). Provision of social support and mental health in US military veterans. *Npj Mental Health Research*, 1(1), 1–8.

21. White, E. B. (1952). *Charlotte's Web*. New York: Harper & Row. 164.

22. Asurion (2019). Americans check their phones 96 times a day. Research paper retrieved from www.asurion.com/press-releases/americans check-their-phones-96-times-a-day/#:~:text=Despite%20our%20attempts%20to%20curb,global%20tech%20care%2company%20Asurion%C2%B9.

23. Oravecz, Z., Dirsmith, J., Heshmati, S., Vandekerckhove, J., & Brick, T. R. (2020). Psychological well-being and personality traits are associated with experiencing love in everyday life. *Personality and Individual Differences*, 153, 109620.

24. Darling Rasmussen, P., Storebø, O. J., Løkkeholt, T. et al. (2019). Attachment as a core feature of resilience: a systematic review and meta-analysis. *Psychological Reports*, 122(4), 1259–1296.

25. Gu, R., Huang, W., Camilleri, J. et al. (2019). Love is analogous to money in human brain: coordinate-based and functional connectivity meta-analyses of social and monetary reward anticipation. *Neuroscience & Biobehavioral Reviews*, 100, 108–128.

26. Sippel, L. M., Allington, C. E., Pietrzak, R. H., Harpaz-Rotem, I., Mayes, L. C., & Olff, M. (2017). Oxytocin and stress-related disorders: neurobiological mechanisms and treatment opportunities. *Chronic Stress*, 1, 2470547016687996.

27. Young Kuchenbecker, S., Pressman, S. D., Celniker, J. et al. (2021). Oxytocin, cortisol, and cognitive control during acute and naturalistic stress. *Stress*, 24(4), 370–383.

28. Amstadter, A. B., Begle, A. M., Cisler, J. M., Hernandez, M. A., Muzzy, W., & Acierno, R. (2010). Prevalence and correlates of poor self-rated health in the United States: the National Elder Mistreatment Study. *American Journal*

of *Geriatric Psychiatry: Official Journal of the American Association for Geriatric Psychiatry*, 18(7), 615 –623.

29. Na, P. J., Tsai, J., Southwick, S. M., & Pietrzak, R. H. (2022). Provision of social support and mental health in US military veterans. *Npj Mental Health Research*, 1(1), 1 –8.

30. Milek, A., Butler, E. A., Tackman, A. M. et al. (2018). "Eavesdropping on happiness" revisited: a pooled, multisample replication of the association between life satisfaction and observed daily conversation quantity and quality. *Psychological Science*, 29(9), 1451 –1462.

7장

1. Werner, E. E. (1993). Risk, resilience, and recovery: perspectives from the Kauai Longitudinal Study. *Development and Psychopathology*, 5(4), 503 –515.

2. Werner, E. E., & Smith, R. S. (1992). *Overcoming the Odds: High Risk Children from Birth to Adulthood*. New York: Cornell University Press.

3. Dietz, C., Zacher, H., Scheel, T., Otto, K., & Rigotti, T. (2020). Leaders as role models: effects of leader presenteeism on employee presenteeism and sick leave. *Work & Stress*, 34(3), 300 –322.

4. Cheung, P. (2020). Teachers as role models for physical activity: are preschool children more active when their teachers are active? *European Physical Education Review*, 26(1), 101 –110.

5. Larose, S., Boisclair-Châteauvert, G., De Wit, D. J., DuBois, D., Erdem, G., & Lipman, E. L. (2018). How mentor support interacts with mother and teacher support in predicting youth academic adjustment: an investigation among youth exposed to Big Brothers Big Sisters of Canada programs. *Journal of Primary Prevention*, 39(3), 205 –228.

6. Bandura, A., & Walters, R. H. (1977). *Social Learning Theory*, vol. 1. Hoboken, New Jersey: Prentice Hall.

7. Slaughter, V. (2021). Do newborns have the ability to imitate? *Trends in*

Cognitive Sciences, 25(5), 377 – 387.

8. Iacoboni, M. (2009). *Mirroring People: The New Science of How We Connect with Others*. New York: Farrar, Straus & Giroux.

9. Heyes, C., & Catmur, C. (2022). What happened to mirror neurons? *Perspectives on Psychological Science*, 17(1), 153 – 168.

10. Xie, H., Karipidis, I. I., Howell, A. et al. (2020). Finding the neural correlates of collaboration using a three-person fMRI hyperscanning paradigm. *Proceedings of the National Academy of Sciences*, 117(37), 23066 – 23072.

8장

1. Philpott, T. (2012). *Glory Denied: The Vietnam Saga of Jim Thompson, America's Longest-held Prisoner of War*. New York: W. W. Norton.

2. Raynolds, J. (2007). *Leadership the Outward Bound Way: Becoming a Better Leader in the Workplace, in the Wilderness, and in Your Community*. Seattle, Washington: Mountaineers Books.

3. Kaye-Kauderer, H., Rodriguez, A., Levine, J. et al. (2020). Narratives of resilience in medical students following the 3/11 triple disaster: using thematic analysis to examine paths to recovery. *Psychiatry Research*, 292, 113348.

4. Kaye-Kauderer, H. P., Levine, J., Takeguchi, Y. et al. (2019). Post traumatic growth and resilience among medical students after the March 2011 disaster in Fukushima, Japan. *Psychiatric Quarterly*, 90(3), 507 – 518.

5. Piercy, K. L., Troiano, R. P., Ballard, R. M. et al. (2018). The physical activity guidelines for Americans. *JAMA*, 320(19), 2020 – 2028.

6. Stamatakis, E., Lee, I.-M., Bennie, J. et al. (2018). Does strength promoting exercise confer unique health benefits? A pooled analysis of data on 11 population cohorts with all-cause, cancer, and cardiovascular mortality endpoints. *American Journal of Epidemiology*, 187(5), 1102 – 1112.

7. Hallgren, M., Kandola, A., Stubbs, B. et al. (2020). Associations of exercise

frequency and cardiorespiratory fitness with symptoms of depression and anxiety-a cross-sectional study of 36,595 adults. *Mental Health and Physical Activity*, 19, 100351.

8. Harvey, S. B., Øverland, S., Hatch, S. L., Wessely, S., Mykletun, A., & Hotopf, M. (2018). Exercise and the prevention of depression: results of the HUNT Cohort Study. *American Journal of Psychiatry*, 175(1), 28–36.

9. Svensson, M., Brundin, L., Erhardt, S., Hållmarker, U., James, S., & Deierborg, T. (2021). Physical activity is associated with lower long-term incidence of anxiety in a population-based, large-scale study. *Frontiers in Psychiatry*, 12, 714014.

10. Wang, Y., Chung, M. C., Wang, N., Yu, X., & Kenardy, J. (2021). Social support and posttraumatic stress disorder: a meta-analysis of longitudinal studies. *Clinical Psychology Review*, 85, 101998.

11. Scott, A. J., Webb, T. L., Martyn-St James, M., Rowse, G., & Weich, S. (2021). Improving sleep quality leads to better mental health: a meta-analysis of randomised controlled trials. *Sleep Medicine Reviews*, 60, 101556.

12. Dawson, D., Sprajcer, M., & Thomas, M. (2021). How much sleep do you need? A comprehensive review of fatigue related impairment and the capacity to work or drive safely. *Accident Analysis & Prevention*, 151, 105955.

13. McEwen, B. S. (2017). Neurobiological and systemic effects of chronic stress. *Chronic Stress*, 1, 2470547017692328.

14. Zlatar, Z. Z., Campbell, L. M., Tang, B. et al. (2022). Daily level associ ation of physical activity and performance on ecological momentary cognitive tests in free-living environments: a mobile health observa tional study. *JMIR MHealth and UHealth*, 10(1), e33747.

15. Law, C.-K., Lam, F. M., Chung, R. C., & Pang, M. Y. (2020). Physical exercise attenuates cognitive decline and reduces behavioural problems in people with mild cognitive impairment and dementia: a systematic review. *Journal*

of Physiotherapy, 66(1), 9–18.

16. Demnitz, N., Stathi, A., Withall, J. et al. (2021). Hippocampal mainten ance after a 12-month physical activity intervention in older adults: the REACT MRI study. *Neuroimage Clinical*, 35, 102762.

17. Takehara, K., Togoobaatar, G., Kikuchi, A. et al. (2021). Exercise inter vention for academic achievement among children: a randomized controlled trial. *Pediatrics*, 148(5). DOI:10.1542/peds.2021-052808.

18. Hall, M. G., Grummon, A. H., Higgins, I. C. A. et al. (2022). The impact of pictorial health warnings on purchases of sugary drinks for children: a randomized controlled trial. *PLOS Medicine*, 19(2), e1003885.

9장

1. Sullenberger, C., Zaslow, J., & McConnohie, M. (2009). *Highest Duty: My Search for What Really Matters*. New York: HarperAudio. 209.

2. Ibid. 237.

3. Pi, Y.-L., Wu, X.-H., Wang, F.-J. et al. (2019). Motor skill learning induces brain network plasticity: a diffusion-tensor imaging study. *PLOS One*, 14(2), e0210015.

4. Zhang, K., Liu, Y., Liu, J., Liu, R., & Cao, C. (2021). Detecting structural and functional neuroplasticity in elite ice-skating athletes. *Human Movement Science*, 78, 102795.

5. Stojanoski, B., Wild, C. J., Battista, M. E., Nichols, E. S., & Owen, A. M. (2021). Brain training habits are not associated with generalized benefits to cognition: an online study of over 1000 "brain trainers." *Journal of Experimental Psychology: General*, 150(4), 729–738.

6. Bonnechère, B., Langley, C., & Sahakian, B. J. (2020). The use of commercial computerised cognitive games in older adults: a meta-analysis. *Scientific Reports*, 10(1), 15276.

7. Iacoviello, B. M., Wu, G., Alvarez, E. et al. (2014). Cognitive-emotional training

as an intervention for major depressive disorder. *Depression and Anxiety*, 31(8), 699 –706.

8. Iacoviello, B. M., Murrough, J. W., Hoch, M. M. et al. (2018). A rand omized, controlled pilot trial of the Emotional Faces Memory Task: a digital therapeutic for depression. *Npj Digital Medicine*, 1(1), 1 –7.

9. Kabat-Zinn, J. (2009). *Wherever You Go, There You Are: Mindfulness Meditation in Everyday Life*. New York: Hachette.

10. Sullenberger, C., Zaslow, J., & McConnohie, M. (2009). *Highest Duty: My Search for What Really Matters*. New York: HarperAudio.

11. Maes, M. J. A., Pirani, M., Booth, E. R. et al. (2021). Benefit of woodland and other natural environments for adolescents' cognition and mental health. *Nature Sustainability*, 4(10), 851 –858.

12. Jackson, S. B., Stevenson, K. T., Larson, L. R., Peterson, M. N., & Seekamp, E. (2021). Outdoor activity participation improves adolescents' mental health and well-being during the COVID-19 pandemic. *International Journal of Environmental Research and Public Health*, 18(5), 2506.

13. Sudimac, S., Sale, V., & Kühn, S. (2022). How nature nurtures: amygdala activity decreases as the result of a one-hour walk in nature. *Molecular Psychiatry*. DOI:10.1038/s41380-022-01720-6.

14. Zhu, J. L., Schülke, R., Vatansever, D. et al. (2021). Mindfulness practice for protecting mental health during the COVID-19 pandemic. *Translational Psychiatry*, 11(1), 1 –11.

15. Verhaeghen, P. (2021). Mindfulness as attention training: meta-analyses on the links between attention performance and mindfulness interventions, long-term Meditation Practice, and Trait Mindfulness. *Mindfulness*, 12(3), 564 –581.

16. Nicholson, A. A., Rabellino, D., Densmore, M. et al. (2022). Differential mechanisms of posterior cingulate cortex downregulation and symp tom decreases in posttraumatic stress disorder and healthy individuals using

real-time fMRI neurofeedback. *Brain and Behavior*, 12(1), e2441.

17. Goldberg, S. B., Lam, S. U., Simonsson, O., Torous, J., & Sun, S. (2022). Mobile phone-based interventions for mental health: a systematic meta-review of 14 meta-analyses of randomized controlled trials. *PLOS Digital Health*, 1(1), e0000002.

18. Voth, M., Chisholm, S., Sollid, H., Jones, C., Smith-MacDonald, L., & Brémault-Phillips, S. (2022). Efficacy, effectiveness, and quality of resilience-building mobile health apps for military, veteran, and public safety personnel populations: scoping literature review and app evaluation. *JMIR MHealth and UHealth*, 10(1), e26453.

10장

1. Ben-Zion, Z., Fine, N. B., Keynan, N. J. et al. (2018). Cognitive flexibility predicts PTSD symptoms: observational and interventional studies. *Frontiers in Psychiatry*, 9, 477. DOI: 10.3389/fpsyt.2018.00477.

2. Secinti, E., Tometich, D. B., Johns, S. A., & Mosher, C. E. (2019). The relationship between acceptance of cancer and distress: a meta analytic review. *Clinical Psychology Review*, 71, 27 - 38.

3. Hayes, S. C. (2022). Acceptance and defusion. *Cognitive and Behavioral Practice*. DOI:10.1016/j.cbpra.2022.01.005.

4. Gloster, A. T., Walder, N., Levin, M. E., Twohig, M. P., & Karekla, M. (2020). The empirical status of acceptance and commitment therapy: a review of meta-analyses. *Journal of Contextual Behavioral Science*, 18, 181 - 192.

5. Southwick, S. M., Sippel, L., Krystal, J., Charney, D., Mayes, L., & Pietrzak, R. (2016). Why are some individuals more resilient than others: the role of social support. *World Psychiatry*, 15(1), 77 - 79.

6. Kalia, V., & Knauft, K. (2020). Emotion regulation strategies modulate the effect of adverse childhood experiences on perceived chronic stress with implications for cognitive flexibility. *PLOS One*, 15(6), e0235412.

7. Stockdale, J. B. (2013). *A Vietnam Experience: Ten Years of Reflection*. Stanford, California: Hoover Institution Press. 56, 73.

8. McGuire, A. P., Fogle, B. M., Tsai, J., Southwick, S. M., & Pietrzak, R. H. (2021). Dispositional gratitude and mental health in the U.S. veteran population: results from the National Health and Resilience Veterans Study. *Journal of Psychiatric Research*, 135, 279 – 288.

9. Millstein, R. A., Celano, C. M., Beale, E. E. et al. (2016). The effects of optimism and gratitude on adherence, functioning and mental health following an acute coronary syndrome. *General Hospital Psychiatry*, 43, 17 – 22.

10. Tabibnia, G. (2020). An affective neuroscience model of boosting resilience in adults. *Neuroscience & Biobehavioral Reviews*, 115, 321 – 350.

11. McRae, K., Jacobs, S. E., Ray, R. D., John, O. P., & Gross, J. J. (2012). Individual differences in reappraisal ability: links to reappraisal frequency, well-being, and cognitive control. *Journal of Research in Personality*, 46(1), 2 – 7.

12. Reeck, C., Ames, D. R., & Ochsner, K. N. (2016). The social regulation of emotion: an integrative, cross-disciplinary model. *Trends in Cognitive Sciences*, 20(1), 47 – 63.

13. Steward, T., Davey, C. G., Jamieson, A. J. et al. (2021). Dynamic neural interactions supporting the cognitive reappraisal of emotion. *Cerebral Cortex*, 31(2), 961 – 973.

14. Frankl, V. E. (1963). *Man's Search for Meaning: Revised and Updated*. WW Publisher. 63.

15. Wu, X., Guo, T., Zhang, C. et al. (2021). From "Aha!" to "Haha!": using humor to cope with negative stimuli. *Cerebral Cortex*, 31(4), 2238 – 2250.

16. Chan, Y.-C., Hsu, W.-C., Liao, Y.-J., Chen, H.-C., Tu, C.-H., & Wu, C.-L. (2018). Appreciation of different styles of humor: an fMRI study. *Scientific Reports*, 8(1), 1 – 12.

17. Emmons, R. A. (2016). *The Little Book of Gratitude: Create a Life of*

Happiness and Wellbeing by Giving Thanks. London: Gaia.

11장

1. Southwick, S. M., Gilmartin, R., McDonough, P., & Morrissey, P. (2006). Logotherapy as an adjunctive treatment for chronic combat-related PTSD: a meaning-based intervention. *American Journal of Psychotherapy*, 60(2), 161-17.

2. Ibid. 166.

3. Frankl, V. E. (1963). *Man's Search for Meaning: Revised and Updated.* WW Publisher.

4. Ibid. 116.

5. Graber, A. V. (2009). *The Journey Home: Preparing for Life's Ultimate Adventure.* Purpose Research. 31-32.

6. Breitbart, W., Rosenfeld, B., Gibson, C. et al. (2010). Meaning-centered group psychotherapy for patients with advanced cancer: a pilot randomized controlled trial. *Psycho-Oncology*, 19(1), 21-28.

7. Masterson-Duva, M., Haugen, P., Werth, A. et al. (2020). Adapting meaning-centered psychotherapy for World Trade Center responders-CORRIGENDUM. *Palliative & Supportive Care*, 18(6), 764-764.

8. Tedeschi, R. G., Cann, A., Taku, K., Senol-Durak, E., & Calhoun, L. G. (2017). The Posttraumatic Growth Inventory: a revision integrating existential and spiritual change. *Journal of Traumatic Stress*, 30(1), 11-18.

9. Tedeschi, R. G., & Calhoun, L. G. (1996). The Posttraumatic Growth Inventory: measuring the positive legacy of trauma. *Journal of Traumatic Stress*, 9(3), 455-471.

10. Feingold, J. H., Hurtado, A., Feder, A. et al. (2022). Posttraumatic growth among health care workers on the frontlines of the COVID-19 pandemic. *Journal of Affective Disorders*, 296, 35-40.

11. Ibid.

12. Greenberg, J., Tsai, J., Southwick, S. M., & Pietrzak, R. H. (2021). Can military trauma promote psychological growth in combat veterans? Results from the national health and resilience in veterans study. *Journal of Affective Disorders*, 282, 732 –739.

13. Frankl, V. E. (1963). *Man's Search for Meaning: Revised and Updated*. WW Publisher.

14. Frankl, V. E. (1969). *The Will to Meaning: Foundations and Applications of Logotherapy*. New York: New American Library.

15. Breitbart, W., Rosenfeld, B., Gibson, C. et al. (2010). Meaning-centered group psychotherapy for patients with advanced cancer: a pilot randomized controlled trial. *Psycho-Oncology*, 19(1), 21 –28.

16. Frankl, V. E. (2019). *The Doctor and the Soul: From Psychotherapy to Logotherapy*. New York: Vintage.

12장

1. Peterson, C., & Seligman, M. E. (2004). *Character Strengths and Virtues: A Handbook and Classification*, vol. 1. Oxford University Press.

2. Earle, J. (2018a). An unexpected trauma. Mount Sinai podcast, June 27, retrieved from www.mountsinai.org/about/newsroom/podcasts/road-resilience/unexpected-traum.

3. Ibid.

4. Earle, J. (2018b). The prescription to my recovery. Mount Sinai podcast, July 25, retrieved from www.mountsinai.org/about/newsroom/podcasts/road-resilience/prescription-recovery.

5. Walsh, F. (2021). Family resilience: a dynamic systemic framework. In *Multisystemic Resilience*, pp. 255-270. Oxford University Press. DOI:10.1093/oso/9780190095888.003.0015.

6. Winnicott, D. W. (2005). *Playing and Reality*, 2nd ed. London and New York: Routledge.

7. Icahn School of Medicine (2013). Teamwork – a life and death necessity, speaker Rear Admiral Scott P. Moore. YouTube, 22 November, retrieved from www.youtube.com/watch?v=JXGz00IMzTY.

8. Woodruff, L., & Woodruff, B. (2008). *In an Instant: A Family's Journey of Love and Healing*. New York: Random House.

9. Modern Widows Club. (2022). About, website page, https:// modernwidowsclub. org/about/.

10. Earle, J. (2018a). An unexpected trauma. Mount Sinai podcast, June 27, retrieved from www.mountsinai.org/about/newsroom/podcasts/road-resilience/unexpected-trauma.